基金项目：
中宣部2020年度宣传思想文化青年英才自主选题"高校思政课教师'发声亮剑'能力提升研究"最终成果

| 博士生导师学术文库 |
A Library of Academics by
Ph.D.Supervisors

高校思政课教师"发声亮剑"能力提升研究

韩桥生 著

光明日报出版社

图书在版编目（CIP）数据

高校思政课教师"发声亮剑"能力提升研究 / 韩桥生著. -- 北京：光明日报出版社，2024.1
ISBN 978-7-5194-7826-1

Ⅰ.①高… Ⅱ.①韩… Ⅲ.①高等学校—思想政治教育—师资培养—研究—中国 Ⅳ.①G641②G645.12

中国国家版本馆 CIP 数据核字（2024）第 052868 号

高校思政课教师"发声亮剑"能力提升研究
GAOXIAO SIZHENGKE JIAOSHI "FASHENG LIANGJIAN" NENGLI TISHENG YANJIU

著　　者：韩桥生	
责任编辑：杨　茹	责任校对：杨　娜　贾　丹
封面设计：一站出版网	责任印制：曹　诤

出版发行：光明日报出版社
地　　址：北京市西城区永安路 106 号，100050
电　　话：010-63169890（咨询），010-63131930（邮购）
传　　真：010-63131930
网　　址：http://book.gmw.cn
E - mail：gmrbcbs@gmw.cn
法律顾问：北京市兰台律师事务所龚柳方律师

印　　刷：三河市华东印刷有限公司
装　　订：三河市华东印刷有限公司

本书如有破损、缺页、装订错误，请与本社联系调换，电话：010-63131930

开　　本：170mm×240mm
字　　数：216 千字　　　　　　　印　　张：15
版　　次：2024 年 1 月第 1 版　　　印　　次：2024 年 1 月第 1 次印刷
书　　号：ISBN 978-7-5194-7826-1
定　　价：95.00 元

版权所有　　翻印必究

目 录
CONTENTS

绪论 ·· 1
 一、研究意义 ··· 1
 二、研究现状 ··· 4
 三、基本概念 ··· 8
 四、研究方法 ·· 11
 五、创新之处 ·· 12

第一章 "发声亮剑"的理论溯源和实践经验 ·················· 14
 一、马克思主义经典作家批判错误思潮的立场、观点和方法 ········· 14
 二、中华优秀传统文化中蕴含的"发声亮剑"理念 ···················· 31
 三、习近平总书记关于高校思政课教师"发声亮剑"的重要论述 ··· 37
 四、中国共产党百年来在意识形态和宣传工作中主动"发声亮剑"的实践经验 ·· 45

第二章 高校思政课教师"发声亮剑"的时代意义 ·················· 53
 一、高校思政课教师"发声亮剑"是批判错误思潮的需要 ··········· 54
 二、高校思政课教师"发声亮剑"是凝聚社会共识的需要 ··········· 64
 三、高校思政课教师"发声亮剑"是学校立德树人的需要 ··········· 79

第三章　高校思政课教师"发声亮剑"的基本要求 ………… **86**
　　一、高校思政课教师"发声亮剑"的角色定位 ………… 86
　　二、高校思政课教师"发声亮剑"的基本原则 ………… 90
　　三、高校思政课教师"发声亮剑"的实践要求 ………… 93

第四章　高校思政课教师"发声亮剑"能力的构成要素 ………… **98**
　　一、高校思政课教师"发声亮剑"能力的功能定位 ………… 98
　　二、高校思政课教师"发声亮剑"能力的核心要求 ………… 107
　　三、高校思政课教师"发声亮剑"能力的基本构成 ………… 126

第五章　高校思政课教师"发声亮剑"能力的生成机理 ………… **142**
　　一、高校思政课教师"发声亮剑"能力提升的影响因素 ………… 142
　　二、高校思政课教师"发声亮剑"能力提升的内在机理 ………… 154
　　三、高校思政课教师"发声亮剑"能力提升的基本方法 ………… 166

第六章　高校思政课教师"发声亮剑"能力的现状和成因 ………… **181**
　　一、高校思政课教师"发声亮剑"能力的现状 ………… 181
　　二、高校思政课教师"发声亮剑"能力不足的成因 ………… 192

第七章　高校思政课教师"发声亮剑"能力的提升策略 ………… **203**
　　一、强化高校思政课教师"发声亮剑"能力提升的组织领导 ………… 204
　　二、完善高校思政课教师"发声亮剑"能力提升的激励机制 ………… 214
　　三、激发高校思政课教师"发声亮剑"能力提升的内生动力 ………… 220

参考文献 ………… **229**

后记 ………… **234**

绪　论

党的二十大报告提出："意识形态工作是为国家立心、为民族立魂的工作。牢牢掌握党对意识形态工作领导权，全面落实意识形态工作责任制，巩固壮大奋进新时代的主流思想舆论。"① 面对新的历史特点的伟大斗争，习近平总书记在2013年全国宣传思想工作会议上指出："要解决好'本领恐慌'问题，真正成为运用现代传媒新手段新方法的行家里手。要深入开展网上舆论斗争，严密防范和抑制网上攻击渗透行为，组织力量对错误思想观点进行批驳。"② 2015年，习近平总书记在全国党校工作会议上强调："要加强对各种社会思潮的辨析和引导，不当旁观者，敢于发声亮剑，善于解疑释惑，守护这一马克思主义、中国特色社会主义的坚强前沿阵地。"③ 积极"发声亮剑"是新时代高校思政课教师的职责和使命，当前高校思政课教师迫切需要提升"发声亮剑"能力。

一、研究意义

中国共产党自成立以来，就十分重视宣传思想工作，逐步建立起了一支政治过硬、业务精湛的宣传思想工作队伍。高校思政课教师作为宣传思想队伍中的重要力量，加强高校思政课教师"发声亮剑"能力提升研究具

---

① 习近平．高举中国特色社会主义伟大旗帜 为全面建设社会主义现代化国家而团结奋斗——在中国共产党第二十次全国代表大会上的报告［N］．人民日报，2022-10-26（4）．
② 中共中央文献研究室．习近平关于社会主义文化建设论述摘编［M］．北京：中央文献出版社，2017：29-30．
③ 习近平．论党的宣传思想工作［M］．北京：中央文献出版社，2020：150．

有重大的理论意义和实践意义。

（一）理论意义

1. 有助于深化思想政治教育理论研究。高校思想政治理论课在巩固马克思主义在高校意识形态领域具有指导地位，是坚持社会主义办学方向的重要阵地，是做好高校思政工作和意识形态工作的主渠道。加强高校思政课教师"发声亮剑"能力提升研究，有助于拓展我国思想政治教育实践平台，推动思想政治教育创新发展，促进思政课政治性和学理性相统一，更好地推进高校思政课改革创新。加强高校思政课教师"发声亮剑"能力提升研究，有助于高校思政课教师掌握新媒体技术，推动网络思想政治教育向前发展，促进思政课理论性和实践性的统一。加强高校思政课教师"发声亮剑"能力提升研究，有助于拓展思想政治教育的研究场域，创新思想政治教育的方式方法研究，深化思想政治教育的基本理论。

2. 有助于深化意识形态建设理论研究。加强高校思政课教师"发声亮剑"能力的研究，有助于深入思考高校思政课教师的主体性作用，深入研究新时代高校意识形态安全工作的机制和方法，深化我国意识形态安全理论。通过对高校思政课教师"发声亮剑"能力的研究，分析当下高校思政课教师"发声亮剑"能力现状及其原因，有助于牢牢坚持马克思主义在高校意识形态领域的指导地位，进一步做好马克思主义理论教育，促进马克思主义中国化、时代化和大众化，推动习近平新时代中国特色社会主义思想更好地进教材、进课堂、进学生头脑，夯实意识形态建设理论的基础。

（二）实践意义

1. 有助于提升高校立德树人的水平。提升高校思政课教师"发声亮剑"能力，是履行立德树人使命、培养中国特色社会主义事业合格接班人的需要。互联网、人工智能技术的发展正在不断重塑教育形态，知识获取方式与传授方式、教与学的关系正在发生深刻变革，对高校落实立德树人根本任务，理直气壮上好思政课，培养德智体美劳全面发展的社会主义合格建设者和接班人提出了更大挑战。培养与锻造高校思政课教师"发声亮剑"的能力，建设一支"可信、可敬、可靠，乐为、敢为、有为"① 的思政课教师队伍，以高校思政课教师的言传身教，教育引导学生立德成人、立志成才，才能守护好学生成长成才的"拔节孕穗期"，真正将"立德树人"的根本任务落到实处。提升高校思政课教师"发声亮剑"能力，有助于教育引导青年学生正确认识世界潮流和中国特色，强化时代责任和历史使命，做到既有远大抱负，又能脚踏实地，帮助青年学生树立正确的历史观、国家观、民族观、文化观。提升高校思政课教师"发声亮剑"能力，是回应高校学生思想困惑、弥补课堂教学的时空局限和空泛性的需要。提升高校思政课教师"发声亮剑"能力，有助于发挥高校思政课教师的主观能动性与个人魅力，吸引广大青年学生将个人理想融入国家发展和实现中华民族伟大复兴的中国梦当中，切实做到为党育人、为国育才。提升高校思政课教师"发声亮剑"能力，是实现教育现代化，实现由教育大国向教育强国转变的内在要求。

2. 有助于维护国家意识形态安全。当今世界正处于大发展大变革时期，世界多极化、经济全球化、社会信息化、文化多样化深入发展，多元思想文化交流交融交锋前所未有，为各种思潮侵袭和西方意识形态渗透提供了"便利"条件，国家面临的意识形态风险更胜以往。"落后就要挨打，贫穷就要挨饿，失语就要挨骂。形象地讲，长期以来，我们党带领人民就是要不断解决'挨打'、'挨饿'、'挨骂'这三大问题。经过几代人不懈奋斗，前两个问题基本得到解决，但'挨骂'问题还没有得到解决。"② 提升高校思政课教师"发声亮剑"能力，推动高校思政课教师积极"发声亮剑"，有利于建设具有强烈责任担当意识的思政课教师队伍，充分发挥思政课教师的主观能动性和学科知识优势，把牢高校意识形态主阵地，并为解决"挨骂"问题贡献力量。提升高校思政课教师"发声亮剑"能力，是抵制西方不良意识形态网络渗透的需要，是应对国内多元社会思潮网络传播的需要。提升高校思政课教师"发声亮剑"能力，有助于思政课教师以透彻的学理分析回应学生疑问、引导学生成长，帮助青年学生正确认识

---

① 习近平. 论党的宣传思想工作 [M]. 北京：中央文献出版社，2020：377.
② 习近平. 论党的宣传思想工作 [M]. 北京：中央文献出版社，2020：159.

世情国情党情，在具体的纵横比较中拥有辨析错误思潮的能力，自觉抵御西方错误意识形态的渗透。提升高校思政课教师"发声亮剑"能力，是占领网络舆论阵地、凝聚共识、维护意识形态安全的内在要求。

二、研究现状

（一）国内研究现状

近年来，学界认真学习贯彻和落实习近平总书记关于高校思想政治工作的重要论述，围绕习近平总书记对于高校思政课教师的具体要求，结合新时代高校思政课教师的角色新定位，站在维护意识形态安全、立德树人、培养中国特色社会主义事业合格接班人的高度，对高校思政课教师"发声亮剑"能力提升的相关问题进行了探讨。

1. 关于高校思政课教师"发声亮剑"的必要性研究。易鹏、王永友（2018）认为，随着网络技术特别是自媒体技术的广泛应用与迅猛发展，各种非马克思主义、反马克思主义社会思潮利用网络得以传播，而高校在应对国内外错误社会思潮挑战的时候一直处于被动的守势地位。[①] 陈金章（2019）认为，网络已成为传播社会思潮最活跃的媒体工具，网络圈层化传播进一步放大社会思潮的话语权和影响力，网络碎片化传播使受众对于社会思潮的认知更趋肤浅化，网络的去中心化给受众造成多源性冲突和困惑。[②] 姜朝晖（2019）强调，要把握新时代教师角色的新定位，高校思政课教师，不仅仅是教师身份，而且是立德树人的关键主体，对"培养什么人"起着非常重要的作用。[③] 秦在东等（2019）认为，错误社会思潮的治理仅仅依靠党和政府是无法实现善治的，需要构建一元主导、多元主体参

[①] 易鹏，王用友. 错误社会思潮网络传播对国家意识形态安全的危害与治理［J］. 思想理论教育导刊，2018（2）：78-81.

[②] 陈金章. 社会思潮传播新态势对大学生党员理想信念的影响及其应对［J］. 思想理论教育导刊，2019（5）：90-94.

[③] 姜朝晖. 新时代高校立德树人的新方向和新路径——兼论大学思想政治理论课改革［J］. 重庆高教研究，2019（4）：53-63.

与的社会思潮协同治理格局。① 李嘉莉（2019）等提出，高校思政课教师应自觉运用网络传播规律，担当起网络舆论"把关人"的新角色。② 学界强调，对那些恶意攻击、造谣生事的错误言论，思政课教师有责任以鲜明的态度主动发声，帮助广大群众特别是青年大学生划清是非界限、澄清模糊认识。在意识形态领域，高校思政课教师应当带头与不良言论做斗争，敢于亮剑，敢于担当，做到冲锋在前。

2. 关于高校思政课教师"发声亮剑"的现状研究。学界认为，就总体而言，思政课教师"发声亮剑"的水平不高，"发声亮剑"的能力不强，"发声亮剑"的效果不佳，"发声亮剑"的影响不大。黄英（2019）指出，高校思政课教师面临"本领恐慌"的困境，必须提升高校思政课教师的意识形态能力。③ 赵春丽等（2016）调研后发现，目前虽然我国高校一些思政课教师已有主动"发声亮剑"的意识，能追踪时政热点事件，在网络上积极进行发声，但大部分思政课教师的网络参与还停留在辅助理论学习和发布时事新闻上。④ 目前比较有影响力的网络意见领袖往往是企业家、明星和一些研究西方思想的学者，马克思主义理论队伍中的网络意见领袖还很缺乏，高校思政课教师参与网络发声的主动性不强、对舆论的引领能力还较弱。

3. 关于制约高校思政课教师"发声亮剑"的原因研究。赵春丽等（2016）学者认为既有主观原因也有客观原因。⑤ 主观原因主要有：一是意识形态领域的斗争通常以潜移默化的渗透方式进行，一些思政课教师对意识形态斗争的紧迫性认识不足，忽视了意识形态斗争的严峻性；二是思政

---

① 秦在东，靳思远. 错误社会思潮对我国主流意识形态安全的威胁及其治理[J]. 思想教育研究，2019（1）：81-86.
② 李嘉莉，马学思. 高校思政课教师的网络舆论"把关人"角色刍议[J]. 思想理论教育导刊，2019（2）：144-147.
③ 黄英. 高校思政课教师意识形态能力提升的路径研究[J]. 领导科学论坛，2019（1）：89-91.
④ 赵春丽，陆丽琼，张申悦. 思政课教师的网络发声与高校意识形态安全[J]. 北京教育·德育，2016（12）：41-44.
⑤ 赵春丽，陆丽琼，张申悦. 思政课教师的网络发声与高校意识形态安全[J]. 北京教育·德育，2016（12）：41-44.

课教师受自身知识结构所限，对现实问题的分析和解释能力不足，对错误思潮和观点无力反驳，无法及时有效地进行"发声亮剑"。客观原因主要有：一是制度激励不足、教师热情不高；二是教学科研压力大，无暇顾及网络发声；三是网络暴力泛滥，教师不敢网络发声。

4. 关于高校思政课教师"发声亮剑"的能力要求研究。学界围绕习近平总书记提出的"六点要求"和"八个相统一"，对思政课教师的具体能力要求进行探讨，强调高校思政课教师必须牢固树立"四个意识"，做到"两个维护"，维护党的形象，传播党的声音。朱健生（2018）认为，思政课教师的政治要求，具体为政治信念的坚定性、政治立场的原则性、政治鉴别的敏锐性、政治忠诚的可靠性。① 曹金龙（2017）研究了马克思、恩格斯对错误思潮的批判方法，强调高校思政课教师要学习马克思恩格斯在批判错误思潮的过程中坚持的无产阶级的价值立场和防微杜渐、重点突破及破立结合的批判方法。② 杨乐强等（2018）提出要加强马克思主义理论人才学术话语生发能力的培育。③

5. 关于推动高校思政课教师"发声亮剑"的对策研究。朱艳秋（2019）提出思政课教师要完成立德树人的使命，必须明道信道，胸怀奋斗之志，不断锤炼专业技能，善用社会实践平台。④ 针对社会思潮网络传播呈现出圈层化、碎片化、去中心化的特征，陈金章（2019）提出要增强政治敏锐性和辨别力，提升理想信念教育的创新力和协同力，强化应对社会思潮的领导力，特别是要增强议题设置能力。⑤ 赵春丽等（2016）对推进思政课教师网络发声提出了较系统的论述，一是转变思想、提高认识、

---

① 朱健生. 党校要守好意识形态工作的主阵地 [J]. 理论学习与探索，2018（6）：82-84.
② 曹金龙. 马克思恩格斯批判错误思潮的方法与启示 [J]. 思想教育研究，2017（10）：65-69.
③ 杨乐强，高宁宁. 马克思主义理论人才学术话语生发能力的培育 [J]. 思想理论教育，2018（3）：58-63.
④ 朱艳秋. 新时代思想政治理论课教师使命的三维诠释 [J]. 扬州大学学报（高教研究版），2019（2）：51-56.
⑤ 陈金章. 社会思潮传播新态势对大学生党员理想信念的影响及其应对 [J]. 思想理论教育导刊，2019（5）：90-94.

增强责任意识;二是提高网络素养,掌握网络发声技巧;三是把握网络发声时机、引领学生思想动态;四是高校要注意培养以思政课教师为重要主体的网络意见领袖;五是政府相关部门要给予支持与保护。①

(二) 国外研究现状

"发声亮剑"能力从用词思维上来看,具有典型的中国语境,国外很少使用"发声亮剑"能力的提法。但在意识形态领域,西方学界很早就认识到了积极发声的重要性。早在20世纪40年代,美国学者拉扎斯菲尔德(Lazarsfeld)就提出来了"意见领袖"(Opinion Leader)这一概念。美国学者卢因(Kurt Lewin)在1947年提出了"把关人"理论,他认为在群体传播过程中,只有符合群体规范或把关人价值标准的信息内容才能进入传播的渠道。当前西方国家,虽有学者主张政府不应该干预网络舆论,但在实践中没有哪个国家的政府真正放弃了对网络舆论的管理,不同的只是在管理方式上,或是更直接的管理,或是更间接的管理而已。为了维护资本主义意识形态,西方也重视网络发声,重视培养网络舆论中的"意见领袖",重视培养网络舆论"名主持人"和"名评论员",通过网络评论来引导网友讨论,说服网友,从而起到引导网络舆论的作用。西方资本主义国家一直图谋和平演变中国,培植代言人进行网络发声和攻击是其惯用伎俩。美国已将网络意识形态上的争夺上升到网络战的高度,美国学者保罗·沙克瑞恩等人所著的《网络战:信息空间攻防历史、案例与未来》一书对此有详尽的描述。

在国外有关教师能力的诸多研究中,无论能力的构成要素被如何界定,教师的话语能力都受到关注。对话语能力的研究最早可以追溯到美国学者乔姆斯基(N. Chomsky)于20世纪60年代提出的"语言能力"概念。而后海姆斯(D. Hymes)提出了"交际能力"一说,强调更要注重文化层面上适切、得体的表达。塞尔斯-莫西亚(Celce-Murcia)等学者进一步突出了"交际能力"中使表达符合社会规范与文化价值期待的能力。从教师

---

① 赵春丽,陆丽琼,张申悦. 思政课教师的网络发声与高校意识形态安全 [J]. 北京教育·德育,2016 (12): 41-44.

参与网络意识形态安全的视角看,世界各国均重视对学生的价值观教育。西方学者强调,价值观教育是教师和学生通过语言及非语言符号的使用,共同诠释价值意义、建构价值理解的过程,是一种话语实践活动。对从事价值教育的教师来讲,营建意义空间和辅助话语转换是必不可少的两种能力。综合上述研究并借鉴福柯的话语理论,我们发现西方学者同样不回避基于意识形态需要的话语表达能力是教师的基本能力,不能仅仅视为信息的传递或交换技巧,教师的话语能力应更加重视交往过程中的深层价值维度。

从总体上看,国内外对于高校思政课教师"发声亮剑"的相关研究已经有了一些基础性成果,为进一步研究高校思政课教师"发声亮剑"能力提升问题提供了条件。但从整体而言,目前学界对于高校思政课教师"发声亮剑"能力的研究还处于起步阶段。国外关于话语能力的研究,理论基础是唯心主义历史观,目的在于维护西方的舆论话语权。国内现有的研究视角较单一,观点较分散,没有形成有深度的理论交锋,还没有出版论述高校思政课教师"发声亮剑"能力的专著。研究的内容有待进一步深化,关于高校思政课教师发声亮剑能力的理论阐释、生成机制和提升对策等重要理论和实践问题都需要进一步探讨。

三、基本概念

新时代的高校思政课教师要承担起自己的使命,首先要具备的就是高超的话语表达能力和课堂讲授能力,要把理论讲透,引导学生立德成人、立志成才,模范践行高等学校教师师德规范,以高尚的情操和扎实的学识感染学生,不能做"闷葫芦",空有满腹才华却无法在课堂上吸引和感染学生。同时也要做好研究者,在政治立场、政治方向等方面始终同以习近平同志为核心的党中央保持高度一致,坚持马克思主义在意识形态领域的指导地位,面对错误言论和思潮敢于"发声亮剑",为学生树立敢于斗争、勇于担当的榜样,努力成为学生真心喜爱、念念不忘的思政课教师。

(一)"发声"能力

"发声",顾名思义就是要发出自己的声音,表达自己的观点,阐述自己的主张。高校思政课教师"发声"本质上就是传播党的理论，推广党的主张，普及党的路线方针和政策。高校思政课教师的"发声"能力就是高校思政课教师的问题阐释能力、理论宣传能力和实践引导能力。百年大计，教育为本；教育大计，教师为本。浇花浇根，育人育心。教师只有把对马克思主义的信仰和对社会主义共产主义的信念在自己的心里扎下根来，切实做到"在马言马""在马信马""在马爱马"，才能在学生心中"开花结果"，让学生真正做到学懂弄通做实，真学真信真用。高校思政课教师要履行好"讲好思政课"这项首要岗位职责，就要用好思政课堂这个主渠道，做到发理论之声，发真理之声。高校思政课教师"发声"，最基本的要求就是要在课堂上"掷地有声"，不断提升自身教学能力和授课水平，把理论讲清楚讲透彻讲明白，坚持用科学的理论武装青年学生的头脑，构造充满吸引力的思政课堂。同时，要站在一个更加广阔的舞台对思政课教师"发声"提出要求。高校思政课教师不仅是高校教师，还是高校意识形态工作的骨干力量。高校思政课教师不仅在课堂内要"发声"，在课堂外也同样有"发声"的责任。高校思政课教师除了在课堂上要通过"发声"把理论讲透，也要在各种论坛、讲座、网络等平台上积极"发声"，并让社会大众能够听到思政课教师的声音。高校思政课教师要坚持课内课外相一致、线上线下相一致，要坚持言行雅正，为人师表，以身作则，积极与学生展开交流，形成师生良性互动，始终把学生摆进心里，放在心上。

（二）"亮剑"能力

"亮剑"就是要亮出自己手中之剑，勇敢地与敌人进行斗争。初闻"亮剑"，大多数人都会首先联想到一部十分经典的同名电视剧《亮剑》，该剧向观众呈现出优秀将领李云龙极富传奇色彩的人生经历，阐释了"狭路相逢勇者胜"的亮剑精神。这样一种"勇于亮剑、敢于斗争"的精神也是新时代思政课教师应当具备的。"亮剑"精神，是一种敢于战斗、永不服输，爱憎分明、顾全大局，朴实无华、真诚直率，勇于创新、敢于突破的精神。"亮剑"精神体现了一种勇气，是面对困境时的果断抉择，是永不言败的信心，是锲而不舍的执着。思政课教师是维护高校意识形态安全的"一线战士"。高校肩负着人才培养的重要使命，高校思政课教师身处育人一线，理应守好意识形态主阵地，筑牢思想防线。随着互联网技术的发展，网络已成为学生成长、社会发展的一把"双刃剑"。网络信息良莠不齐，对于极易接受新鲜事物但是辨识能力不强、抵御风险能力较弱的青年大学生来说，高校思政课教师成为他们澄清价值观念，理性看待舆情走向的一道安全屏障。高校思政课教师在做好正常教学工作和科研工作之余，应当及时关注学生的思想动态发展，充分利用课堂主渠道和新媒体技术，贴近学生生活，对错误思潮和错误言论亮出剑锋，共同创建一个具有正确主流价值观、充满正能量的社会。面对"新的历史特点的伟大斗争"，高校思政课教师要做勇于亮剑的教师，对学生进行正确引导，用深刻学理与错误思潮做斗争是高校思政课教师义不容辞的责任。面对各种错误思潮和错误观点的侵袭，高校思政课教师要有"亮剑"精神，积极主动"发声亮剑"，做到"勤于磨剑""敢于亮剑""善于亮剑"。

（三）"发声亮剑"能力

"发声亮剑"能力就是能够发出自己的声音、表达正确的主张，敢于斗争批驳并取得胜利的能力。高校思政课教师的"发声亮剑"能力是基于思想自觉的能力组合，全面体现了高校思政课教师的综合素养。"发声亮剑"能力主要包括：鉴别应对力、错误批判力、理论创新力、共识凝聚力、榜样示范力、网络影响力等。习近平总书记强调，"要敢抓敢管，敢于亮剑，着眼于团结和争取大多数，有理有利有节开展舆论斗争，帮助干部群众划清是非界限，澄清模糊认识。"[①] 面对"新的历史特点的伟大斗争"，高校思政课教师要敢于"发声亮剑"，善于释疑解惑。积极"发声亮剑"是高校思政课教师践行初心使命的根本所在，"发声亮剑"能力是高校思政课教师的基本能力，也是核心能力。广大思政课教师应当培养斗争精神，增强斗争本领，教育引导学生学有所思、学有所想、学思践悟，努

---

① 中共中央文献研究室. 习近平关于社会主义文化建设论述摘编[M]. 北京：中央文献出版社，2017：27-28.

力培养德智体美劳全面发展的社会主义建设者和接班人。

四、研究方法

本研究坚持以习近平新时代中国特色社会主义思想为指导，全面梳理马克思主义理论创立和发展过程中批判各种错误社会思潮的经验和方法，明确新时代高校思政课教师"发声亮剑"能力提升的指导理论和时代要求，系统研究高校思政课教师"发声亮剑"能力的构成要素和生成机理，全面评估和分析高校思政课教师"发声亮剑"能力的现状成因，提出提升高校思政课教师"发声亮剑"能力的具体对策。

（一）文献研究法

高校思政课教师"发声亮剑"能力研究是一个理论性和实践性相结合的研究，从马克思、恩格斯等经典作家的著作和中华优秀传统文化中去追根溯源，同时结合当下对思政课教师队伍建设、高校思想政治工作的紧迫性和必要性展开研究，需要全面梳理有关意识形态工作和高校思想政治工作的经典文献。

（二）比较分析法

研究如何提升高校思政课教师"发声亮剑"能力离不开对时代背景的解读与阐释，也离不开对中外思想政治教育、意识形态安全的对比分析。通过比较分析，把握各国教师"发声亮剑"的共性要求和中国高校思政课教师"发声亮剑"的特殊责任，明确高校思政课教师"发声亮剑"能力提升的核心要求。

（三）实证调查法

在高校思政课教师"发声亮剑"能力提升的研究中，离不开对当前高校思政课教学现状、青年大学生实际教学体验与获得感和对高校思政课教师"发声亮剑"能力现状评估等方面的研究。通过实地观察、走访，对当前高校思政课教师"发声亮剑"能力现状进行调查，并对现状原因进行分析，从而更好地提出高校思政课教师"发声亮剑"能力提升的有效路径。

五、创新之处

（一）学术思想创新

"发声亮剑"是马克思主义理论创立和发展的实践逻辑。一部马克思主义理论发展史，就是一部与错误社会思潮的斗争史，"发声亮剑"是传播和发展马克思主义的内在要求。马克思恩格斯正是通过不断地对各种错误社会思潮进行"发声亮剑"，在分析批判中创立、发展了马克思主义。从马克思恩格斯在分析批判错误社会思潮中发展马克思主义的主要路径可以获得推动当代马克思主义发展的启示，为高校思政课教师网络发声提供理论指导。本课题研究视角新颖，以高校思政课教师"发声亮剑"的能力提升为切入点，抓住了问题的关键所在，突出了课题研究的重点，又把握了课题研究的边界。

（二）学术观点创新

习近平总书记关于高校思政课教师"发声亮剑"的重要论述是高校思政工作的重要理论指导。习近平总书记关于高校思政课教师"发声亮剑"的重要论述高举马克思主义伟大旗帜，以"立德树人"为根本要求，强调"发声亮剑"的人民立场，坚持以社会主义核心价值观为导向，以网络新媒体为主战场，以批判错误思潮和错误观点为重点任务，鼓励高校思政课教师成为"发声亮剑"的行家里手，努力使高校成为守护马克思主义、中国特色社会主义的前沿阵地。

网络"发声亮剑"将保证网络由"最大变量"成为"最大增量"。高校是意识形态工作的前沿阵地，网络已成为意识形态安全的主战场。高校思政课教师应充分发挥理论优势、角色优势和职业优势，努力成为掌握丰富专业知识和网络知识的网络舆论引导者，成为捍卫马克思主义真理学说、错误思潮的批驳者，成为广大网民答疑解惑的心灵导师。广大思政课教师自觉运用网络传播规律，降低网络的负面影响，发挥网络的积极效应,努力将网络由"变量"转为"增量"。

"发声亮剑"能力是自媒体时代高校思政课教师的核心能力。自媒体时代高校思政课教师"发声亮剑"能力是高校思政课教师的基本素养,网络发声与新时代高校思政课教师的"初心与使命"高度契合。"发声亮剑"能力是高校思政课教师基于思想自觉的能力组合,全面体现了高校思政课教师的综合素养。提升"发声亮剑"能力需要遵循能力生成的内在规律。高校思政课教师要提高舆论引导能力,用好话语权,争取主动权;强化主导性,增强掌控力;注重针对性,提高影响力。通过"发声亮剑"做到对社会舆情能够进行及时的把握和准确的判断、削弱和消减社会舆论中的消极成分,实现正面信息和主流价值观的有效传播。

政府、高校、教师应协同配合,构建"三位一体"的"发声亮剑"能力提升机制。政府要净化网络环境,建立全国性的网络发声能力提升培训制度,支持高校思政课教师建设发声平台,培育高校思政课教师网络意见领袖。高校要强化思政课教师的理想信念、使命担当和责任意识,强化高校思政课教师学术共同体,建立"发声亮剑"的目标导向、激励机制和考核制度。思政课教师应坚定马克思主义立场,深刻领会马克思主义观点,熟练运用马克思主义方法的基本要求,掌握"发声亮剑"的技巧与方法,全面提升"发声亮剑"的能力。

(三)研究方法创新

本研究视野较宽,系统运用马克思主义理论、网络传播学、管理学、心理学等领域的知识,综合采用文献研究法、对比分析法、实证分析法、系统建构法等研究方法,对高校思政课教师"发声亮剑"的能力提升问题进行较全面、深入的研究。

第一章

"发声亮剑"的理论溯源和实践经验

新时代高校思政课教师"发声亮剑"研究是一个理论与实践兼顾、历史与现实兼容的问题。要探究高校思政课教师"发声亮剑"的问题，必须深刻把握其发展的理论逻辑、历史逻辑和实践逻辑，寻求其发展的理论之源、可依之本和可溯之根。通过探索马克思主义经典作家批判错误思潮的立场观点方法、探究中华优秀传统文化所蕴含的"发声亮剑"的理念、梳理习近平总书记关于高校思政课教师"发声亮剑"的重要论述，总结中国共产党百年来在意识形态和宣传工作中主动"发声亮剑"的实践经验，可为高校思政课教师"发声亮剑"的实践予以理论指导、方法论启迪和路径参照。

一、马克思主义经典作家批判错误思潮的立场、观点和方法

社会思潮是反映社会意识形态状况的"晴雨表"与"风向标"。马克思恩格斯等马克思主义经典作家批判错误思潮的立场、观点和方法，可为高校思政课教师"发声亮剑"提供价值遵循、理论依据和方法论原则。一定意义上说，马克思主义的发展史就是一部马克思主义创始人和后继者根据时代和实践要求不断传播和创新马克思主义理论的历史，同时也是一部不同国家与时代的马克思主义者批判各种非马克思主义和反马克思主义思潮的历史。马克思、恩格斯、列宁等马克思主义经典作家为马克思主义理论体系的建立和发展做出了重要贡献。在错误思潮批判的过程中，马克思主义经典作家基于人民立场和时代发展要求，坚持以科学的世界观和方法论为指导，实现了马克思主义意识形态理论的创新发展，并形成了具有时代特质的批判错误思潮的立场、观点、方法，澄清了各种错误思潮的本质与错误的价值导向。

（一）马克思主义经典作家批判错误思潮的立场

马克思主义的基本立场是马克思主义观察、分析和解决问题的出发点和立足点，也是马克思主义经典作家开展错误思潮批判和意识形态工作以及新时代高校思政课教师"发声亮剑"的立足点和出发点。社会思潮是反映一定阶级、阶层或群体一定时期内现实利益诉求的思想倾向。不同社会思潮体现不同的阶级立场。对错误思潮批判首先要回答"我是谁""为了谁""依靠谁"等根本立场问题。马克思主义经典作家在批判错误思潮过程中始终坚持人民至上的价值立场，致力于为实现最广大人民群众的根本利益服务，并充分激发了人民群众在批判错误思潮过程中的主体性力量。

马克思主义的最高价值追求是实现人的自由全面发展，马克思主义追求的终极命题是通过建立共产主义社会来实现全人类的幸福。在批判资产阶级意识形态和思潮的过程中，马克思恩格斯始终立足于无产阶级的阶级立场，对资本主义社会不合理的现象进行了批判，划清了与唯心主义等错误思潮的界限，致力于为无产阶级根本利益进行辩护，指导无产阶级掌握思想武器进行革命斗争。

列宁强调无产阶级政党是以马克思主义理论武装起来的无产阶级先锋队，代表无产阶级的意志和利益。列宁思考意识形态问题以无产阶级的根本利益为出发点，强调向他们灌输马克思主义理论要从无产阶级利益阐释的角度，使他们认识到马克思主义这一理论武器是以维护和实现他们根本利益作为前提的。在批判错误思潮的实践中，列宁认为要通过科学社会主义学说的宣传，提高俄国工人阶级"对自己共同利益和共同事业的认识"[①]。

全心全意为人民服务是中国共产党的根本宗旨和毛泽东思想的重要内容。毛泽东是全心全意为人民服务的倡导者与践行者，在意识形态工作中

---

① 中共中央马克思恩格斯列宁斯大林著作编译局. 列宁全集：第2卷[M]. 北京：人民出版社，2013：432.

坚持了人民立场与为人民服务的宗旨，强调意识形态工作要以解决好"为谁服务"的问题为主要抓手，引导人民开展对错误思潮的批判。早在革命战争时期，毛泽东就鼓励以文艺工作者为代表的广大意识形态工作者们深入到人民群众中去开展文艺工作，强调"任何一种东西，必须能使人民群众得到真实的利益，才是好的东西"①。

（二）马克思主义经典作家批判错误思潮的观点

马克思主义意识形态理论与错误思潮批判的思想观点，是马克思主义经典作家对意识形态与错误思潮批判的一般规律的科学认识与实践经验系统化、理论化、科学化的总结，也是新时代高校思政课教师"发声亮剑"的理论之源和思想之基。纵观马克思主义发展的历史，马克思恩格斯实现了意识形态理论领域的革命性变革，为马克思主义意识形态理论发展创新奠定了基点。列宁坚持马克思主义为指导思想，并结合俄国革命与建设过程中批判错误思潮的实践经验，建立起具有时代特征的意识形态理论体系，形成了批判错误思潮的特色话语体系。中国共产党将马克思主义经典作家的意识形态理论同中国的基本国情相结合，立足于中国革命和建设过程中批判错误思潮的具体实践，实现了马克思主义意识形态理论的中国化，形成了一套特色鲜明的意识形态理论和批判错误思潮的观点。

1. 马克思恩格斯批判错误思潮的理论主张

批判性是马克思主义的基本特征之一，马克思主义哲学是马克思恩格斯批判资本主义现实和揭示自然、人类社会与思维发展客观规律的理论体系，是马克思恩格斯在对同时代唯心主义、改良主义、机会主义等形形色色错误思潮批判过程中形成、传播、发展起来的。"批判"一词甚至直接应用于马克思恩格斯经典著作文本的标题中，诸如《黑格尔法哲学批判》《政治经济学批判》《哥达纲领批判》等。马克思恩格斯批判错误思潮的观点集中体现在他们所撰写的经典著作的文本之中，其核心论断是马克思恩格斯对各种错误思潮批判实践经验的理论化和系统化的总结升华，为实现

---

① 毛泽东. 毛泽东选集：第3卷 [M]. 北京：人民出版社，1991：864-865.

马克思主义意识形态理论的创新发展奠定了思想基础，并指导了无产阶级开展批判错误思潮的实践运动。

（1）虚假意识论：资产阶级意识形态对无产阶级具有欺骗性和蒙蔽性

社会思潮产生于特定的历史时代与环境中，虽形式表现多样但具有相同的本质，所以揭示错误思潮的本质是批判错误思潮的逻辑起点。马克思恩格斯所处时代存在着一个客观现实，就是主导社会意识形态走向的是代表资产阶级利益的"意识形态家们"的学说和思潮，以及与这些"意识形态家"具有相同思维方式的思想家们的相关理论体系，如普鲁东主义、拉萨尔主义、杜林主义等。这些理论体系和学说在无产阶级群体中蔓延，混淆了无产阶级的视听，对无产阶级革命运动产生了消极的影响。基于革命实践和理论的现实需要，马克思恩格斯剖析了同时代的代表资产阶级意识形态理论家们的思想和思潮的本质，揭示出这些代表资产阶级利益的意识形态和思潮在实质上是具有颠倒性和欺骗性的"虚假意识"。如在《德意志意识形态》中，马克思恩格斯集中阐述了意识形态的相关问题，批判以费尔巴哈、鲍威尔、施蒂纳和"真正的社会主义者"为代表的"意识形态家"的意识形态的本质特征，并总结性的得出"资产者的假仁假义的虚伪的意识形态用歪曲的形式把自己的特殊利益冒充为普遍的利益"[①]。他们强调，在无产阶级看来，资产阶级的法律、道德、宗教等"全都是资产阶级偏见，隐藏在这些偏见后面的全都是资产阶级利益"[②]。

（2）精神武器论：批判错误思潮需要掌握精神武器

掌握精神武器是批判虚假意识形态和错误思潮的必要条件。马克思恩格斯十分重视运用先进理论指导无产阶级开展批判错误思潮的实践。马克思在《〈黑格尔法哲学批判〉导言》中批判黑格尔颠倒了的逻辑观念的时候提出了"哲学"是无产阶级的"精神武器"的重要论断，"哲学把无产阶级当作自己的物质武器，同样，无产阶级也把哲学当作自己的精神武

[①] 中共中央马克思恩格斯列宁斯大林著作编译局．马克思恩格斯全集：第3卷［M］．北京：人民出版社，1960：195．
[②] 中共中央马克思恩格斯列宁斯大林著作编译局．马克思恩格斯文集：第2卷［M］．北京：人民出版社，2009：42．

器；思想的闪电一旦彻底击中这块朴素的人民园地，德国人就会解放成为人"①。该处的"哲学"可看作是反映着无产阶级根本利益的"彻底的理论"，是无产阶级革命运动开展的指导思想，更是无产阶级对错误思潮进行批判的理论武器。马克思不仅强调了理论武器的重要性和必要性，将进步的、科学的理论视为无产阶级运动和对资产阶级"虚假意识形态"进行批判的"精神武器"，同时也指出无产阶级批判错误思潮的必要条件是以理论武装自身并使之转化成为物质力量，"批判的武器当然不能代替武器的批判，物质力量只能用物质力量来摧毁；但是理论一经掌握群众，也会变成物质力量"②。马克思恩格斯阐明了无产阶级批判错误思潮实践过程中必须用先进的理论武装无产阶级的头脑，才能使无产阶级真正掌握住理论武器，实现无产阶级自身的思想觉悟和理论水平的提高，形成声势浩大的批判错误思潮的物质力量。

（3）群众主体论：批判错误思潮需要发挥人民群众的力量

人民群众是批判错误思潮的主体，因此错误思潮的批判必须实现群众力量的发挥。马克思恩格斯指出："思想本身根本不能实现什么东西。思想要得到实现，就要有使用实践力量的人。"③ 对错误思潮的批判是一个具体的思想活动，要重视人的主体作用和力量的发挥。在批判继承人类思想文化优秀成果的基础上，马克思恩格斯创立了唯物史观，并以此为方法，阐明了历史、人民群众等一系列范畴和关联，探讨了人类社会历史发展的一系列问题和人与社会历史发展之间的关系，明晰了人民群众在推动社会历史发展中的重要作用。马克思恩格斯将有生命的个人的存在作为全部人类历史的第一个前提，认为"历史不过是追求着自己目的的人的活动而

---

① 中共中央马克思恩格斯列宁斯大林著作编译局. 马克思恩格斯文集：第1卷 [M]. 北京：人民出版社，2009：17-18.
② 中共中央马克思恩格斯列宁斯大林著作编译局. 马克思恩格斯文集：第1卷 [M]. 北京：人民出版社，2009：11.
③ 中共中央马克思恩格斯列宁斯大林著作编译局. 马克思恩格斯文集：第1卷 [M]. 北京：人民出版社，2009：320.

已"①，并指出"历史的活动和思想就是'群众'的思想和活动"②，明确指出了人民群众是社会历史发展以及思想活动的主体。马克思恩格斯不仅从正面阐证了在人类社会历史和思想历史发展中人民群众的主体地位，并且在对虚无的历史观、泛神论、自发论等各种思潮的批判过程中，表明了人民群众在批判错误思潮中的重要作用。如在《神圣家族》中，马克思恩格斯在批判青年黑格尔派从"思想"或"观念"中思考历史发展时表明了他们的唯物史观，并指出历史活动是群众的活动，认为"随着历史活动的深入，必将是群众队伍的扩大"③。

（4）政党领导论：批判错误思潮必须坚持共产党人领导

思潮被哪个阶级所掌握和领导，就会为哪个阶级代言和服务，思潮的主导者、组织者和实施者是决定其功能发挥的重要因素。共产党人作为无产阶级的先锋队，同时也是无产阶级批判错误思潮的领导者。马克思恩格斯在《共产党宣言》中指出了共产党人的无产阶级的阶级立场，为共产党人引领无产阶级开展对错误思潮的批判奠定了阶级基础，"共产党人同其他无产阶级政党不同的地方只是：一方面，在无产者不同的民族的斗争中，共产党人强调和坚持整个无产阶级共同的不分民族的利益；另一方面，在无产阶级和资产阶级的斗争所经历的各个发展阶段上，共产党人始终代表整个运动的利益"④。同时马克思恩格斯也指出了共产党人的实践优势与理论优势，"在实践方面，共产党人是各国工人政党中最坚决的、始终起推动作用的部分；在理论方面，他们胜过其余无产阶级群众的地方在于他们了解无产阶级运动的条件、进程和一般结果"⑤。共产党人的理论优

---

① 中共中央马克思恩格斯列宁斯大林著作编译局．马克思恩格斯文集：第1卷［M］．北京：人民出版社，2009：295.
② 中共中央马克思恩格斯列宁斯大林著作编译局．马克思恩格斯文集：第1卷［M］．北京：人民出版社，2009：286.
③ 中共中央马克思恩格斯列宁斯大林著作编译局．马克思恩格斯文集：第1卷［M］．北京：人民出版社，2009：287.
④ 中共中央马克思恩格斯列宁斯大林著作编译局．马克思恩格斯文集：第2卷［M］．北京：人民出版社，2009：44.
⑤ 中共中央马克思恩格斯列宁斯大林著作编译局．马克思恩格斯文集：第2卷［M］．北京：人民出版社，2009：44.

势以及实践优势也是他们批判错误思潮的理论优势和实践优势。在对资产阶级虚假的意识形态进行批判时，无产阶级只有坚持共产党人的领导才能实现正确思想的指引和前进方向，确保无产阶级能够坚持体现自身根本利益的纲领以及原则，借此消除资产阶级的错误思潮和虚假意识形态对无产阶级革命运动的误导。

（5）宣传教育论：批判错误思潮必须加强理论宣传教育

在马克思恩格斯的著作中，"宣传""教育"的概念出现频次较高，并将其视为理论掌握群众的重要手段。"理论只要说服人，就能掌握群众；而理论只要彻底，就能说服人。"① 理论不会直接掌握群众转变成为实践需要，实现理论与实践相结合还必须依赖"宣传教育"这个中间环节。恩格斯重视正确思想的教育和宣传对无产阶级革命运动的引导，并将其视为消除错误思潮对无产阶级误导的重要手段，他指出："革命是政治的最高行动，谁要想革命，谁就必须也承认准备革命和教育工人进行革命的手段，关心不让工人在革命后的第二天又受到法夫尔和皮阿之流的愚弄。"② 马克思在《〈黑格尔法哲学批判〉导言》中指出："理论在一个国家实现的程度，总是取决于理论满足这个国家的需要的程度。"③ 马克思恩格斯对资产阶级意识形态批判的目的不仅是阐证他们理论体系的需要，也是基于消解错误思潮对无产阶级革命运动消极影响的需要。在《共产党宣言》中，马克思恩格斯强调"共产党一分钟也不忽略教育工人尽可能明确地意识到资产阶级和无产阶级的敌对的对立"④，旨在通过教育使无产阶级掌握鉴别分析错误思潮的"精神武器"和科学的指导理论，使无产阶级具备识别错误思潮的能力，并使无产阶级产生推动革命运动不断前进的力量。

---

① 中共中央马克思恩格斯列宁斯大林著作编译局. 马克思恩格斯文集：第1卷［M］. 北京：人民出版社，2009：11.
② 马克思. 马克思恩格斯全集：第17卷［M］. 北京：人民出版社，1963：446.
③ 中共中央马克思恩格斯列宁斯大林著作编译局. 马克思恩格斯文集：第1卷［M］. 北京：人民出版社，2009：12.
④ 中共中央马克思恩格斯列宁斯大林著作编译局. 马克思恩格斯文集：第2卷［M］. 北京：人民出版社，2009：66.

2. 列宁批判错误思潮的主要观点

列宁所处的时代，无产阶级同资产阶级之间的意识形态交锋和对立越来越激烈，此时的社会主义国家的意识形态风险防范问题也由理论走向现实。俄国意识形态领域内各种思潮之间的斗争也日趋复杂，资产阶级的意识形态、民粹派的自由主义、伯恩施坦的修正主义等各种错误思潮对俄国的革命和建设造成了非常恶劣的影响。此时，列宁所领导的无产阶级政党面临着一项亟待解决的问题，就是与各种错误思潮做斗争、提升无产阶级政党执政风险的防范能力并巩固其执政地位。基于此，列宁以马克思主义为指导思想，结合俄国革命与建设的现实对错误思潮进行了坚决的斗争，在批判错误思潮实践的基础上发展了马克思主义意识形态理论，为社会主义国家的意识形态风险防控工作积累了重要的经验。

（1）科学的意识形态论：坚持将马克思主义作为意识形态工作的指导思想

列宁始终坚持以马克思主义为指导思想与理论武器批判错误思潮，强调："在这个由一整块钢铸成的马克思主义哲学中，决不可去掉任何一个基本前提、任何一个重要部分，不然就会离开客观真理，就会落入资产阶级反动谬论的怀抱。"[①] 在领导俄国革命和建设过程中，列宁以"科学的意识形态"与"社会主义意识形态"两个概念将马克思主义意识形态理论带入一个全新的话语体系，并在此基础上推动了批判错误思潮的实践。列宁在《唯物主义和经验批判主义》中批判了马赫主义，提出"科学的意识形态"的概念，强调了马克思主义意识形态理论中科学性的思想内核。在《怎么办？》中，列宁批判了伯恩施坦主义并提出了"社会主义意识形态"的相关概念，阐明了马克思主义意识形态理论体系中有关革命性的思想内核。同时列宁在批判错误思潮的过程中始终捍卫着马克思主义理论的真理，通过批判自由主义民粹派的唯心史观，捍卫了马克思主义科学的唯物史观；通过批判伯恩施坦否定革命的改良主义的思潮，捍卫了马克思主义的社会革命理论；通过批判考茨基否定无产阶级专政的自由主义思潮，捍

---

① 中共中央马克思恩格斯列宁斯大林著作编译局. 列宁选集：第2卷[M]. 北京：人民出版社，2012：221-222.

卫了马克思主义的国家学说；通过批判苏汉诺夫等否定历史发展道路多样性的教条主义思潮，捍卫了马克思主义的历史辩证法。

（2）哲学党性原则理论：开展意识形态领域的思想斗争需要坚持党性原则

列宁在批判错误思潮的实践中，清醒地认识到马克思主义的意识形态与资产阶级的意识形态之间存在着对立的客观事实，并将马克思主义意识形态理论由阶级性拓展到党性原则，丰富、发展与完善了马克思主义的意识形态理论，提供了消除资产阶级意识形态和错误思潮对无产阶级思想的侵蚀的原则依据。列宁指出党性是"高度发展的阶级对立的结果和政治表现"①，他认为哲学具有党性原则，党性原则贯穿于哲学发展的全过程。列宁在《唯物主义和经验批判主义》中强调："最新的哲学像在两千年前一样，也是有党性的。唯物主义和唯心主义按实质来说，是两个斗争着的党派，而这种实质被冒牌学者的新名词或愚蠢的无党性所掩盖。"② 在列宁看来，哲学上的党派斗争"归根结底表现着现代社会中敌对阶级的倾向和意识形态"③。列宁认为："非党性是资产阶级思想。党性是社会主义思想。"④ 强调党性也是区分两种不同性质意识形态的重要原则。列宁同时也指出："唯物主义本身包含有所谓党性，要求在对事变做任何评价时都必须直率而公开地站到一定社会集团的立场上。"⑤ 列宁认为如果在哲学上不讲党性，"不过是卑鄙地掩盖起来的向唯心主义和信仰主义的卑躬屈膝而已"⑥，必然会丧失马克思主义在意识形态领域内的指导地位。

---

① 中共中央马克思恩格斯列宁斯大林著作编译局．列宁全集：第13卷［M］．北京：人民出版社，2017：273.
② 中共中央马克思恩格斯列宁斯大林著作编译局．列宁选集：第2卷［M］．北京：人民出版社，2012：240.
③ 中共中央马克思恩格斯列宁斯大林著作编译局．列宁选集：第2卷［M］．北京：人民出版社，2012：240.
④ 中共中央马克思恩格斯列宁斯大林著作编译局．列宁选集：第1卷［M］．北京：人民出版社，2012：676.
⑤ 列宁．列宁全集：第1卷［M］．北京：人民出版社，1984：363.
⑥ 中共中央马克思恩格斯列宁斯大林著作编译局．列宁全集：第18卷［M］．北京：人民出版社，2017：372.

（3）意识形态领导权论：无产阶级政党要做批判错误思潮的领导者

列宁在对经济主义、工联主义、取消主义、召回主义等错误思潮批判的过程中，提出了无产阶级领导权思想，勾勒出意识形态领导权思想的轮廓。列宁十分重视无产阶级掌握革命的领导权事宜，强调"不要把革命中的领导权交给资产阶级"①。列宁强调取消主义在实质上是"从思想上来说就是否认社会主义无产阶级的革命阶级斗争，特别是否认无产阶级在我国资产阶级民主革命中的领导权"②，并指出了取消主义所导致的严重后果"不仅是要取消（即解散、破坏）工人阶级的原有的党，而且还要破坏无产阶级的阶级独立性，用资产阶级思想来腐蚀无产阶级的意识"③。同时，列宁提出了无产阶级要做"思想领导者"的观点，认为无产阶级若要维持其在思想领域"领导者"地位，就必须做好理论宣传工作。同时，列宁带领全党在教育、宣传等领域通过实施一系列措施掌握住意识形态领导权，使无产阶级政党成为"思想领导者"。在教育领域内坚持党对教育事业的领导，避免了教育沦为错误思想传播蔓延的手段。强调党的出版物必须坚持党性原则，确保了党对宣传出版工作的监管和宣传媒体的领导。在社会性文化团体方面加强了党的领导和管理，使之置于"苏维埃政权和俄国共产党的总的领导下"④，防止了文化团体被敌对势力控制利用。

（4）意识形态灌输理论：抵制错误思潮侵蚀需掌握思想武器

灌输理论是列宁意识形态理论体系的重要内容，列宁之所以重视对工人阶级进行意识形态的灌输，基于俄国工人阶级掌握理论武器防止错误思想侵蚀的现实需要，旨在通过理论灌输使他们掌握马克思主义的思想武器，并开展对错误思潮批判的实践。在19世纪末20世纪初，俄国在意识形态领域面临着修正主义、机会主义、改革主义等形形色色思潮的冲击和

---

① 列宁. 列宁选集：第1卷［M］. 北京：人民出版社，1995：558.
② 中共中央马克思恩格斯列宁斯大林著作编译局. 列宁选集：第2卷［M］. 北京：人民出版社，1995：261.
③ 中共中央马克思恩格斯列宁斯大林著作编译局. 列宁全集：第23卷［M］. 北京：人民出版社，1990：72.
④ 中共中央马克思恩格斯列宁斯大林著作编译局. 列宁全集：第39卷［M］. 北京：人民出版社，2017：374.

挑战，这些思潮造成了工人阶级群体的思想混乱。一是当时资本主义国家的意识形态势力具有绝对的优势，"资产阶级意识形态的渊源比社会主义意识形态久远得多，它经过了更加全面的加工，它拥有的传播工具也多得不能相比"①。所以此时马克思主义的意识形态若不去占领无产阶级头脑的思想阵地，势必导致资本主义的意识形态乘虚而入。二是自发的工人运动无法自主形成社会主义意识，只有通过灌输才能凝聚工人阶级思想共识。列宁在《怎么办?》中批判了经济派主张工人运动"自发性"的错误思想，对灌输理论进行了深刻、系统地阐释，使理论灌输成为批判错误思潮和增强工人阶级思想凝聚力的重要途径。可以说，列宁通过意识形态灌输工作的开展，对马克思主义在俄国的传播、俄国无产阶级掌握思想武器开展对错误思潮的批判、俄国社会主义革命和建设的胜利等都产生了重大影响。

(5) 国民教育改革理论：建构意识形态领域的教育防火墙

教育领域是意识形态斗争和各种思潮碰撞的重点领域。在领导俄国革命和建设的历程中，列宁对思想教育工作与国民教育改革进行了理论和实践的双重探索。在思想教育方面相继提出了"政治教育""政治工作""政治教育工作"的概念，推动了思想教育工作的实践并形成了系统思想教育的理论。在国民教育改革方面，列宁立足于俄国教育现实，在理论上提出了一系列教育改革的观点，在实践上通过采取一系列措施改革了国民教育，建立起一个社会主义国家的国民教育体系，使国民教育事业成为马克思主义理论传播与培养共产主义接班人的主要阵地，为维护意识形态安全和防止错误思潮侵蚀筑起一道防火墙。其一，改革国民教育的目的，实现"培养真正的共产主义者"。该目标的实施增强了人民群众的凝聚力，维护了意识形态领域的安全。其二，改革教育模式，强调"教育绝不限于学校"。列宁经过探索建构起了多样化的教育路径与模式，将社会主义意识形态的影响力与感染力进一步扩大，提高了工农群众的思想觉悟。其

---

① 中共中央马克思恩格斯列宁斯大林著作编译局. 列宁选集：第1卷[M]. 北京：人民出版社，2012：328.

三，改造教师队伍，提出要"培养出一支新的教育大军"①。列宁明确指出新的教育大军"应该同党和党的思想保持紧密联系，贯彻党的精神"②，为培养出体现共产主义精神、代表无产阶级利益的教育大军做出方向性的指引。

（三）马克思主义经典作家批判错误思潮的方法

恩格斯指出："马克思的整个世界观不是教义，而是方法。它提供的不是现成的教条，而是进一步研究的出发点和供这种研究使用的方法。"③马克思主义的基本方法以辩证唯物主义和历史唯物主义的世界观以及方法论为基础，是指导人们正确认识世界、改造世界的科学的工作方法以及思想方法。错误思潮的批判需要运用科学和具体的工作方法，马克思主义经典作家的意识形态理论所蕴含着错误思潮批判的方法论原则是开展错误思潮具体批判的方法论依据。以马克思、恩格斯、列宁为代表的马克思主义经典作家在揭露错误思潮价值导向的时候，不仅坚持了历史唯物主义和辩证唯物主义的根本方法，同时基于实事求是的研究立场和无产阶级的价值立场，根据时代发展的需求和现实实践的经验总结，形成了具有时代特征的批判错误思潮的方法论原则，为高校思政课教师"发声亮剑"予以科学的方法论启迪。

1. 马克思恩格斯批判错误思潮的基本方法

马克思恩格斯坚持运用科学的方法对同时代唯心主义、普鲁东主义、拉萨尔主义等形形色色的思潮进行了批判，通过对这些思潮产生背景和本质的分析，指出这些思潮错误的价值导向，展现出马克思主义方法论的科学性、革命性、实践性、人民性和发展性特征，为无产阶级开展错误思潮批判的实践予以方法论指导和原则依据，使无产阶级能明辨是非、澄清疑

---

① 中共中央马克思恩格斯列宁斯大林著作编译局. 列宁选集：第4卷[M]. 北京：人民出版社，2012：305.
② 中共中央马克思恩格斯列宁斯大林著作编译局. 列宁全集：第39卷[M]. 北京：人民出版社，2017：445-446.
③ 中共中央马克思恩格斯列宁斯大林著作编译局. 马克思恩格斯文集：第10卷[M]. 北京：人民出版社，2009：691.

惑，消除了错误思潮对无产阶级运动所产生的不良影响。

（1）坚持批判性和建构性相统一

不同于其他哲学家把对社会思潮的批判作为一种思辨游戏，马克思恩格斯对错误思潮的批判是以"发现新世界"为价值归旨的批判。正如马克思所阐释的那样，"新思潮的优点又恰恰在于我们不想教条地预期未来，而只是想通过批判旧世界发现新世界"①。马克思恩格斯批判错误思潮的过程中坚持了批判性和建构性相统一的方法论原则，有的放矢地对同时代各种错误思潮内容、实质和症结进行了深入分析，并在对错误思潮分析与批判中建构起了马克思主义的理论体系。如在《德意志意识形态》中，马克思恩格斯批判了费尔巴哈、鲍威尔、施蒂纳等人的唯心史观，对历史唯物主义的基本原理进行了阐释，并划清了唯物史观与唯心史观两种不同历史观之间的界限，同时对共产主义和无产阶级革命的理论进行了科学的论证。同时在《德意志意识形态》中，马克思恩格斯还批判了流行于德国的"真正的社会主义"思潮，对这种假社会主义思潮的理论基础、阶级本质进行了批判和揭露，为科学社会主义理论的发展奠定了思想基础。

（2）坚持理论性和实践性相统一

马克思恩格斯批判错误思潮，在方法论上始终强调理论性和实践性相统一。马克思强调："哲学家们只是用不同的方式解释世界，问题在于改造世界。"② 实践是马克思主义学说首要的与基本的观点，该学说是从实践中来，到实践中去，在实践中接受检验，同时又是随着实践而不断发展的理论体系。对错误思潮的批判不但是一个理论问题，而且是一个实践问题。批判错误思潮的时候，马克思恩格斯不仅结合实践建构了批判错误思潮的理论武器，而且坚持运用理论武器指导无产阶级进行批判错误思潮的实践。如在批判杜林主义时，恩格斯通过撰写《反杜林论》不但系统地阐释了马克思主义的整个思想体系，而且运用他与马克思共同发现和创造的

---

① 中共中央马克思恩格斯列宁斯大林著作编译局. 马克思恩格斯文集：第10卷［M］. 北京：人民出版社，2009：7.
② 中共中央马克思恩格斯列宁斯大林著作编译局. 马克思恩格斯文集：第1卷［M］. 北京：人民出版社，2009：502.

科学理论为武器批判了杜林主义，消除了杜林主义对无产阶级运动的消极影响并指导了无产阶级具体的批判错误思潮的实践。借此而言，马克思主义的理论体系不是从抽象原则出发的学说，而是围绕社会发展现实来阐释的思想精髓，同时又是通过彻底贯彻这种思想精髓推动共产主义运动的实践。

（3）坚持及时性和长期性相统一

在方法论原则上，马克思恩格斯实现了对错误思潮批判的及时性和长期性的统一。一是及时消除错误思潮的消极影响。马克思恩格斯能够敏锐地发现处于萌芽状态的错误思潮，并采取措施对错误思潮进行及时的批判。如在拉萨尔开始鼓动他所倡导的改良主义之前，马克思就"向他详细解释和'证明'：所谓'普鲁士国家'实行直接的社会主义干涉是荒谬的"[1]。在德国工人运动合并之后，形成了拉萨尔主义性质的纲领，马克思也及时通过《哥达纲领批判》对该纲领的错误观点进行了逐字逐句的评析批判。二是坚持及时性和长期性相统一。自19世纪40年代起，马克思恩格斯就开始不断地分析批判同时代各种错误思潮，并与错误社会思潮进行了长期的斗争。如马克思在认识到蒲鲁东主义对法国工人运动造成不良影响时，于1847年就撰写了《哲学的贫困》，对蒲鲁东的错误思想进行了全面的批判和揭露。第一国际成立后，蒲鲁东主义成为国际中最大的机会主义派别，马克思恩格斯再次对普鲁东主义开展了批判。

（4）坚持科学性和大众化相统一

马克思恩格斯批判错误思潮，在方法论上坚持科学性和大众化相统一。马克思恩格斯对错误思潮批判的原则方法呈现于其学术著作、手稿、笔记、书信的内容中，梳理马克思恩格斯的经典著作，从行文中可知他们对错误思潮的批判坚持了科学化和大众化相统一原则。在科学性维度上，马克思恩格斯对错误思潮的批判坚持了充分占有材料和运用科学方法分析材料相结合的原则。虽然马克思恩格斯所创作的文稿众多，但在这些批判性文章中对错误思潮代表性观点的批判得有理有据、观点鲜明、针锋相

---

[1] 中共中央马克思恩格斯列宁斯大林著作编译局. 马克思恩格斯文集：第10卷[M]. 北京：人民出版社，2009：219.

对，以无可辩驳的事实和理论驳斥了各种错误思潮。在理论阐释的方法维度上，马克思恩格斯凸显出逻辑上严谨性与话语表达的大众化相统一。恩格斯强调，"言简意赅的句子，一经了解，就能牢牢记住，变成口号"①。马克思恩格斯对错误思潮批判的语言运用也独具匠心，通过修辞技巧与语言艺术的运用，使看似枯燥的理论文章读起来鲜活生动、通俗易懂，从而使不同的读者对象都乐于接受他们的观点。

（5）坚持重点性和具体化相统一

马克思恩格斯批判错误思潮的另一个重要方法论特征是重点性批判与具体宣传的相统一。马克思恩格斯对错误思潮的批判并未停留在对思潮表象的分析，而是坚持了有重点地对代表思潮的核心人物的核心观点的辩驳，避免了纠缠细枝末节，实现了正本清源的目的，并提升了批判效果。如在对蒲鲁东主义进行批判时，马克思主要抓住蒲鲁东在哲学上歪曲黑格尔辩证法、在经济上错误的"构成价值"理论、在政治上反对斗争的改良主义等核心观点。同时马克思恩格斯开展错误思潮批判时面临着一个主要问题：通过何种方式实现科学理论传播、指导无产阶级运动，并有效消除错误思潮在无产阶级中的恶劣影响。特定思想理论必须运用相应的宣传和传播方式才能在各阶层和社会群体中产生影响，因此马克思恩格斯采用多种手段和方式展开了具体的理论宣传工作。在理论宣传过程中，马克思恩格斯坚持运用报纸媒体、演讲、交谈等方式开展理论的传播，实现了科学的理论在无产阶级群众中的传播，提升了对错误思潮批判的效果。

2. 列宁批判错误思潮的方法创新

列宁以马克思主义的世界观和方法论为指导，就加强俄国意识形态安全和批判错误思潮工作进行了理论和实践的双重探索，形成了具有俄国特色和富有操作性的批判错误思潮的具体方法。列宁批判错误思潮的方法，是马克思主义唯物史观、唯物辩证法、辩证唯物的认识论在批判错误思潮实践中的具体体现，消除了错误思潮对俄国工人阶级的思想侵蚀，凝聚了工人阶级的思想共识，巩固了国家政权，维护了俄国的意识形态安全。

---

① 中共中央马克思恩格斯列宁斯大林著作编译局. 马克思恩格斯文集：第4卷 [M]. 北京：人民出版社，2009：407.

(1) 坚持科学原则和科学方法相统一

列宁在对错误思潮批判的过程中坚持了科学原则和科学方法相统一，实现科学方法的运用与科学原则的指导相结合，从而使列宁在与错误社会思潮的交锋中能够运用真理战胜谬误。列宁之所以能坚持以马克思主义的科学方法对错误思潮进行批判，是基于列宁深刻把握了马克思主义理论。首先，在批判错误思潮的过程中，列宁坚持将马克思主义视为"完备而严密"的一个"完整的世界观"，始终从"一块整钢"的角度把握马克思主义，为批判错误的社会思潮予以科学的理论依据和指导思想。其次，列宁坚持运用马克思主义的唯物辩证法批判错误思潮。在与唯心主义、经验批判主义、民粹主义等各种思潮交锋斗争中，列宁反对静止地、孤立地、片面地看待各种思潮，而是坚持运用辩证思维分析各种思潮本质，同时运用历史分析法、阶级分析法和比较分析法等具体的方法开展对错误思潮的分析和批判。列宁坚持以实践为导向，在与社会思潮的交锋过程中坚持推动理论向实践转化，消除错误思潮对无产阶级革命运动的消极影响。

(2) 坚持理论灌输和实践锻炼相统一

列宁在批判错误思潮的过程中坚持了理论灌输和实践锻炼相统一的方法论原则。理论灌输不但是列宁意识形态理论的重要内容，同时也是列宁开展意识形态教育与批判错误思潮的重要方法。列宁非常重视理论灌输对工人阶级参与批判错误思潮实践的重要作用，他在《俄国社会民主党人的任务》指出："没有革命的理论，就不会有革命的运动"[1]，强调正确的理论指导对开展革命运动的重要性，并采取了具体措施向工人阶级灌输马克思主义理论，提高了工人阶级的政治觉悟，消除了经济派机会主义的错误思潮对工人阶级的影响。列宁是一位马克思主义的理论家和践行马克思主义理论的实践家，他强调："离开工作，离开斗争，那么从共产主义小册子和著作中得来的关于共产主义的书本知识，可以说是一文不值。"[2] 因此

---

[1] 中共中央马克思恩格斯列宁斯大林著作编译局. 列宁选集：第1卷 [M]. 北京：人民出版社，2012：153.
[2] 中共中央马克思恩格斯列宁斯大林著作编译局. 列宁选集：第4卷 [M]. 北京：人民出版社，2012：283.

在批判错误思潮的过程中，列宁既坚持对工人阶级灌输正确的理论进行思想引导，也注重通过革命与建设的实践引导广大群众的思想，并采用了具体的实践锻炼法实现了对人民群众的正确思想方向的引领。

（3）坚持利用载体和运用技巧相统一

党报党刊不仅是舆论控制和错误思潮批判的重要平台，也是实现党的意识形态教育和思想宣传工作的关键途径。列宁重视并善于利用党报党刊掌握话语权开展对错误思潮的批判，先后创办了《火星报》《前进报》《新生活报》等一系列党的报纸刊物，通过党报党刊向俄国人民群众灌输马克思主义的理论，为俄国革命与建设的胜利奠定了坚实的思想基础。早在对经济派的思潮批判时，列宁就积极推动《怎么办？》著作的出版，并运用《火星报》等报纸刊物对工人阶级开展正确思想的宣传，回应经济派刊物的恶意攻击批评。同时，坚持理论灌输大众化和通俗化相统一的宣传技巧是列宁宣传工作的重要方法论原则，列宁认为"最高限度的马克思主义=最高限度的通俗化"①。理论灌输之所以能够取得成效与列宁一贯坚持理论灌输的通俗化和生活化的原则密切相关。由于历史原因导致俄国工人群众文化程度较低，列宁坚持以通俗易懂的语言与群众喜闻乐见的方式来呈现马克思主义理论，提升了理论宣传和批判错误思潮的实效性。

（4）坚持榜样示范和比较教育相统一

榜样示范法和比较教育法是列宁批判错误思潮的具体方法。榜样示范法是通过具有典型意义的人和事，示范引导教育对象提高思想认识、规范自己行为的方法。列宁指出"榜样的力量是无穷的"，肯定了榜样教育的价值意义。列宁强调俄国布尔什维克党与党的思想教育者应发挥模范带头作用，并初步探索了榜样示范法的形式、途径和策略，形成了榜样教育的氛围，提高了人民群众的思想觉悟。比较分析法是通过对比不同的人和事引出正确的结论，提高教育对象思想和认识水平的方法。列宁阐释了比较分析法的方法论意义，指出俄国布尔什维克之所以选择马克思主义作为党的理论基础，是基于对各种理论优劣进行分析比较的结果。在社会主义建

---

① 中共中央马克思恩格斯列宁斯大林著作编译局. 列宁全集：第36卷 [M]. 北京：人民出版社，1959：467.

设时期，为调动俄国人民群众建设社会主义的主动性与积极性，列宁提倡报纸要利用经济建设中的"模范"与"黑榜"来教育启发人民群众的思想觉悟，通过比较分析法实现了正面榜样的激励作用和反面榜样的警示作用的相统一，提高了俄国人民群众的思想素质。

（5）坚持开展批评与自我批评相统一

批评与自我批评的教育方法是列宁批判错误思潮时常用的方法，是教育者和教育对象之间以及教育者内部之间互相查找缺点和不足，互相促进，进而达成思想共识的一种教育方法。列宁充分肯定了批评与自我批评方法的作用，并将其视为俄国布尔什维克政党区别其他政党的标志。首先，列宁指出了俄国无产阶级政党开展批评与自我批评的根本原因。随着俄国工人运动的不断发展，小资产阶级、小农、手工业者与破产的资产阶级等加入了无产阶级的队伍导致党的成分愈加复杂，思想难以统一。因此列宁认为真正的布尔什维克党要善于运用批评与自我批评的方法，敢于承认、发现并改正自身思想错误，从而推动俄国工人运动的向前发展。其次，列宁对无产阶级政党开展批评与自我批评的方法论意义进行了阐释，指出通过批评与自我批评的方法能够保证无产阶级政党有一个统一正确的思想基础，进而可以用正确的思想引领教育群众。最后，列宁明确了批评与自我批评方法的具体要求，强调此方法的运用要有理有据且掌握分寸。

二、中华优秀传统文化中蕴含的"发声亮剑"理念

发声亮剑育人理念根植于中华优秀传统文化沃土，有着深厚的历史渊源。思想观念、政治观点和道德规范是政治文化和伦理文化的重要组成部分，隶属于文化的范畴。思想政治教育在某种意义上就是政治文化和伦理文化传播的过程，其目的是实现教育对象的政治和道德的社会化。中华优秀传统文化是中华民族五千多年的智慧结晶，是中华民族的根与魂。作为根植在中国人内心深处的文化基因，优秀传统文化对于中华民族精神的塑造和价值观念的形成具有重要作用，不仅是传统社会主流价值观的文化基础，也是新时代高校思政课的理论渊源。为抵制西方意识形态的渗透和错误思潮的侵蚀，高校思政课教师应当坚定文化自信，汲取传统文化中的思

想精华，探究传统文化中的育人艺术，借鉴传统文化中的思想教育方法，汲取传统文化中的话语表达方式，切实提升发声亮剑的能力和本领。

（一）教化思想

思想教育的本质是社会主导意识形态的灌输和教化，高校思政课教师发声亮剑的目的是用马克思主义理论来教育学生，培养能够担当民族复兴大任的时代新人。中华优秀传统文化中的教化思想是高校思政课教师"发声亮剑"育人理念的理论根源。教化是传统社会主流价值观念灌输的重要方式，也是造就中华民族独特精神世界的主要精神生产方式。教化思想内蕴"以教化民""以教道民"之意，旨在通过教化实现思想道德的启蒙、风俗习惯的传承、社会知识的传递，进而提升人的修养和同化人的思想，实现较好的社会治理。儒家学派对教化的主体、内容和方式有着较为完善的论述，形成了较为系统的教化思想体系，奠定了传统社会教化思想的文化特征和基本框架。孔子是儒家文化的创始人，教化思想在他思想体系中占据重要地位。孔子非常重视教化在社会治理中的重要作用，他所提倡的"有教无类"的理念，扩大了儒家文化的传播范围，培养了大批人才。孟子提出"仁言，不如仁声之入人深也。善政，不如善教之得民也"（《孟子·尽心上》），将教化与社会治理相联系，推动了教化思想的完善和实践。整合了孔子与孟子的教化思想，并在其文章《王制》正式使用了"教化"一词，提出"顺州里，定廛宅，养六畜，闲树艺，劝教化，趋孝弟，以时顺修，使百姓顺命，安乐处乡，乡师之事也"。（《荀子·王制》）"论礼乐，正身行，广教化，美风俗，兼覆而调一之，辟公之事也。"（《荀子·王制》）荀子将教化作为对百姓开展价值观引导的主要手段，旨在通过教化导人向善，达到社会治理目的。

（二）德教思想

德教即道德的教育，中华优秀传统文化一定意义上是德的文化，蕴含着丰富的德教思想。作为中华优秀传统文化的价值基础，道德在中国传统社会的生活中具有特殊作用，是中国传统社会主导意识形态的价值基础。

中国传统社会诸多思想家、政治家将教育视作为政治服务的手段，并将道德的教化贯彻于社会治理和国家统治的全过程。可以说，道德教育促成了中国传统社会主流意识形态的确立。中国传统社会的教育，一方面以知识灌输和技能培养为目的，另一方面更加强调教育为政治服务，灌输以伦理道德为核心内容的政治理念与做人的理念，达到实施政治控制的目的。中国传统社会的教育分为学校教育和非学校教育，但教育目的都以德为先，实施教育对象的道德教育是其一项重要任务。孟子指出"设为庠序学校以教之。庠者，养也；校者，教也；序者，射也。夏曰校，殷曰序，周曰庠。学则三代共之，皆所以明人伦也"（《孟子·滕文公上》），明确了学校教育的基本任务是教学生"明人伦"，即以道德为主要内容的教育。《礼记·大学》是传统社会的教育学专著，主要内容也是关于道德修养的理论。学校是意识形态工作开展的重要领域和前沿阵地，立德树人是新时代高校的立校之本，也是新时代高校思想课教师发声亮剑育人理念的目标追求。新时代高校立德树人的理念既是对优秀传统文化中学校教育理念的传承，又是立足新的时代创新性转换。由此可见，道德教育在传统社会的学校教育中占据主要地位，其通过对德化对象，灌输道德伦理观念，培养道德人格目标，与新时代发声亮剑的育人理念中以德树人的目标一脉相承。

（三）宣教思想

传统文化中有着"宣"和"教"的概念，是一种以引领政治和统摄目标为目的的文化传播形式。宣教可视为中国传统社会推进主导意识形态宣传和教育的主要方式，是统治阶层有目的、有组织进行的一种政治导向活动，旨在运用"宣"和"教"对个体实施影响，实现统治阶级意识形态的社会化和大众化。宣传思想工作是高校意识形态工作的重要抓手，高校思政课教师发声亮剑的目的是通过主导社会意识的灌输和教化，实现维护意识形态安全的目的，而目标的实现必须采用具体的宣传方式，传统文化所蕴含的宣传教育理念为高校思政课教师"发声亮剑"采用的宣传方式提供了参考。传统社会的思想家将"宣"和"教"看成社会治理和统治民众的手段，主张治国"为政"必须以"教"为先，教育和宣传的目的是基于

"治",即通过教育的手段实现其治国主张的宣传和教化并达到社会治理的目的。以儒家为代表,孔子、孟子和荀子系统论述了"教"和"宣"在治国治民中的重要作用,其思想中蕴含着初步的宣传教育的理念。孔子认为"不教而杀谓之虐"(《论语·尧曰》),"以不教民战是谓弃之"(《论语·子路》),"善人教民七年,亦可以即戎矣"(《论语·子路》)。这些论述的中心思想体现了孔子重视对民众进行教育引导实现社会治理。孟子指出:"善政,民畏之;善教,民爱之。善政得民财;善教得民心"(《孟子·尽心章句上》),明确了统治阶级"得民心"是"得天下"之道,而得民心之道的有效手段是教育宣传。荀子提出了"宣"的理念,并直接把宣教和治国相联系,提出"上宣明则下治辨矣"(《荀子·正论》),将宣教视为"治国之道",并强调说奸邪不做、盗贼不起皆源于教化,明确了宣传教育在治国和治民中的先导作用。

(四)民意思想

民心是民众相对自觉的意识,是一种舆论导向,是稳定政权的基础。舆论是一种宣传、教育、动员人民群众的特殊形式,具有强大的社会动员能力和思想引导能力,是影响意识形态走向的重要力量。传统文化中蕴含着丰富的重视民意的思想,民意思想是传统社会初步的舆论思想的一种表现,也是当代社会舆论思想理念的重要起点之一,为高校思政课教师"发声亮剑"育人理念中运用舆论开展思想政治教育予以启示。作为高校思政课教师宣传思想工作的中心议题,舆论引导思想根植于中华优秀传统文化的沃土,有着深厚的历史渊源和现实基础。中国古代的思想家比较重视民意在社会治理过程中的作用,孔子的"一言兴邦,一言丧邦"和孟子的"举公议,辟私怨"等论断,初步展示了孔子和孟子关于社会舆论作用的见解。孟子指出国君对很多问题进行决断时候应当采纳众议重视民意,"左右皆曰贤,未可也;诸大夫皆曰贤,未可也;国人皆曰贤,然后察之;见贤焉,然后用之。左右皆曰不可,勿听;诸大夫皆曰不可,勿听;国人皆曰不可,然后察之;见不可焉,然后去之。"(《孟子·梁惠王下》)该论断体现出孟子关于将舆论表达权扩大化的思想,从中可知孟子认为统治者应将决策的考察扩展到国人即民众的范围,而不仅限定在"左右"和"诸大夫"这一较小群体的意见范围内。从得天下的角度,孟子强调了民意的作用,认为"得天下有道:得其民,斯得天下矣。得其民有道:得其心,斯得民矣。得其心有道:所欲与之聚之,所恶勿施尔也。"(《孟子·离娄章句上》)孟子认为"得天下""得其民"与"得民心"属于不同的层次,而"得民心"才是最高的境界。

(五)修身思想

思想政治教育工作从根本上来说是做人的工作,人是思想政治教育最核心的因素,思想课教师和教育对象都是具有主观能动性的人,高校思政课教师主动发声亮剑要注重发挥人的主观能动性。优秀传统文化中蕴含着十分丰富修身思想,尤其以儒家思想学派为代表,把修身作为道德教化和塑造理想人格的重要方式,形成了学思结合、省察克治、自律慎独、知行合一等系统化的修身思想,为高校思政课教师发声亮剑注重发挥人的主观能动性提供了思路和方法。一是主张学思结合。孔子指出,"学而不思则罔,思而不学则殆"(《论语·为政》)。学与思结合既强调了学的主动性,也强调了思的自觉性,从而调动了个体的积极性,使受教育者自发地提升道德素养。二是主张省察克治。"省察"是道德主体对自身的道德检查以及对自身的道德反思,"克治"是道德主体对自身的错误行为所进行的自觉改进,可视为是一种通过自我修养来提升自身道德品质的方法。儒家学派十分注重人道德提升的自觉性,他们提出"见贤思齐""反求诸己""三省吾身"等观念,就是强调人高尚道德的养成要注重人的自觉和自我的省察克治。三是强调自律慎独。《大学》中有对慎独的论述,强调个人在独处时候的自律自觉。自律慎独不仅是儒家的一种道德境界,也是儒家所推崇的一种修身方法,强调人在无人监管的环境中,也能做到高度自觉,依据社会所规范的道德准则开展行动。四是强调"知行合一"。"子以四教:文、行、忠、信。"(《论语·述而》)该论述表明孔子在教育过程中坚持内在知识的修养和外在践行的统一,提倡要把仁义礼智信这些道德规范内化为自身的道德认知,外化为实际的道德行为。

(六) 求实思想

中华优秀传统文化中蕴含着丰富的"实事求是"相关思想，传统社会中先贤们所提倡的，无论是尊重事实的治学态度和研究方法，还是后来的格物致知的认知理论，或是再后来提出的经世致用、知行合一的处事态度和行为守则，都蕴含着实事求是的思想。"实事求是"一词源自《汉书·河间献王传》，作者班固在书中写到河间献王刘德"修学好古，实事求是"，旨在赞扬刘德求真务实、治学严谨学习态度。借此可以看出中国古代学者在治学过程中，非常重视根据事物的实证求索真相，探究规律。以儒家学派的思想家们为代表，他们在知识追求过程中非常重视尊重事实，在《论语》和《大学》等儒家代表作中均可见到相关内容。如"子绝四：毋意，毋必，毋固，毋我"（《论语·子罕》），表明孔子坚持尊重事实、追求真理的治学态度，告诫弟子要杜绝主观臆断、绝对肯定、固执己见、自以为是这四种错误习惯。在批判和吸收中华优秀传统文化"实事求是"的哲学观基础上，中国共产党结合马克思主义和中国革命现实需要，实现了马克思主义认识论的创造性发展，提出了实事求是的思想，为意识形态安全工作的开展奠定了科学的认识论基础，也为新时代高校"发声亮剑"育人理念予以科学的思想路线。实事求是是马克思主义的研究立场，也是中国共产党的思想路线以及认识世界和改造世界的方法。中国共产党不断推动马克思主义与中华优秀传统文化中"实事求是"的精神相结合，形成了中国共产党认识问题、分析问题、处理问题所遵循的最根本的指导原则和思想基础，也是高校思政课教师"发声亮剑"育人理念中思想路线的渊源。

(七) 民本思想

为人民服务是中国高等教育的价值追求和根本宗旨，"以人民为中心"是高校思想政治教育工作的价值取向、行动指南与政治前提，优秀传统文化中的民本思想是高校思政课教师"发声亮剑"育人理念中价值追求的源泉。中华优秀传统文化中蕴含着丰富的民本思想，在《尚书》中，有着

"民为邦本，本固邦宁"的论断，强调了人民是维护统治的国家之根本。孔子强调要求统治者实施仁政，强调仁者爱人，提出"道千乘之国，敬事而信，节用而爱人，使民以时"（《论语·学而》），将爱民视为治国的重要内容。孟子提出的"民贵君轻"思想，即"民为贵，社稷次之，君为轻"（《孟子·尽心章句下》）。荀子则将统治者与民众的关系用舟和水来比喻，即"君者，舟也；庶人者，水也。水则载舟，水则覆舟"（《荀子·哀公》）。综述而言，传统文化中的民本思想蕴含着对人民力量的认识，对人民意愿的尊重与对人民福祉的关怀，体现了当时统治阶级对人民在社会治理中作用的认知，并在长期历史发展过程中把这种经验认识逐渐上升到理论认识的高级形式，使之成为传统文化中的重要组成部分。基于民本思想可知，在国家治理过程中，人民不仅是根本，同时也是国家治理的主体和客体，只有坚持以人为本，顺民心，应民意，才能使政权更稳固，社会更和谐。解决人的思想问题是思想教育的目的，其旨在提高人的思想政治素质，唤醒人的主体意识、责任意识、公民意识、参与意识等，激励人参与国家治理的积极性、创造性。因此，思想政治教育必须坚持"以人为本"的价值取向，以促进人的全面发展为出发点和立足点，既尊重人、理解人、关心人，又要激励人、全面发展人。

三、习近平总书记关于高校思政课教师"发声亮剑"的重要论述

高校是意识形态工作的前沿阵地与重要领域，高校思政课是意识形态工作的"责任田"和传播马克思主义的关键课程，肩负巩固马克思主义在我国意识形态领域的指导地位和夯实共同思想基础的使命。高校思政课教师是高校教师队伍的重要组成部分，与广大教师群体共同承担着培育社会主义事业建设者与接班人的时代责任与使命。党的十八大以来，习近平总书记在全国高校思想政治工作会议、全国教育大会、学校思想政治理论课教师座谈会上从教师职业的一般性和思政课教师职业的特殊性出发，针对高校教师思想政治工作和思政课教师队伍建设等问题提出一系列新观点、新论断、新举措，为新时代高校思政课教师开展意识形态工作提供了行动指南和基本遵循，也为高校思政课教师"发声亮剑"予以原则依据、方向

指引和方法论指导。

(一) 战略地位论

高校思政课教师与广大教师群体是当代中国的立教之本、兴教之源。习近平总书记做出的关于高校思政课教师战略地位的有关重要论述，是基于对高校思政课教师教学实践的理论性和学理性总结，并基于民族复兴的战略维度、教育发展的宏观视角、微观教学活动的层面呈现了高校思政课教师的关键作用，为思政课教师"发声亮剑"能力的提升确立了出发点。从民族复兴的战略维度，习近平总书记指出"国家繁荣、民族振兴、教育发展，需要我们大力培养造就一支师德高尚、业务精湛、结构合理、充满活力的高素质专业化教师队伍，需要涌现一大批好老师"①，强调"要从战略高度来认识教师工作的极端重要性，把加强教师队伍建设作为基础工作来抓"②，明确了教师队伍包括思政课教师群体在实现民族复兴过程中的战略地位。从教育发展的宏观视角而言，"培养什么人"是教育的首要问题，同时也是包括思政课教师在内的教师群体肩负的使命。"立德树人"是教育的根本任务，习近平总书记指出，"思想政治理论课是落实立德树人根本任务的关键课程，思政课的作用不可替代，思政课教师队伍责任重大"③，明确了思政课教师在思想教育中的重要地位。教育归根结底是教师与学生之间的良性互动，从微观的思政课呈现角度而言，习近平总书记指出，"办好思想政治理论课关键在教师，关键在发挥教师的积极性、主动性、创造性"④，强调思政课教师"要给学生心灵埋下真善美的种子，引

---

① 习近平. 做党和人民满意的好老师：同北京师范大学师生代表座谈时的讲话 [M]. 北京：人民出版社，2014：4.
② 习近平. 做党和人民满意的好老师：同北京师范大学师生代表座谈时的讲话 [M]. 北京：人民出版社，2014：13.
③ 习近平. 思政课是落实立德树人根本任务的关键课程 [M]. 北京：人民出版社，2020：2.
④ 习近平. 思政课是落实立德树人根本任务的关键课程 [M]. 北京：人民出版社，2020：10.

第一章 "发声亮剑"的理论溯源和实践经验

导学生扣好人生第一粒扣子"①，明确了思政课教师对学生的知识积累、品德修养等有着直接、关键的影响。

（二）角色定位论

高校思政课教师作为高校教师队伍的特殊群体，在培养社会主义建设者和接班人的过程中扮演着十分重要的角色。2014年9月9日，习近平总书记在考察北京师范大学时提出"四有好老师"的标准，为新时代教师队伍的建设目标提出了更高的要求，也明确了高校思政课教师的角色地位、职业标准以及发声亮剑能力提升的目标追求。习近平总书记明确提出"思想政治工作是学校各项工作的生命线"②的重大论断，这一"生命线"的论断在高校思想政治工作层面体现为"事关办什么样的大学、怎样办大学的根本问题，事关党对高校的领导，事关中国特色社会主义事业后继有人"③的根本问题，"三个事关"的重要论断深化了高校思想政治工作关乎党管高校、办学治校、育人育才的战略作用的认识。高校思政课教师于"发声亮剑"的过程中承担着"什么样子"的角色定位，要做"什么样子"的思政课老师，具有"什么样子"的职业标准，是高校思政课教师"发声亮剑"过程中必须回答的三个问题。习近平总书记在同北京师范大学师生代表座谈时给予了明确答案，即好老师要"有理想信念、有道德情操、有扎实学识、有仁爱之心"。习近平总书记提出的"四有"好老师的标准内涵丰富，从政治上明确了理想信念是好老师的必要前提，从道德上强调了道德情操是好老师的基本要求，从业务上指出了扎实学识是好老师业务能力的基本前提，从职业素养方面确定了仁爱之心是好老师的根本标志，为高校思政课教师在发声亮剑过程中角色定位的明确提供了重要的价值遵循。

---

① 习近平.思政课是落实立德树人根本任务的关键课程[M].北京：人民出版社，2020：12.
② 习近平在全国教育大会上强调：坚持中国特色社会主义教育发展道路培养德智体美劳全面发展的社会主义建设者和接班人[N].人民日报，2018-09-11（1）.
③ 关于加强和改进新形势下高校思想政治工作的意见[N].人民日报，2017-02-28（1）.

(三) 目标要求论

在学校思想政治理论课教师座谈会上，习近平总书记肯定了"可信、可敬、可靠、乐为、敢为、有为"①。思政课教师队伍对办好思政课具有重要作用，"三可三为"的论述是习近平总书记对思政课教师队伍重要作用的新表述，回答了新时代"建设什么样的思政课教师队伍"的问题，为实现思政课教师"政治素质过硬、业务能力精湛、育人水平高超"的宏观目标建构提出了具体目标依据，为高校思政课教师的评判标准与教师高校思政课教师自我能力建设目标的有机融合提供了遵循，是高校思政课教师"发声亮剑"能力提升的目标依据。"可信、可敬、可靠"对高校思政课教师的能力要求进行了明确，强调高校思政课教师的能力是办好思政课的关键。"可信"是对高校思政课教师政治信仰和家国情怀的要求，是思政课教师办好思政课能力的首要体现。"可敬"强调的是思政课教师的业务能力、职业素养，是思政课教师办好思政课的专业能力要求。"可靠"主要针对思想课教师的道德修养、人格品质，是思政课教师办好思政课的重要支撑。高校思政课教师必须旗帜鲜明地发声亮剑，积极主动地进行引导方能实现维护正确思想在意识形态领域的主导地位。"乐为、敢为、有为"的要求对思政课教师如何通过激发自身积极性、主动性和创造性办好思政课指明了方向。积极性是思政课教师能力发挥的基础，"乐为"主要强调发挥思政课教师的积极性。"敢为"强调的是思政课教师要有担当、有斗争精神、有使命感以及思政课教师的主动性发挥。"有为"主要强调思政课教师应发挥创造性，落实教学目标，提升思想课教学的实效性，在立德树人和意识形态工作中贡献自己的力量。

(四) 职责使命论

高校思政课教师作为思政课教学的主导者、组织者和实施者，是学生成长成才的指导者和引路人。站在党和国家事业发展全局的战略高度，习

---

① 习近平. 论党的宣传思想工作 [M]. 北京：中央文献出版社，2020：377.

近平总书记提出了"四个引路人"和"四个相统一"的论述,实现了对高校思政课教师职责使命宏观指导和微观指引的相统一,也为高校思政课教师"发声亮剑"过程中所承担的职责使命提供了基本遵循。"四个引路人"即教师要"做学生锤炼品格的引路人、做学生学习知识引路人、做学生创新思维引路人、做学生奉献祖国引路人",该论断明确了高校思政课教师的角色定位与责任使命。思政工作的着力点和核心是塑造人的灵魂,立德树人是新时代高校教师思想政治工作的根本任务。习近平总书记强调教师是人类灵魂的工程师,承担着神圣的使命。高校教师的师德师风建设是高校思想政治教育工作的重要组成部分与高校教师思想政治教育的重要环节。加强师德师风建设,对办好人民满意的教育十分重要。习近平总书记提出的"四个相统一"是建设师德师风的四个基本要求,即"坚持教书和育人相统一,坚持言传和身教相统一,坚持潜心问道和关注社会相统一,坚持学术自由和学术规范相统一,引导广大教师以德立身、以德立学、以德施教"。"四个相统一"的相关要求将新时代高校教师师德师风建设的认知提高到新阶段新水平新境界,紧紧围绕高等教育"立德树人"的根本任务,回应了"四有好教师"的价值诉求,既是对高校思想政治工作面临新问题的审视,也明确了高校思政课教师的职责使命和发声亮剑的指引方向。

(五)核心素养论

在高校思政课教学活动中,思政课教师担负着主体的教学责任,思政课教师队伍的核心素养直接决定着思政课教学的思想性、理论性提升以及质量效果,也直接影响着高校立德树人根本任务的落实和思政课教师发声亮剑能力发挥的实效性。习近平总书记对思政课教师核心素养提出了"六个要"的具体要求,即"政治要强、情怀要深、思维要新、视野要广、自律要严、人格要正",明确了高校思政课教师核心素养的衡量标准,同时也为高校思政课教师发声亮剑能力的提升提供了标准参照。思政课是政治性很强的一门课程,思政课教师要讲好思政课,首先是要解决政治立场问题,"政治要强"是思政课教师能力素养最基本的要求。其次,"情怀要深"是思政课教师素养能力建设的动力，要提升思政课的感染力和吸引力，思政课教师就必须对思政课有热爱的情怀。再次，"思维要新"是对思政课教师的思维能力要求，思政课教师要通过运用创新、辩证、历史的思维来引导学生学会正确运用思维方法，使得学生始终保持思想上的敏锐性、认识上的新颖性、方法上的科学性、工作上的开创性。从次，思政课内容的广泛性和丰富性要求思政课教师"视野要广"，要求高校思政课教师要有宽广的知识视野、国际视野与历史视野，借此来解决学生的思想疑惑。最后，"自律要严"是对新时代思政课教师能力建设的纪律要求，思政课教师具有特殊的身份，必须严守政治纪律，为学生树立榜样。另外，"人格要正"是道德层面的要求，强调思政课教师在人格方面要以高尚的道德品质来感染学生。

（六）党的领导论

办好中国的事情，关键在党。教育是国之大计、党之大计，办好我国高等教育也必须坚持党的领导。坚持党的领导是发挥高校思政课教师关键作用的根本保障和高校思政课教师发声亮剑能力提升的根本依凭。习近平总书记做出的有关加强党对思政课建设领导的重要论述，基于宏观指导与具体措施相结合的原则，为思政课教师的队伍建设与发声亮剑的能力提升提供了坚强领导核心和基础保障。首先，在党委领导下所形成的良好的宏观工作格局是高校思政课教师关键作用发挥的坚实基础。习近平总书记强调："要建立党委统一领导、党政齐抓共管、有关部门各负其责、全社会协同配合的工作格局，推动形成全党全社会努力办好思政课、教师认真讲好思政课、学生积极学好思政课的良好氛围。"① 该论述为坚定党对思政课的领导和掌握思想政治工作领导权予以方向性指导，也为把高校思政课建设成为培养社会主义事业建设者和接班人的坚强阵地奠定了基础。其次，党对高校思政课教师工作实践与队伍建设的领导是发挥思政课教师关键作用的重要保障。习近平总书记强调，"学校党委书记、校长要带头走进课

---

① 习近平. 思政课是落实立德树人根本任务的关键课程［M］. 北京：人民出版社，2020：24.

<<< 第一章 "发声亮剑"的理论溯源和实践经验

堂,带头推动思政课建设,带头联系思政课教师"①,明确了学校各级党委在思政课建设以及思政课教师管理中的领导职责。同时,习近平总书记指出,"各级党委要把思政课建设摆上重要议程,抓住制约思政课建设的突出问题,在工作格局、队伍建设、支持保障等方面采取有效措施"②,"要配齐建强思政课专职教师队伍,建设专职为主、专兼结合、数量充足、素质优良的思政课教师队伍"③,明确了思政课教师队伍建设保障的具体要求。

(七)改革创新论

高校思政课的内容反映着党理论创新和实践创新的最新成果,因此思政课建设要和时代同步伐,为新时代高校思政课教师开展思想政治工作提供具有时代性与创新性特征的教育资源。习近平总书记指出"思政课建设要向改革创新要活力"④,"推动思想政治理论课改革创新,不断增强思政课的思想性、理论性和亲和力、针对性"⑤。关于思政课如何实现改革创新,习近平总书记强调要做到"八个相统一",即坚持政治性和学理性相统一、价值性和知识性相统一、建设性和批判性相统一、理论性和实践性相统一、统一性和多样性相统一、主导性和主体性相统一、灌输性和启发性相统一、显性教育和隐性教育相统一。"八个相统一"的原则深化了对思想政治教育规律、思政课教学规律和学生成长成才规律的认识,是高校思政课建设的理论与实践成功经验的系统化与学理性的总结,明确了思政课课程创新的方向,是落实贯彻思政课改革创新的基本遵循,也是高校思

---

① 习近平. 思政课是落实立德树人根本任务的关键课程 [M]. 北京:人民出版社,2020:24.
② 习近平. 思政课是落实立德树人根本任务的关键课程 [M]. 北京:人民出版社,2020:24.
③ 习近平. 思政课是落实立德树人根本任务的关键课程 [M]. 北京:人民出版社,2020:24.
④ 习近平. 思政课是落实立德树人根本任务的关键课程 [M]. 北京:人民出版社,2020:17.
⑤ 习近平. 思政课是落实立德树人根本任务的关键课程 [M]. 北京:人民出版社,2020:17.

政课教师运用思政课"发声亮剑"的依据。作为开展思政课教学和课程创新的主导力量，思政课教师要以"八个相统一"为原则推动新时代思政课课程改革，就要从把握研究理论、强化实践、关注学生与注重方法四个维度入手。首先要加强学术研究，自觉做到将思政课教学寓政治性于学理性之中、寓价值观引导于知识传授之中。同时聚焦时代问题凸显实践观照，在对社会时政热点的分析中实现理论宣传。另外要关注学生思想困惑，准确把握学生认知规律，充分发挥学生主动性。同时推进教学方法创新，实现显性教育和隐性教育相结合，完成教学内容灌输。

（八）网络发声论

习近平总书记关于高校思政课教师网络发声的重要论述是新时代高校思政工作的重要理论创新。新时代的网络空间已成为新时代高校思想政治理论课教师批判错误思潮和意识形态工作的新场域，网络意识形态领域内既面临着西方意识形态渗透和多元思潮冲击的新风险，也面临着网络各种错误思潮渗透的新挑战。新时代网络意识形态领域治理必须进一步明确高校思政课教师为党育人和为国育才重要使命，使高校思政课教师提升政治素养和网络学习能力、信息研判能力、网络交往能力，承担起错误思想言论的批判、马克思主义理论的传播、网络道德和法治建设的推动以及网络文化的健康发展的时代重任。习近平总书记十分重视网络意识形态领域工作，强调要做好网上正面宣传和舆论工作，营造风清气正的网络空间，他指出："做好学校思想政治工作，既要管好课堂，也要管好课外，既要管好网下，也要管好网上，坚决防范和清除各种错误政治思潮、分裂主义、宗教活动对学校的侵蚀。要加强校报校刊和网络管理，严明教学纪律，牢牢掌控意识形态工作的领导权，用马克思主义占领高校意识形态阵地。"[1]习近平总书记同时指出："要把网上舆论引导和网下思想工作结合起来，既会'键对键'、又能'面对面'，团结和带动更多的青少年与党同心，与

---

[1] 中共中央党史和文献研究院. 习近平关于网络强国论述摘编[M]. 北京：中央文献出版社，2021：58.

党同行。"[1] 这就鼓励作为高校网络思想政治教育工作中坚力量的高校思政课教师要成为网络发声的行家里手，使思政课教师能掌握高校网络舆论的话语权，以网络新媒体为主战场，以批判错误思潮和错误观点为重点任务，努力使高校成为传播马克思主义的前沿阵地。

四、中国共产党百年来在意识形态和宣传工作中主动"发声亮剑"的实践经验

意识形态工作关乎旗帜、关乎道路、关乎国家安全，宣传工作是坚守意识形态阵地的重要手段。高度重视意识形态和宣传工作是中国共产党基于百年历史总结、当下现实实践、未来发展需求所得出的正确结论。纵观百年党史，中国共产党是在同国内外和党内外的封建主义、资本主义等落后、反动的意识形态斗争中诞生、发展、壮大起来的。意识形态和宣传工作始终贯穿党的诞生、发展和壮大的全过程，是中国共产党领导人民群众不断夺取革命、建设、改革胜利的优良传统与政治优势。百年党史既见证了中国共产党由弱到强的奋斗历程，也蕴含着党百年奋斗的理论智慧和实践智慧。中国共产党敢于斗争并善于斗争，在百年意识形态和宣传工作历程中主动发声亮剑，领导了意识形态和宣传工作的实践，批判了资本主义、封建主义等各种落后反动的意识形态和错误思潮，并在此过程中形成了敢于发声亮剑的实践经验。

（一）根本前提：坚持马克思主义在意识形态和宣传工作领域的指导地位

党的十九届四中全会提出要完善"坚持马克思主义在意识形态领域指导地位的根本制度"[2]，这是对中国共产党百年意识形态和宣传工作成功经验的总结升华，坚持马克思主义在意识形态和宣传工作领域的指导地位已

---

[1] 中共中央党史和文献研究院. 习近平关于网络强国论述摘编[M]. 北京：中央文献出版社，2021：78.
[2] 《图解十九届四中全会精神》编写组. 图解十九届四中全会精神[M]. 北京：人民出版社，2019：105.

成为党在意识形态和宣传工作中发声亮剑的根本前提和重要优势。其一，以马克思主义为指导思想是党百年意识形态和宣传工作中主动"发声亮剑"的基本前提。马克思主义是关于无产阶级争取自身解放与全人类解放的科学理论。回望党的百年历史，作为马克思主义政党，中国共产党自成立之日起就坚持马克思主义在意识形态和宣传工作中的指导地位，并以马克思主义为理论武器，主动"发声亮剑"，准确判断各种思潮的阶级立场和性质类型，做到识良莠与辨正误，弘扬正确思想观念，驳斥错误思想倾向，科学引领意识形态正确走向，为夺取中国革命、建设和改革的胜利奠定了思想基础。其二，坚持用马克思主义中国化时代化最新成果武装全党、教育人民，是党在意识形态和宣传工作中"发声亮剑"的重要优势。意识形态领域内的思想斗争，不仅是思想观点的争鸣，也体现在对人民群众的争夺。中国共产党是善于进行理论创新和实践创新的马克思主义政党，在领导意识形态与宣传工作的过程中，实现了马克思主义意识形态理论的中国化、时代化和大众化，力求把宣传工作的内容讲明白、把意识形态理论的内容说透彻，进而深化中国共产党的思想理论感召力，从而使马克思主义理论武器能被人民群众接受和掌握，与错误思潮开展进行斗争，达到了明辨是非、澄清谬误的目的。

（二）根本保障：坚持党掌握意识形态和宣传工作的领导权

党管宣传、党管意识形态是中国共产党的政治优势与优良传统，也是党在意识形态和宣传工作中主动发声亮剑的根本保障。党的百年历史昭示，中国革命、建设和改革不断取得胜利的一条重要经验就是党掌握住了意识形态的领导权，主动发声亮剑引领思想前进方向，通过宣传工作使党的政策路线在人民群众中达成了广泛共识，并使之转化成革命、建设和改革的实践动力。中国共产党自成立伊始就将意识形态和宣传工作摆在全党工作的重要位置，在党的"一大"通过的第一个决议中就指出"不论中央或地方出版的一切出版物，其出版工作均应受党员的领导"[①]，明确了党对

[①] 中共中央文献研究室. 建党以来重要文献选编（1921—1949）：第1册 [M]. 北京：中央文献出版社，2011：5.

意识形态和宣传工作的领导权。毛泽东历来重视意识形态和宣传工作，指出"掌握思想领导是掌握一切领导的第一位"①，强调把握住意识形态和宣传工作的领导权和话语权，并运用各种载体、手段和方式开展思想宣传，为夺取中国革命和建设的胜利奠定了思想基础。改革开放过程中，党的意识形态工作围绕"解放思想，实事求是"的思想路线，使意识形态和宣传工作重新步入正轨。邓小平非常重视党对思想工作领导权的把握，强调"改善党的领导，其中最主要的，就是加强思想政治工作"②。中国特色社会主义进入新时代，面对国内外复杂的意识形态形势，以习近平同志为核心的党中央进一步加强了党对意识形态和宣传思想工作的领导，他强调："党管宣传、党管意识形态、党管媒体是坚持党的领导的重要方面。"③近年来所取得的巨大成就也证明了坚持党管宣传、党管意识形态的正当性和合理性。

（三）价值取向：意识形态和宣传工作凸显以人民为中心并坚持群众路线

坚持以人民为中心的价值取向和群众路线是中国共产党百年意识形态和宣传工作中发声亮剑的又一宝贵经验。意识形态的内容和形式都体现着一定阶级的要求和利益，并为一定的阶级服务。以人民为中心是中国共产党的宗旨体现。坚持一切为了群众、一切依靠群众和从群众中来、到群众中去的群众路线，是中国共产党的根本工作路线以及从胜利走向胜利的法宝。在长期的意识形态和宣传工作中，党始终捍卫"党的根基在人民、党的力量在人民"的根本立场，依靠人民群众的力量，以人民群众的利益诉求为导向，实现了意识形态和宣传工作的推进与不断满足人民群众根本利益的有机结合。在新民主主义革命时期，党以壮大革命力量为目标，以意识形态和宣传工作动员了人民群众并凝聚了思想共识，为新民主主义革命

---

① 毛泽东. 毛泽东文集：第2卷［M］. 北京：人民出版社，1993：435.
② 邓小平. 邓小平文选：第2卷［M］. 北京：人民出版社，1994：365.
③ 习近平总书记重要讲话文章选编［M］. 北京：中央文献出版社，党建读物出版社，2016：419.

的胜利提供了强大的人力、物力和财力保障,实现了民族的独立与人民的解放。在社会主义革命与建设时期,党的意识形态和宣传工作围绕维护国家安全和巩固新生政权两大任务,统一了思想,凝聚了共识,集合了全国人民的力量战胜了帝国主义和霸权主义对新中国的武装挑衅与颠覆破坏,巩固了新生的人民政权。在改革开放与社会主义建设新时期,党积极回应人民群众的利益诉求,创新宣传动员方式,有力地推动了改革开放事业不断向前发展,使中国人民富起来。新时代,党在意识形态和宣传工作中牢固树立"人民至上"理念,宣传动员广大人民群众积极投身"两个一百年"奋斗目标之中,打赢了脱贫攻坚战,并不断满足人民日益增长的美好生活需要。

(四)基本原则:坚持意识形态和宣传工作契合党和国家的中心任务

坚持意识形态和宣传工作契合党和国家中心任务,发挥思想教育在主要任务中的"生命线"作用,是党意识形态和宣传工作中"发声亮剑"的基本原则。党的意识形态工作是一种有目的的思想工作,主要体现为党的思想政治工作。2021年中共中央、国务院印发的《关于新时代加强和改进思想政治工作的意见》指出:"思想政治工作是党的优良传统、鲜明特色和突出政治优势,是一切工作的生命线。"该论述是党百年思想政治工作的成功经验的经典表述,也是党百年意识形态和宣传工作的成功经验的总结。在新民主主义革命时期,中国共产党所面临的主要任务是反对帝国主义、封建主义、官僚资本主义以及争取民族独立与人民解放,党的意识形态与宣传工作围绕该任务,为民族的独立和人民的解放提供了思想先导。在社会主义革命和建设时期,毛泽东提出了"政治工作是一切经济工作的生命线"[1],围绕确立社会主义制度和推进现代化建设的主要任务,党通过意识形态和宣传工作主动"发声亮剑",为巩固新生国家政权提供了理论依据。改革开放时期,党在《关于建国以来党的若干历史问题的决议》明

---

[1] 邓小平. 毛泽东文集:第6卷 [M]. 北京:人民出版社,1999:449.

<<< 第一章 "发声亮剑"的理论溯源和实践经验

确指出:"思想政治工作是经济工作和其他一切工作的生命线"①,通过意识形态和宣传工作为改革开放的发展奠定观念前提并凝聚了强大的力量。进入新时代,党的主要任务是实现第一个百年奋斗目标和开启实现第二个百年奋斗目标新征程,中国共产党坚持把围绕中心、服务大局作为基本职责,找准工作切入点和着力点,用党的创新理论最新成果武装头脑、指导实践,为中心任务的推进提供了坚强的思想保证和强大的精神力量。

(五)关键支撑:着力建构具有时代特质和中国特色的话语体系

话语是意识形态表达的载体和方式,其主要功能为"展示其理念、呈现其思想、表达其主张、凸显其价值观"②。以何种话语方式呈现与表达意识形态,是实现人民群众接受、理解和认同抽象意识形态理论的关键。打造具有时代特征和中国特色的话语体系,是中国共产党在意识形态和宣传工作中发声亮剑的宝贵经验。百年来,中国共产党将马克思主义的立场、观点和方法贯穿在话语体系建构的整个过程,不断凝练出具有时代特质的能够解读时代新概念和新表述的话语体系。新民主主义革命时期,我党的意识形态话语内容以"革命"为中心,运用群众喜闻乐见的话语形式开展革命思想的宣传,奠定了新民主主义革命胜利的思想前提。在社会主义革命和建设时期,基于革命形势以及任务的变化,党的意识形态和宣传话语的内容集中在"四个现代化""工业化""社会主义建设"等层面,运用强大宣传工具激发起人民群众对社会主义建设的热情。改革开放与社会主义现代化建设新时期,意识形态话语内容实现了由"革命"到"建设"的创新,形成了"改革开放""中国特色社会主义""社会主义市场经济"等一系列话语,宣传工作和话语表达的着力点立足于改革开放、建设中国特色社会主义的实践,推动了改革开放事业的顺利开展。党的十八大以来,意识形态和宣传工作有了新的使命,话语体系立足于民族特色和国际视野,中心话语聚焦于"实现中华民族伟大复兴"和"人类命运共同体"

---

① 中共中央党校党建研究室.十一届三中全会以来重要文献选编[M].北京:中共中央党校出版社,1981:135.
② 吴汉全.话语体系初论[M].北京:人民出版社,2020:82.

等理念,实现了从定位和服务国内发展到国际上推动构建人类命运共同体的转换。

(六) 主要方式:建立和完善宣传思想工作体系和宣传制度

宣传思想工作是中国共产党领导人民进行革命、建设和改革的战斗"号角"、有力"喉舌"和锐利的"思想武器",是党在意识形态工作中"发声亮剑"的重要方式。在百年奋斗历程中,党不断完善宣传思想工作体系与制度,使宣传工作实效性的提升有章可依,有制可循。早在建党之初,党的一大通过的《中国共产党第一个决议》就对宣传工作做出专门的规定,在选举出党的领导机构中央局的同时下设了负责宣传的机构宣传部。延安时期,面对意识形态领域斗争的复杂化,党中央先后发布了一系列宣传工作的指示和提纲,对宣传工作部门的设置、工作的内容与原则等予以明确规定。新中国成立后,党在1951年召开的第一次全国宣传工作会议上,对宣传工作做了全面、系统、科学的布局和规划,奠定了宣传工作制度化的基础。随后,中共中央连续下发了《中共中央关于在全党建立对人民群众的宣传网的决定》《中共中央关于加强与调整各级党委宣传部的工作和机构的指示》等一系列文件,初步建构了一套宣传思想工作体系。十一届三中全会后,党不断加强宣传思想工作的法律法规与制度条例建设力度,制定了《关于加强宣传、思想工作的通知》《关于深化文化体制改革的若干意见》,全面推进了宣传工作的改革。党的十八大以来,党勇于面对百年未有之大变局,积极融入信息化和智能化时代,就宣传工作做出了一系列重大决策,实施了一系列重大举措,不断提升新时代宣传工作的科学化、规范化、制度化水平。2019年6月,中共中央印发的《中国共产党宣传工作条例》,为党的宣传工作科学化、规范化、制度化建设提供了有力指导。

(七) 关键举措:坚守传播阵地,抓好教育文艺等重点领域内意识形态工作

守好意识形态传播和宣传的阵地是做好意识形态工作的关键举措,也是党在意识形态和宣传工作中主动发声亮剑,与不同类型的意识形态交锋

中取得优势、打赢意识形态战争的成功经验。现实证明，意识形态领域的斗争话语力量呈现此消彼长的发展态势，一种意识形态话语力量的削弱伴随着另一种话语的壮大。如果马克思主义的话语力量不去占领传播阵地，那么非主流思潮甚至是错误思潮势必乘虚而入，导致意识形态传播阵地的失守。百年历程中，中国共产党非常重视抓好教育、文艺、宗教、军事等重点领域的意识形态工作，紧密跟踪并科学研判形式变化，通过不断优化宣传工作的方法、手段和载体占领意识形态传播阵地，确保重点领域的意识形态的正确前进方向。毛泽东非常重视教育、文艺和宗教领域内的意识形态斗争。在革命战争年代，毛泽东在延安文艺座谈会上的讲话为党意识形态工作的开展指明了方向。新中国成立后，毛泽东领导开展了教育、文艺、宗教等领域的意识形态斗争，掌握了意识形态工作的领导权、话语权、管理权，巩固了马克思主义在这些重点领域的指导思想地位。改革开放以后，为抵制资产阶级自由化等错误思潮对教育和文艺等领域的侵蚀，邓小平对传播错误思潮、制造思想混乱的文艺产品进行了批判，扭转了意识形态领域混乱局面。进入新时代后，中国共产党直面文艺、教育、军事等领域多年来积累的大量意识形态问题，以及21世纪以来越来越凸显的宗教、经济、法治等领域的意识形态问题，大刀阔斧地开展了纠偏纠错工作，召开了文艺工作座谈会、全国宗教工作会议等一系列重要会议，为维护重点领域的意识形态安全指明了方向。

（八）重要维度：抓好内部意识形态斗争与抵制外来意识形态渗透相统一

纵观党的百年意识形态斗争历程，中国共产党不仅敢于斗争，并且善于斗争，立足于国内与国外两个维度，抓住意识形态斗争的主要矛盾和矛盾的主要方面，坚持抓好内部意识形态斗争和抵制外来意识形态渗透的相统一，并使之逐渐成为党长期坚持的一个优良传统。建党之初，党就高度重视党内外与国内外之间的意识形态斗争，在《中国共产党第一个纲领》中就明确要求新党员加入党的队伍之前"必须与企图反对本党纲领的党派和集团断绝一切联系"①，党的三届一中全会又进一步强调了党要与国内外落后的、反动的意识形态进行坚决斗争的要求。作为开展意识形态斗争工作的典范和表率，毛泽东立足于整个国际共产主义运动的视野，系统论述了反和平演变的思想，强调要警惕帝国主义对社会主义国家进行和平演变的阴谋，并带领中国共产党人与党内外、国内外的敌对意识形态渗透破坏的行为予以坚决的斗争。改革开放时期，西方国家不断加强对我国意识形态渗透的力度和强度，国内残余的资本主义和封建主义的意识形态也趁机泛滥，导致我国意识形态领域的斗争形势愈加严峻，邓小平领导全国各族人民采取一系列措施批判了资产阶级自由化等各种思潮。党的十八大以来，以习近平同志为核心的党中央高度重视意识形态和宣传工作，勇于面对国内外和网上网下意识形态斗争的新形势和新挑战，直面意识形态领域内长期以来积累的顽瘴痼疾，采取了有力的宣传措施，敢于亮剑、勇于斗争，坚决打赢新时代意识形态领域的斗争。

---

① 中央档案馆. 中共中央文件选集（1921—1925）：第 1 册 [M]. 北京：中共中央党校出版社，1989：3.

第二章

高校思政课教师"发声亮剑"的时代意义

在中华民族伟大复兴的征程上，高校思政课教师积极"发声亮剑"具有重大的时代意义。"意识形态工作是为国家立心、为民族立魂的工作。"[1] 意识形态工作是一项极端重要的工作，能否做好意识形态工作事关党的前途命运、国家的长治久安、民族的凝聚力与向心力。当今世界正经历百年未有之大变局，各种思想文化相互激荡，历史虚无主义、新自由主义和西方"普世价值"等各种思潮在世界范围内此起彼伏、竞相发声，使意识形态领域内的斗争日趋复杂。随着信息革命的推进，一些错误思潮的侵蚀威胁着我国意识形态安全，使我国意识形态领域既面临着西方意识形态渗透和多元思潮冲击的新风险，也面临着网络空间中意识形态风险防范的新挑战。历史与现实都表明，意识形态领域内的思想斗争是一场没有硝烟的战争，只有掌握好主动权方能打赢主动仗。面对错误思潮的蔓延，错失发声良机，甚至不发声，势必会冲击我国主流意识形态的指导地位。占领思想舆论阵地，敢于"发声亮剑"，主动出击，与错误思潮展开斗争，是维护我国意识形态安全的关键所在。高校思政课教师积极"发声亮剑"能够帮助人们正确认识各种错误思潮，深刻理解党的方针政策，从而进一步凝聚社会价值共识，促进立德树人效果的实现。

---

[1] 习近平. 高举中国特色社会主义伟大旗帜 为全面建设社会主义现代化国家而团结奋斗——在中国共产党第二十次全国代表大会上的报告[N]. 人民日报，2022-10-26（4）.

一、高校思政课教师"发声亮剑"是批判错误思潮的需要

所谓社会思潮，是指"在特定的历史环境中以动态形式相对集中地表现人们的理想愿望和利益要求的倾向"。（《辞海》）社会思潮是在一定的历史条件下产生的特殊的群体意识。正如马克思所说"观念的东西不外是移入人的头脑并在人的头脑中改造过的物质的东西而已"[①]，社会思潮归根结底是一定时期的经济基础、政治诉求等多种力量综合作用的结果。社会思潮一般具有政治性、阶级性、时代性、理论性、潜隐性、非主流性、现实干预性等特征。从科学性角度看，社会思潮可以分为先进的社会思潮与错误的社会思潮；从发展阶段看，社会思潮可以分为主流意识形态与非主流社会思潮。从某种程度上来说，社会思潮与主流意识形态是对立统一的关系，二者相互激荡、相互渗透、创新发展。在一定时期内，社会思潮对主流意识形态有补益辅助与消解消亡的双重作用；主流意识形态对社会思潮具有引领引导与抵制消灭的统治优势。正确的社会思潮可以推进社会主导信仰的传播和内化，而错误的社会思潮则会扰乱人们的思想认识、价值观念和科学信仰的形成。

中国共产党章程和中华人民共和国宪法分别以党和国家最高法律的形式，确立了马克思主义在党和国家意识形态领域中的指导地位。中华人民共和国宪法规定："中华人民共和国是工人阶级领导的、以工农联盟为基础的人民民主专政的社会主义国家。社会主义制度是中华人民共和国的根本制度。中国共产党领导是中国特色社会主义最本质的特征。禁止任何组织或者个人破坏社会主义制度。""国家倡导社会主义核心价值观，提倡爱祖国、爱人民、爱劳动、爱科学、爱社会主义的公德，在人民中进行爱国主义、集体主义和国际主义、共产主义的教育，进行辩证唯物主义和历史唯物主义的教育，反对资本主义的、封建主义的和其他的腐朽思想。"[②] "坚持社会主义道路、坚持人民民主专政、坚持中国共产党的领导、坚持

---

① 中共中央马克思恩格斯列宁斯大林著作编译局. 马克思恩格斯文集：第 5 卷 [M]. 北京：人民出版社，2009：22.
② 中华人民共和国宪法 [A/OL]. 中华人民共和国中央人民政府，2018-03-22.

<<< 第二章 高校思政课教师"发声亮剑"的时代意义

马克思列宁主义毛泽东思想这四项基本原则,是我们的立国之本。在社会主义现代化建设的整个过程中,必须坚持四项基本原则,反对资产阶级自由化。"① 毛泽东同志曾指出:"凡是要推翻一个政权,总要先造成舆论,总要先做意识形态方面的工作。革命的阶级是这样,反革命的阶级也是这样。"② 历史和现实反复证明,搞乱一个社会、颠覆一个政权,往往先从意识形态领域打开缺口,先从搞乱人们的思想入手。思想防线被攻破了,其他防线就很难守住。坚持和巩固马克思主义在意识形态领域的指导地位,关乎旗帜、关乎道路、关乎国家政治安全。在意识形态领域斗争上,在批判错误思潮上,我们没有任何妥协、退让的余地,必须取得全胜。

(一) 通过"发声亮剑"批判错误思潮,彰显马克思主义的理论魅力

正如毛泽东指出:"正确的东西总是在同错误的东西做斗争的过程中发展起来的。"③ 马克思主义作为科学理论创立并不断创新发展的历史,就是在批判各种错误思潮、同错误思潮坚决斗争并取得胜利的历史。马克思的共产主义学说建立之初,就面临着各路反动势力的合力围剿,"一个幽灵,共产主义的幽灵,在欧洲游荡。为了对这个幽灵进行神圣的围剿,旧欧洲的一切势力,教皇和沙皇、梅特涅和基佐、法国的激进派和德国的警察,都联合起来了"④。面对这种围剿,马克思恩格斯坚决斗争,在创立马克思主义理论的过程中,致力于对同时代错误理论和思潮进行批判,在创立和发展马克思主义理论的各个阶段,从理论和实践两方面深入地批判了青年黑格尔派等各类错误思潮。在马克思恩格斯所处的19世纪,各类思潮之间的斗争就已经十分普遍。马克思主义的理论基调就是对同时代的青年黑格尔派、蒲鲁东主义、巴枯宁主义、拉萨尔主义和杜林主义等各类错误理论和思潮的批判,马克思主义也正是在批判中逐步建立并创新发展的。

---

① 中国共产党章程 [M]. 北京:人民出版社,2017:10.
② 中共中央文献研究室. 建国以来重要文选选编:第10册 [M]. 北京:中央文献出版社,1994:194.
③ 毛泽东. 毛泽东文集:第7卷 [M]. 北京:人民出版社,1999:230.
④ 中共中央马克思恩格斯列宁斯大林著作编译局. 马克思恩格斯文集:第2卷 [M]. 北京:人民出版社,2009:30.

19世纪90年代资本主义向垄断的发展导致机会主义盛行，在把马克思主义庸俗化的思潮中，外部有德国资产阶级学者保尔·巴尔特对唯物史观的肆意歪曲和伪造，内部有以保尔·恩斯特为代表的"青年派"持有"左"倾无政府主义观点和以福尔马尔为代表的右倾机会主义观点，恩格斯抓住三个代表性人物对马克思主义教条式理解以及刻意歪曲的错误进行了深入的批判。列宁通过对伯恩施坦修正主义、考茨基机会主义为代表的民主社会主义思潮，以巴枯宁主义等为代表的无政府主义思潮，以及自由主义、历史虚无主义、马赫主义等思潮的批判，全面阐发和捍卫了马克思主义的真理性和价值性，创立了列宁主义。在中国革命斗争中，以毛泽东同志为主要代表的中国共产党人同右倾机会主义、"左"倾教条主义、"纯军事观点"、分裂主义、个人主义、宗派主义、官僚主义、命令主义等党内错误思想做斗争，在不同时期先后批驳改良主义、无政府主义、多数派主义、基尔特社会主义、国家主义、戴季陶主义、抗战亡国论及速胜论等错误思潮，新中国成立前夕批判"对华友谊论""否定革命论""西方催化论"和"极权政府论"等美化美国侵华历史、歪曲中国历史、诋毁中国共产党的历史虚无主义错误言论。改革开放以来，随着社会现实领域的深刻变革，全球化背景下的意识形态领域也更加复杂，尤其是苏联解体、东欧剧变的时代背景下，各类社会思潮的交流、交融与交锋日益频繁，冲击着马克思主义的主导力与整合力。马克思主义的理论家艰难而光辉的探索历程向我们揭示了同错误思潮斗争要坚持及时性、科学性、建设性和长期性。改革开放以来，中国共产党在改革和应对新自由主义、历史虚无主义、"非毛化"等各类社会思潮过程中，建立了中国特色社会主义理论体系。党的十八大以来，习近平总书记发表了系列重要讲话，创立了习近平新时代中国特色社会主义思想，提出中国梦和培育践行社会主义核心价值观，制定并落实意识形态工作责任制，在意识形态创新中引领社会思潮，用建设性的批判把意识形态工作的领导权、管理权、话语权牢牢掌握在自己手中。

（二）通过"发声亮剑"批判错误思潮，维护意识形态安全

对错误社会思潮的批判不仅是一个理论话题，更是一个现实问题。新

形势下，随着我国日益扩大开放、日益走近世界舞台中央，我国同世界的联系更趋紧密、相互影响更趋深刻，尤其是在百年变局和世纪疫情的新条件下，意识形态领域面临的形势和斗争更加复杂。在国内，一些错误思潮和观点不时出现，有人借口现实中存在的问题攻击我们党的领导和我国社会主义制度，有的人极力歪曲、丑化、否定我们的党、我们的国家、我们的军队和我国革命、建设、改革的伟大实践，有的人大肆宣扬西方的价值观。国际上，西方敌对势力一刻也没有停止对我国进行意识形态渗透，他们极力宣扬所谓的"普世价值"，是挂羊头卖狗肉，目的就是要同我们争夺阵地、争夺人心、争夺群众；千方百计利用一些热点问题、难点问题进行炒作煽动，挑拨基层群众对党委和政府的不满，挑动党群干群对立情绪，企图把经济利益诉求向政治领域、社会领域传导，把人心搞乱。各种敌对势力利用"谎言重复一千遍就会变成真理""众口铄金、积毁销骨""三人成虎"这个逻辑，把我们的党、我们的国家说得一塌糊涂、一无是处，欺骗、诱惑甚至胁迫人们跟着西方的魔笛起舞。面对这些情况，我们应该怎么办？"思想文化阵地，马克思主义、无产阶级的思想不去占领，各种非马克思主义、非无产阶级的思想甚至反马克思主义的思想就会去占领。"[1] 如果我们不主动宣传、正确引导、"发声亮剑"，别人就要先声夺人，抢占话语权。宣传思想阵地，正确的思想不去占领，错误的思想就会去占领；马克思主义、无产阶级的思想不去占领，各种非马克思主义、非无产阶级的思想甚至反马克思主义的思想就会去占领。进行意识形态领域的斗争，本质上是意识形态领域的一种阶级斗争。"发声亮剑"批判错误社会思潮、同错误社会思潮进行斗争是马克思主义政党维护意识形态安全和政治安全的一项重要工作，对这一工作的任何懈怠和失误都会给党和人民的事业带来不可挽回的损失，甚至招致失败。为此，党的十八届六中全会通过的《关于新形势下党内政治生活的若干准则》明确："全党必须坚决捍卫党的基本路线，对否定党的领导、否定我国社会主义制度、否定改革开放的言行，对歪曲、丑化、否定中国特色社会主义的言行，对歪曲、

---

[1] 江泽民. 江泽民文选：第3卷[M]. 北京：人民出版社，2006：97.

丑化、否定党的历史、中华人民共和国历史、人民军队历史的言行，对歪曲、丑化、否定党的领袖和英雄模范的言行，对一切违背、歪曲、否定党的基本路线的言行，必须旗帜鲜明反对和抵制。"①

（三）通过"发声亮剑"批判错误思潮，体现肩负的政治使命

习近平总书记指出："学校是意识形态工作的前沿阵地，可不是一个象牙之塔，也不是一个桃花源。"② 国内外敌对势力对中国共产党的领导和我国社会主义制度进行的颠覆破坏活动从来没有停止，企图对我国实施西化、分化战略，始终企图在我国策划"颜色革命"，其中他们花的力气最大、下的功夫最深的，就是争夺我们的青少年。毛泽东曾经预言说："帝国主义说，对我们的第一代第二代没有希望，第三代、第四代怎么样，有希望。帝国主义的话讲得灵不灵？我不希望它灵，但也可能灵。"③ 高校承担着培养堪当民族复兴大任的时代新人的光荣使命，成为意识形态领域斗争极其复杂的领域之一，甚至可以说多年来的一个意识形态重灾区。从高校外部看，境外一些势力经常在我国高校开展活动，一些境外宗教组织以高校为重点开展渗透活动，还有一些宗教极端势力对一些高校少数民族学生渗透，一些境外势力对我实施"奶嘴计划"，其国内代理人通过教材、绘画、文学艺术作品等对高校学生渗透。从高校内部看，一些著名高校的一部分法学、政治学、经济学、历史学、新闻学等学科的教师，公然在讲台、论坛、报告会等公共场合，在网络甚至报刊、电台、电视台等阵地，在敏感时间节点发表不当言论，不仅在校园内而且在全社会都产生了极其恶劣的影响。高校思政课教师工作在高校意识形态第一线，在高校教师队伍中马克思主义理论素养最深厚、共产主义和社会主义信仰信念最坚定，要充分发挥理论优势、角色优势和职业优势，自觉承担起传播知识、传播思想、传播真理，塑造灵魂、塑造生命、塑造新人的时代重任，在涉及是

---

① 中国共产党党内重要法规汇编[M].北京：党建读物出版社，2019：45.
② 习近平.论党的宣传思想工作[M].北京：中央文献出版社，2020：375-376.
③ 中共中央党史和文献研究室.十九大以来重要文献选编：上[M].北京：中央文献出版社，2019：648.

与非、真与假、对与错、善与恶、美与丑、白与黑的辨析与引导上，成为马克思主义真理学说的捍卫者，必须把正确的东西鲜明地立起来，成为错误思潮和歪理邪说的批驳者，面对重大政治原则和大是大非问题，不能爱惜羽毛当"绅士"，以"不争论""不炒热""让说话"为由退避三舍、听之任之，不能似是而非、搞"模糊处理"，必须发扬斗争精神，用好马克思主义的批判武器，敢于发声、敢于交锋、敢于亮剑，廓清思想迷雾。

（四）通过"发声亮剑"批判错误思潮，揭示错误思潮的本质

要批判错误思潮，就要认识其本质及主要形态。关于当代中国社会思潮主要类型，专家学者研究比较深入，取得了一系列标志性成果，对一些代表性的社会思潮进行了概括。① 党的十九届六中全会审议通过的《中共中央关于党的百年奋斗重大成就和历史经验的决议》，有三处直接使用了"思潮"一词：第一处是，"改革开放以后，……拜金主义、享乐主义、极

---

① （1）王岩总结了当代中国的十大非主流社会思潮，囊括了"自由主义""新左派""普世价值思潮""宪政民主论""历史虚无主义""公民社会思潮""当代西方新闻自由思潮""民粹主义""极端民族主义""消费主义"。参见王岩. 批判与引领：当代中国非主流社会思潮研究［M］. 南京：南京大学出版社，2021.（2）贺武华以当代在校"90后""95后"大学生为考察、反思对象，重点研究了新自由主义、西方"普世价值"、网络民粹主义、民族主义、道德相对主义、后现代主义、享乐主义、新读书无用论、历史虚无主义等九个思潮。参见贺武华. 网信时代社会思潮对大学生影响的实证研究［M］. 杭州：浙江大学出版社，2019.（3）王平认为在当前背景下，五种社会思潮形态具有广泛的影响，它们分别是新自由主义、保守复古主义、消费至上主义、虚无主义和新民粹主义。参见王平. 当前社会思潮的主要形态、渗透逻辑及其应对策略［J］. 教学与研究，2019（6）：85-92.（4）西安交通大学新闻与新媒体学院发布的2019年十大社会思潮新媒体传播影响力排行榜，入选的年度十大社会思潮依次为：民粹主义思潮、民族主义思潮、"泛娱乐化"思潮、消费主义思潮、贸易保护主义思潮、实用主义思潮、女性主义思潮、科学主义思潮、新自由主义思潮、生态主义思潮。（5）韩海涛等人提出了新时代背景下全面深化改革过程中面临的各色错误社会思潮：经济领域：主张"全盘西化"的新自由主义；政治领域：力推"效法西方"的宪政主义；文化领域：瓦解主流意识形态的历史虚无主义；社会领域：激化社会矛盾的网络民粹主义；生态领域：借力信息时代滋长的消费主义；历史走向：开改革历史倒车的极"左"思潮。参见韩海涛，陈雨萌. 全面深化改革进程中错误社会思潮的危害与治理［J］. 教学与研究，2018（11）：88-93.

端个人主义和历史虚无主义等错误思潮不时出现,……严重影响人们思想和社会舆论环境。"① 第二处是,"必须警惕和防范西方所谓'宪政'、多党轮流执政、'三权鼎立'等政治思潮的侵蚀影响。"② 第三处是,"进入新时代,国际力量对比深刻调整,单边主义、保护主义、霸权主义、强权政治对世界和平与发展威胁上升,逆全球化思潮上升,世界进入动荡变革期。"③ 综合专家学者研究成果和党的文件,梳理当前思想领域突出的错误社会思潮,这些错误思潮从本质上讲,都是资产本主义的价值观,背后都蕴含着资本逻辑,反映的是资产阶级的利益诉求,这些思潮相互交织、因果相循、相互影响,对我国马克思主义意识形态都具有较大的负面影响。这些思潮主要有:

(1)新自由主义。新自由主义是最初由美国芝加哥大学芝加哥学派代表人物弗里德曼和哈耶克等提出的经济学观点。为了克服资本主义固有经济危机,随着里根和撒切尔夫人等人的上台,将新自由主义奉行为英美的执政理念。20世纪70年代之后,新自由主义思潮开始在全球蔓延。时至今日,新自由主义已经成为全球主要资本主义国家主流意识形态。在中国也或多或少有这样的代言人和追随者,新自由主义思潮紧跟我国当前供给侧结构性改革、企业混合所有制改革、市场在资源配置中发挥决定性作用等热点问题,提出的观点被一些人奉为救世良方,产生了非常负面的影响。新自由主义在中国的显性症状呈以下特征:在政治制度上尊奉西方的民主制度,主张以西方的政治制度特别是美国的政治制度来设计中国未来的政治走向,鼓吹宪政民主;在经济制度上主张绝对的市场化,认为不受调控的市场最能够有效地配置资源,鼓吹"市场万能论";在产权制度上主张资源的绝对私有化,等等。新自由主义是在继承资产阶级古典自由主义经济理论的基础上,以反对和抵制凯恩斯主义为主要特征,适应国家垄

---

① 中共中央关于党的百年奋斗重大成就和历史经验的决议[M]. 北京:人民出版社,2021:43.
② 中共中央关于党的百年奋斗重大成就和历史经验的决议[M]. 北京:人民出版社,2021:39.
③ 中共中央关于党的百年奋斗重大成就和历史经验的决议[M]. 北京:人民出版社,2021:60.

断资本主义向国际垄断资本主义转变要求的理论思潮、思想体系和政策主张,是资本主义经济、政治、社会矛盾发展的产物,是资本主义意识形态的理论表现。

(2) 历史虚无主义。虚无主义蔑视崇高价值的存在、蔑视伟大人性和人格的存在。这种虚无主义心理在日常民众中的生活伦理表现就是人情的冷漠、对物质的过度迷恋、对道德底线的肆意践踏等;在精英阶层中的政治伦理表现就是对伟大历史人物和伟大历史事件的污化、妖魔化等。历史虚无主义在当代中国的特征表现为,以所谓"重新评价"为名,或者歪曲近现代中国革命历史、党的历史和中华人民共和国历史;或者否定、抹黑党的领袖人物和英雄模范,或者割裂党的历史,极尽攻击、丑化、污蔑之能事。历史虚无主义的本质,是从根本上否定马克思主义指导地位和中国走向社会主义的历史必然性,否定中国共产党的领导。历史虚无主义的惯用手法,无非是用历史的支流、片段、表面现象和细枝末节,来否定历史的主题和主线、主流和本质,看似有理,实则荒谬;看似揭示了所谓历史真相,实则掩盖了历史真实;看似要说出什么真理,实则歪曲了正确的历史认知。对历史虚无主义谬论,我们必须充分认识它从来不是什么学术问题、理论问题,而是包裹着学术理论外衣的政治问题。

(3) 西方"普世价值"。西方"普世价值"思潮由来已久,早在西方文艺复兴和启蒙运动中就有出现,但是当时的"普世价值"作为一种反对宗教神学的思想观念对于赋予人的尊严、人的权利具有一定的启蒙价值。近代以来,西方"普世价值"思潮伴随着西方传教士传入中国,并要求中国照搬西方的民主政治制度。中国共产党人创造性地将马克思主义与中国实际相结合,摒弃了西方所谓的"普世价值"。21世纪以来,伴随着中国的改革开放,西方"普世价值"再次被唤醒,一跃成为具有广泛影响的社会思潮。西方"普世价值"看似是一种价值观念,但实质上具有鲜明的政治指向。西方"普世价值"思潮的核心是将资本主义意识形态下的和平、博爱、公平、自由、民主、人权等价值观看作人类社会中共同追求的"普适价值观",但凡涉及国家社会的革故鼎新,都要参照普世价值的标准尺度进行,昭显极强的政治意图。西方"普世价值"思潮反映的是资产阶级价值观，是西方霸权话语打着人类文明的旗号弱化马克思主义意识形态，目的是消解马克思主义在我国意识形态领域的指导地位。

（4）拜金主义。"拜金主义是与私有制和商品货币关系相伴而生的，是不以人们意志为转移的客观存在，是市场经济所必然要带来的负面效应。"[①] 拜金主义是资本职能及其运动目的在意识形态上的反映，是对金钱的一种"拜物教"，其实本质就是人与物的关系在本末倒置条件上产生的异化，即人们在商品经济活动中创造的关系反过来在人们面前表现为一种能够支配人的命运并使人为之顶礼膜拜的力量。拜金主义将人与人之间的关系金钱化、货币化。为了金钱，往往有企业和个人不惜铤而走险，置道德与法律于不顾，采取非法手段和不道德行为，如制假售假、偷税漏税、欺行霸市、强买强卖等，扰乱正常的社会经济秩序，带有浓厚的商品拜物教和货币拜物教气息，表现出来的就是拜金主义行为。拜金主义使一些企业和个人，不顾经济伦理，把金钱当作神来顶礼膜拜，为了经济利益的最大化，往往会泯灭良知，丧失理想和信念，将货币和资本物化为对金钱的狂热追逐。拜金主义的横行，必然会导致为了利益而追求享乐主义、极端个人主义和精致利己主义，为了金钱和个人利益的最大化，他们不惜出卖灵魂、国家和集体利益，消磨团结奋斗、积极向上、自强不息的良好社会氛围，导致资源浪费和腐败的社会现象，进一步加剧自由主义和历史虚无主义的危害。

（5）逆全球化思潮。进入21世纪，尤其是2016年以来，逆全球化思潮的兴起已经成为国内外理论界讨论的一个热点问题，逆全球化潮流已成为我国在"双循环"新发展格局下面临的重要外部挑战。欧美逆全球化思潮主要体现在多国纷纷出台贸易和投资保护主义措施以及各国收紧与难民移民相关的政策等方面。逆全球化思潮在中短期内并不会彻底反转，而是还会持续发酵。"逆全球化"产生的实质是追逐经济利益、实施政治掌控、转嫁社会矛盾。"全球化"和"逆全球化"都是资本主义国家根据自己的需求进行主导控制的。为拓展世界市场，资本主义利用欠发达国家廉价劳

[①] 袁传银. 析拜金主义的价值观——如何引导大学生树立正确的价值观 [J]. 思想理论教育导刊，2002（6）：42.

动力,将大量制造业转移出国,造成国内经济结构失衡。为维护自身利益,构建资本增值体系,发达资本主义国家开始抛弃经济"全球化",推进"逆全球化"政策。"全球化"曾是发达资本主义国家掌控全球市场的策略,但随着众多发展中国家在"全球化"进程中崛起,资本主义国家独占"全球化"最大红利和话语权优势丧失,推动"逆全球化"也展现出权力之争。"逆全球化"思潮的出现,也在一定程度上让民粹主义、极端个人主义等思潮沉渣泛起。

(五)通过"发声亮剑"批判错误思潮,防范错误社会思潮的传播

近年来,互联网、大数据、云计算、人工智能、区块链等技术加速创新,我国从网络大国向网络强国加快迈进。截至2021年6月,我国网民规模达10.11亿,互联网普及率达71.6%,网络视频(含短视频)用户规模达9.44亿,网络新闻用户规模达7.60亿。[①] 互联网日益成为意识形态斗争的主阵地、主战场、最前沿。互联网是一把双刃剑,既为社会思潮的正确引领提供了许多便利,同时也给很多错误社会思潮传播提供了平台和空间,带来了以前无法预料的风险。能否顶得住、打得赢,直接关系意识形态安全和国家政治安全。研究认为,社会思潮的传播途径主要有三种:第一种是人际传播,通过人与人之间面对面的交流,相互传递信息、知识、情感等。在人际传播中,传播者不仅是传播主体,还是传播媒介。这种双向传播方式互动性较高。第二种传播途径是大众传播,通过报纸、杂志、书籍、电影、广播、电视等工具,向社会大众传递信息。大众传播渗透在社会生活的各个领域,在社会思潮发展的各阶段都起着重要作用。马克思评价这些自由出版物"它无所不在,无所不及"。第三种传播途径是网络传播,互联网的普及,尤其是移动互联网的快速发展,为社会思潮的传播开辟了新的途径。网络传播打破了社会思潮传播的空间限制,解决了社会思潮传播的单向性和滞后性。当前的网络环境,既是社会思潮的传播者把握社会心理、社会动态重要手段,也是社会思潮传播者们抢占网络舆论阵

[①] 中共中央宣传部. 中国共产党宣传工作简史[M]. 北京:人民出版社,2022:739.

地，传播社会思潮的重要途径。社会思潮在网络社会传播，具有传播速度更加快捷、内容更趋复杂多变、路径呈现多样化、传播主体更具有隐匿性的特点，同时，呈现出传播内容由分流转向合流、传播主体由"精英"转向"草根"、传播过程由理性转向"非理性"、传播范围由国内转向全球的传播规律。由于大数据、人工智能技术推广，社会思潮的传播同时呈现出分众化、定制化传播特点。高校思政课教师运用网络技术和网络阵地批判错误社会思潮，要掌握社会思潮在网络形态下的传播机理和规律，必须利用好大数据，增强对社会思潮引领的能力，防范各种潜在的风险，为维护意识形态安全和政治安全做贡献。

二、高校思政课教师"发声亮剑"是凝聚社会共识的需要

宣传思想工作事关意识形态建设的实效，高校宣传思想工作是宣传思想工作的重中之重。2013年8月19日，习近平在全国宣传思想工作会议上强调，"宣传思想工作就是要巩固马克思主义在意识形态领域的指导地位，巩固全党全国人民团结奋斗的共同思想基础"①。高校宣传思想工作归根到底是做人的工作的，能否真正统一思想、统一意志、凝聚人心、凝聚共识是衡量意识形态工作成败的重要标准。一个政党、一个政权能否凝聚价值共识，关系着这个政党、政权能否行稳致远，克服一个又一个困难、达成一个又一个目标、从胜利走向新的胜利。习近平总书记指出："一百年来，中国共产党团结带领中国人民进行的一切奋斗、一切牺牲、一切创造，归结起来就是一个主题：实现中华民族伟大复兴。"② 今天，我们比历史上任何时候都更接近、更有信心和能力实现中华民族伟大复兴的目标。奋进在第二个百年奋斗目标的新征程上，实现伟大梦想，必须进行伟大斗争。只要我们把握好新的伟大斗争的历史特点，把多种多样的价值观念和价值取向整合起来，把全社会意志和力量凝聚起来，就一定能够战胜一切可以预见和难以预见的风险挑战，攻克一个又一个看似不可能攻克的难

---

① 习近平. 论党的宣传思想工作 [M]. 北京：中央文献出版社，2020：14.
② 习近平. 在庆祝中国共产党成立100周年大会上的讲话 [M]. 北京：人民出版社，2021：3.

关，创造一个又一个彪炳史册的人间奇迹。

当前，我国正处在大发展大变革大调整时期，国际国内形势的深刻变化使我国意识形态领域面临着空前复杂的情况，各种思想文化相互激荡，不同文明交流交融交锋更加频繁。在这种情况下，必须提高整合社会思想文化和价值观念的能力，扩大主流价值观念的影响力，掌握价值观念领域的主动权、主导权、话语权，在全社会凝聚价值共识，是宣传思想文化战线必须解决好的重大命题，是高校这个宣传思想文化高地必须承担起的历史使命，是高校思政课这个主渠道主阵地必须承担起的光荣责任，是高校思政课教师这支意识形态工作关键力量必须承担的终身课题。

（一）在凝聚政治共识上"发声亮剑"，有利于引导人们坚定理想信念

政治共识是一定时期生活在一定政治共同体内的人们对某种政治信念、政治价值观念、政治规范准则的一致认同。一个政党、一个政权凝聚政治共识、增进政治认同是聚合政治力量统一行动、推进政治建设和政治发展、实现政治目标的前提。[①] 一百年来，中国共产党始终把为中国人民谋幸福、为中华民族谋复兴作为自己的初心使命，始终坚持共产主义理想和社会主义信念，始终聚焦实现中华民族伟大复兴奋斗主题，根据党和国家不同发展阶段的基本国情和目标任务制定政治纲领，广泛凝聚政治共识，将不同阶层、不同群体社会成员的政治价值观念和政治实践力量凝聚、统一到党和国家的政治价值观念上来，为"争取民族独立、人民解放和实现国家富强、人民幸福"凝心聚力、不懈奋斗，书写了中华民族几千年历史上最恢宏的史诗。历史和实践反复证明，凝聚政治共识是党的重要政治使命，是党百年革命历程的宝贵政治经验，更是党的政治优势。

新民主主义革命时期，中国共产党聚焦"反对帝国主义、封建主义、官僚资本主义"历史任务，以"争取民族独立、人民解放"的凝聚政治共识、团结革命力量，为实现中华民族伟大复兴创造了根本社会条件。建党前夕，面对1840年鸦片战争以后中华民族遭受的前所未有的劫难，鉴于太

[①] 杨宏伟，王亚妮. 中国共产党凝聚政治共识的百年探索［J］. 北京社会科学，2022（2）：16-26.

平天国运动、洋务运动、戊戌变法、义和团运动、辛亥革命等救国运动、救国方案均以失败告终，形成了中国迫切需要新的思想和组织高擎"救亡图存"的大旗，以马克思主义为指导的中国共产党应运而生。建党之初和大革命时期，中国共产党通过制定民主革命纲领，发动工人运动、青年运动、农民运动、妇女运动，帮助改组国民党和建立国民革命军，凝聚起举行大革命的政治共识，建立起最广泛的革命统一阵营。土地革命时期，党通过"打土豪、分田地"的政治主张，建立起工农民主统一战线；通过确立思想建党、政治建军原则，奠定了革命武装力量的团结统一；经过长征的战火洗礼，初步确定了以毛泽东同志为核心的领导集体。抗日战争时期，在坚持全面抗战路线的旗帜下，党实行正确的抗日民族统一战线政策，凝聚起中华民族顽强抗战的强大合力并最终取得胜利。解放战争时期，党联合工农商学兵等一切被压迫阶级组成人民民主统一战线，凝聚起建立新民主主义国家政权的政治共识，夺取了新民主主义革命胜利的历史功勋。

社会主义革命和建设时期，中国共产党聚焦"实现从新民主主义到社会主义的转变，进行社会主义革命，推进社会主义建设"的历史任务，以"恢复和发展国民经济、建设和巩固新中国"的政治共识聚合社会力量，为实现中华民族伟大复兴奠定根本政治前提和制度基础。新中国成立后，党以"过渡时期总路线"凝聚起进行社会主义三大改造的政治共识，以"保家卫国"凝聚起抗美援朝的政治共识；党开展整风整党，加强党内教育，密切党群关系；党实行"长期共存、互相监督"的方针，处理与民主党派的关系；实行"百花齐放、百家争鸣"的方针，促进科学文化大发展；党坚持以马克思主义的思想原则教育人民并指导整个社会的精神生活，促进马克思主义主流意识形态认同；党倡导和坚持和平共处五项原则，提出划分三个世界，赢得国际社会特别是发展中国家的尊重和赞誉。

改革开放和社会主义现代化建设新时期，中国共产党聚焦"继续探索中国建设社会主义的正确道路，解放和发展社会生产力，使人民摆脱贫困、尽快富裕起来"的历史任务，以"建设有中国特色的社会主义"的政治共识激发新生力量，为实现中华民族伟大复兴提供充满新的活力的体制保证和快速发展的物质条件。党的十一届三中全会做出了将党和国家工作重心转移到经济建设上来，进行改革开放的伟大决策。以邓小平同志、江泽民同志、胡锦涛同志为主要代表的中国共产党人，积极引导全国人民推进社会主义改革，提出社会主义改革的基本框架和实践路径，党以"建立社会主义市场经济"为中心议题推进经济体制改革，以健全民主集中制推进党内政治生活正常化、以执政能力建设和先进性建设为主线凝聚加强党的建设共识，以"和平统一、一国两制"为主要议题推进政治体制改革，凝聚祖国统一共识，以"和平与发展"定义时代主题，建立多层次对外关系新格局。

中国特色社会主义进入新时代，中国共产党聚焦"实现第一个百年奋斗目标，开启实现第二个百年奋斗目标新征程"历史任务，以"实现中华民族伟大复兴"的政治共识汇聚磅礴伟力。党的十八大以来，"新时代"成为中国政治发展新的历史方位。以习近平同志为核心的党中央科学研判中国发展新的历史方位，根据历史发展趋势和国家现实需要，提出实现中华民族伟大复兴的重大战略思想，成为党在新时代团结和带领全国人民坚持和发展中国特色社会主义的政治纲领。提出"全面建设社会主义现代化国家（全面建成小康社会）"，让凝聚中国特色社会主义政治共识的目标更加催人奋进；提出"全面深化改革"，让凝聚中国特色社会主义政治共识的物质基础更加牢固；提出"全面依法治国"，让凝聚中国特色社会主义政治共识的治理体系和治理能力更现代化；提出"全面从严治党"，让凝聚中国特色社会主义政治共识的核心更加强大。党不断推进理论创新与宣传让凝聚中国特色社会主义政治共识的范围更加广泛。

梳理和回顾百年来中国共产党凝聚政治共识的实践历程，就是要深刻理解党始终秉持初心使命，科学把握社会发展规律，主动顺应历史发展潮流，主动团结各种积极力量，广泛开展宣传教育，以此来凝聚和形成政治共识的基本经验。总结这一基本经验，对于新阶段进一步凝聚建设社会主义现代化强国的政治共识，教育引导广大人民群众坚定不移听党话、感党恩、跟党走具有重大现实意义。新的伟大征程上，高校思政课教师围绕广泛凝聚政治共识发声亮剑，就是要"坚持大团结大联合，团结一切可以团结的力量,调动一切可以调动的积极因素"原则,讲清楚"中国共产党为什么能,中国特色社会主义为什么好,归根到底是马克思主义行,是中国化时代化的马克思主义行"这个重大理论和现实问题,讲好中国共产党为了民族复兴不懈奋斗的故事,汇聚起把党的正确主张转化为自觉行动的磅礴伟力,汇聚起捍卫"两个确立"、自觉做到"两个维护"的磅礴伟力,汇聚起实现中华民族伟大复兴的磅礴伟力。

(二)在凝聚道路共识上"发声亮剑",有利于引导人们坚定道路自信

方向决定道路,道路决定命运。习近平总书记强调:"道路问题是关系党的事业兴衰成败第一位的问题,道路就是党的生命。"[①] 这里所指的"道路",已经不是具象化的路径与方位,而是指向高度抽象、高度凝练的制度与体制;已经不是可触可见的走向与目标,而是指称具有总括性、全局性的战略追求与未来愿景。这样的"道路",从其根本要义来看,主要是指社会制度、国家体制与政治架构,以及战略规划、发展路径与实践方式。所谓道路共识,指人民群众对执政党和国家政权规定的社会发展"道路"的信念和操守。道路与党的事业息息相关,党的事业以正确道路为基础、作保障,正确道路为党的事业把方向、壮力量。一百年来,党领导人民不懈奋斗、不断进取,成功开辟了实现中华民族伟大复兴的正确道路。这条道路就是中国特色社会主义道路。中国特色社会主义,是科学社会主义理论逻辑和中国社会发展历史逻辑的辩证统一,是根植于中国大地、反映中国人民意愿、适应中国和时代发展进步要求的科学社会主义,是全面建成小康社会、加快推进社会主义现代化、实现中华民族伟大复兴的必由之路。[②] 一个民族、一个国家怎样发展,一个执政党怎样带领民族、国家发展进步,归根结底在于道路的选择与确立、在于道路的开拓与创新。走什么样的路,成为最根本、最核心的问题,成为关系长远、关系全局的重

[①] 习近平关于"不忘初心、牢记使命"重要论述选编[M].北京:中央文献出版社,党建读物出版社,2019:75.

[②] 习近平关于"不忘初心、牢记使命"重要论述选编[M].北京:中央文献出版社,党建读物出版社,2019:75-76.

大问题，成为民族、国家、政党能不能成功、有没有前途的关键所在。历史事实表明，我们党的事业之所以能够兴旺发达，就在于我们党始终坚持从我国国情出发，探索并形成了符合中国实际的新民主主义革命道路、社会主义改造和社会主义建设道路、中国特色社会主义道路，在于我们党能始终用道路凝聚引领亿万人民不断从胜利走向胜利。

1840年鸦片战争之后，中国进入半殖民地半封建社会，面临着极为深重的民族生存危机。无数仁人志士前仆后继，探求救国救民的道路。这个时期，各种主义和思潮都在中国进行尝试，资本主义道路没有走通，改良主义、自由主义、社会达尔文主义、无政府主义、实用主义、民粹主义、工团主义等道路也没有走通，"你方唱罢我登场"看似热闹，但是终究落得"城头变幻大王旗"的失败结局，没有带领中华民族改变悲惨的命运。十月革命一声炮响，中国共产党的领导中国人民沿着马克思列宁主义指引的方向寻找出路，中国革命的面貌从此焕然一新。

以毛泽东同志为主要代表的中国共产党人，团结带领全国各族人民，浴血奋战、百折不挠，经过北伐战争、土地革命战争，走出了一条"农村包围城市、工农武装割据"的革命道路，经过抗日战争、解放战争，以武装的革命反对武装的反革命，推翻了帝国主义、封建主义、官僚资本主义三座大山，建立了人民当家作主的新中国，开创了新民主主义革命的道路。这一时期，中华儿女在新民主主义革命道路上达成共识，通过克服艰难万险，取得了革命的胜利，使中华民族和广大人民群众的命运得以扭转。正是中国共产党领导广大人民群众在新民主主义道路上形成了人民解放和民族独立的共识，为新中国的建立奠定了坚实的人力基础。

新中国成立后，中国共产党人团结带领中国人民，自力更生、发愤图强，进行社会主义革命，确立了社会主义基本制度，推进社会主义建设，巩固和发展了新生的人民当家作主的新中国，完成了中华民族有史以来最为广泛而深刻的社会变革，一穷二白、人口众多的东方大国大步迈进了社会主义，为当代中国进一步发展进步奠定了根本政治前提和制度基础。这一时期，中国人民在"社会主义改造和社会主义建设"的道路上达成共识，以建设新中国的豪情不懈奋斗探索，为党在新的历史时期开创中国特色社会主义提供了宝贵经验、理论准备、物质基础。

在改革开放新时期,以邓小平同志为主要代表的中国共产党人,做出了经济建设为中心和实行改革开放的历史性决策,深刻揭示社会主义的本质,成功开创了中国特色社会主义。以江泽民同志为主要代表的中国共产党人,在国内外形势十分复杂、世界社会主义出现严重曲折的严峻考验面前,确立了社会主义市场经济体制的基本框架,确立了社会主义初级阶段的基本经济制度和分配制度,捍卫了中国特色社会主义并推向21世纪。以胡锦涛同志为主要代表的中国共产党人,在全面建设小康社会进程中,成功在新起点上坚持和发展了中国特色社会主义。正如习近平总书记指出的那样,"改革开放以来,我们总结历史经验,不断艰辛探索,终于找到了实现中华民族伟大复兴的正确道路,取得了举世瞩目的成果。这条道路就是中国特色社会主义"①。这一时期,中国人民解放思想、锐意进取,形成了广泛的"中国特色社会主义"的道路共识,我国综合国力显著增强,国际地位不断提升,创造了改革开放和社会主义现代化建设的伟大成就。

党的十八大以来,以习近平同志为核心的党中央准确把握中国特色社会主义的历史新方位、时代新变化、实践新要求,确立了新时代坚持和发展中国特色社会主义的基本方略。我们党统筹推进"五位一体"总体布局,协调推进"四个全面"战略布局,从全局上确立了新时代坚持和发展中国特色社会主义的战略规划和部署。进入新时代,开启全面建设社会主义现代化国家新征程,全体中国人民和中华儿女在实现中华民族伟大复兴的历史进程中,凝聚起"新时代"的道路共识,自信自强、守正创新,中华民族迎来了从站起来、富起来到强起来的伟大飞跃,中华民族伟大复兴进入了不可逆转的历史进程。

从党的百年奋斗历史表明,一个国家实行什么样的主义、走什么样的道路,关键要看这个主义、这个道路能否凝聚人群群众的共识,能否解决这个国家面临的历史性课题。高校思政课教师围绕广泛凝聚政治共识发声亮剑,就是要讲清楚"坚持党的全面领导是坚持和发展中国特色社会主义

---

① 习近平. 习近平谈治国理政[M]. 北京:外文出版社,2014:35.

的必由之路；中国特色社会主义是实现中华民族伟大复兴的必由之路；团结奋斗是中国人民创造历史伟业的必由之路；贯彻新发展理念是新时代我国发展壮大的必由之路；全面从严治党是党永葆生机活力、走好新的赶考之路的必由之路"①的道理，从而使人民群众坚定中国特色社会主义道路自信，在建设社会主义现代化国家中建功立业。

（三）在凝聚理论共识上"发声亮剑"，有利于引导人们坚定理论自信

思想就是力量。一个民族要走在时代前列，就一刻不能没有理论思维，一刻不能没有思想指引。中国共产党从诞生之日起，就把马克思主义鲜明地写在自己的旗帜上，无论是处于顺境还是逆境，从未动摇对马克思主义的坚定信仰。理论的生命力在于创新。马克思主义深刻改变了中国，中国也极大地丰富了马克思主义。一百年来，我们党坚持解放思想和实事求是相统一、培元固本和守正创新相统一，不断开辟马克思主义新境界，我们党的历史，就是一部不断推进马克思主义中国化的历史，就是一部不断推进理论创新、进行理论创造的历史。一百年来，创立了毛泽东思想，创立了邓小平理论，形成了"三个代表"重要思想，形成了科学发展观，创立了习近平新时代中国特色社会主义思想，为党和人民事业发展提供了科学理论指导。所谓理论共识，主要指人民群众对某种主义和价值的信奉和践行。理论每前进一步，理论武装就要跟进一步。中国共产党凝聚理论共识主要方法就是，用马克思主义及其中国化的最新理论成果武装头脑、教育人民，从而达到指导实践、改造世界的效果。搞好理论武装，党员、干部是理论武装工作的重点，人民群众是理论武装的基础。"在革命、建设和改革的各个历史时期，用革命精神武装起来的中国共产党人和中国人民克服了种种艰难险阻，创造了一个又一个人生奇迹。"②

中国共产党的创立，本身就是马克思主义理论武装成功的结果。十月

---

① 习近平. 高举中国特色社会主义伟大旗帜　为全面建设社会主义现代化国家而团结奋斗——在中国共产党第二十次全国代表大会上的报告 [M]. 北京：人民出版社，2022：70.

② 中共中央文献研究室. 十五大以来重要文献选编：中 [M]. 北京：人民出版社，2001：1583.

革命一声炮响，给中国送来了马克思列宁主义，极大鼓舞了中国人民斗争的勇气。同时，中国的先进分子逐步完成了理论信念的转变：其一，辛亥革命后北洋军阀的统治和第一次世界大战的爆发，使先进的中国人产生了对西方文明的怀疑；其二，十月革命后俄国政府对中国采取的平等外交政策和西方的背信弃义形成鲜明对比；其三，马克思主义本身所具有的鲜明阶级性、科学性特征，为迷茫中的人们提供了解释世界的灵丹妙药。五四运动后马克思主义在中国的广泛传播，为无产阶级政党的产生奠定了思想基础。因而，在中国人民和中华民族的伟大觉醒中，在马克思列宁主义同中国工人运动的紧密结合中，1921年7月中国共产党应运而生，决心"挺身出来、硬起铁肩，担当这改造政党、改造政治、改造中国的大责任"（《共产党》月刊第5号）。大革命失败后，我们党尤其重视加强理论武装工作，据档案记载，1928-1934年中共中央发出的文件约为466件，其中涉及理论及理论教育、宣传的约占三分之一。

新民主主义时期，中国共产党一方面在各地开办党校，培养党的各级领导干部和宣传的专门人才。另一方面针对广大群众积极创办学习组织，提高文化水平和政治觉悟。同时，发挥党报党刊在凝聚革命共识中重要舆论宣传和政策指导作用。理论武装的强化，特别是延安整风运动的开展，进一步凝聚了理论共识，有力促进了中华儿女争取解放和民族独立的斗争。

新中国成立后，党为适应在全国执政、领导社会主义革命和建设的需要，高度重视理论武装工作。我们党既紧紧把握住以马克思主义理论教育为重点，又有力地开展了文化教育和专业技术教育，还相应地建设起党校教育网络各类专门干部学校；大力加强全社会政治教育和思想改造，推动教育科学文化事业除旧布新；推动兴起了学习毛泽东著作的热潮，掀起了社会主义思想道德和文化建设的高潮，为贯彻执行社会主义总路线、发展社会主义经济，巩固新生的人民民主政权，发挥了积极作用，取得了显著成绩。

"文化大革命"结束后，党中央组织真理与标准问题的讨论，进行了反资产阶级自由化的教育，加强党的理论宣传，大力开展改革开放宣传教育等，这些工作的开展使广大党员干部在拨乱反正中投身改革开放大潮和经济建设之中。党的十三届四中全会以后，党大力加强理论武装，大力宣传普及马克思列宁主义、毛泽东思想特别是邓小平理论，深化马克思主义立场观点方法的学习教育。后来，又陆续开展以"讲学习、讲政治、讲正气"为主要内容的党性党风教育，在全社会开展爱国主义教育和公民道德建设、无神论教育，开展群众性精神文明创建工作；深入开展学习贯彻"三个代表"重要思想、科学发展观教育实践活动，等等。这一系列活动，一方面加强了马克思主义学习型政党的建设；另一方面，为推进经济社会转入全面可持续发展的轨道，凝聚了广泛共识。

进入新时代，以习近平同志为核心的党中央，通过党的群众路线教育实践活动、"三严三实"专题教育、"两学一做"学习教育、"不忘初心、牢记使命"主题教育、党史学习教育、学习贯彻习近平新时代中国特色社会主义思想主题教育等党内集中性教育，并建立常态化长效化的经常性教育机制，不断强化理论武装工作，使得习近平新时代中国特色社会主义思想转化为人民群众的实践力量，推动了脱贫攻坚战的全面胜利，如期实现了全面建成小康社会的第一个百年奋斗目标。

回顾我党百年理论武装史，可以发现：通过理论武装，可以凝聚全国各族人民的理论共识，从而有效提升广大人民群众落实党的路线方针政策的能力，促进了党和国家各项事业的顺利发展。高校思政课教师在凝聚理论共识中发声亮剑，就是要担负起推动党的创新理论"飞入寻常百姓家"的职责使命，讲清楚马克思主义及其中国化的科学理论成果的真理力量和真理魅力，让人民群众对党的创新理论"知其然、知其所以然、知其所以必然"，从而坚定人民群众对共产主义的信仰、对中国特色社会主义的信念、对中华民族伟大复兴的信心、对共产党的信任、对人民政府的信赖，自觉用党的创新理论培根铸魂。

（四）在凝聚制度共识上"发声亮剑"，有利于引导人们坚定制度自信

制度共识主要指执政党和人民群众对宏观上的社会主义制度和具体层面的法治规约的信奉和操守。在革命、建设和改革过程中，中国特色社

主义制度建设历经探索、建立、发展和不断完善的历史演进，形成了内涵丰富、系统严整、科学合理的制度体系，积累了制度建设的基本经验，为人类政治文明发展提供了中国经验和中国智慧。百年党史证明，中国共产党与人民群众是血肉相连、互动发展的关系，党的事业前进发展必须依靠人民群众的拥护和支持，人民群众的主体地位和根本利益只有在党的坚持领导下才能最终确立和顺利实现。

新民主主义革命时期，党在革命根据地和边区政府的局部执政条件下，对制度建设进行了有益探索。早期中共领导人基于民族独立、人民解放的历史使命，坚定选择了社会主义制度。这种选择是基于近代以来的制度探索做出的，君主立宪制、民主共和制、复辟帝制等各种制度模式都无法改变中国命运，就当时来看，选择社会主义制度是对各种制度模式比较后得出的结果，制度建设成果主要集中于党纲、党章及党的组织、宣传方面的党内制度建设。土地革命战争时期，中国共产党按照马克思主义国家学说的基本原理，建立了工农兵代表大会苏维埃政权组织，在局部执政的条件下，对制度建设做出了积极探索，制定了《井冈山土地法》《中华苏维埃共和国宪法大纲》《陕甘宁边区施政纲领》等标志性制度成果，这些制度保障红色苏维埃政权政策法令实施，巩固了革命政权。新中国成立后，在全国执政的情况下，为巩固新生的人民民主政权，确立了社会主义基本制度，制定出台了《中华人民共和国土地改革法》（1950年）、《中华人民共和国婚姻法》（1950年）、《中华人民共和国宪法》（1954年）等标志性制度成果，奠定了新中国的法制基础。

随着改革开放逐步深化，我们党对制度建设的认识越来越深入。1980年，邓小平同志在总结"文化大革命"的教训时就指出："领导制度、组织制度问题更带有根本性、全局性、稳定性和长期性。""制度好可以使坏人无法任意横行，制度不好可以使好人无法充分做好事，甚至会走向反面。"[①] 1992年，邓小平同志在南方谈话中说："恐怕再有三十年的时间，

---

① 中共中央马克思恩格斯列宁斯大林著作编译局. 邓小平文选：第2卷［M］. 北京：人民出版社，1994：333.

我们才会在各方面形成一整套更加成熟、更加定型的制度。"① 党的十四大提出："在九十年代，我们要初步建立起新的经济体制，实现达到小康水平的第二步发展目标。再经过二十年的努力，到建党一百周年的时候，我们将在各方面形成一整套更加成熟更加定型的制度。"② 党的十五大、十六大、十七大都对制度建设提出明确要求。

党的十八大以来，我们党把制度建设摆到更加突出的位置，强调"全面建成小康社会，必须以更大的政治勇气和智慧，不失时机深化重要领域改革，坚决破除一切妨碍科学发展的思想观念和体制机制弊端，构建系统完备、科学规范、运行有效的制度体系，使各方面制度更加成熟更加定型"③。党的十八届三中全会首次提出"推进国家治理体系和治理能力现代化"这个重大命题，并把"完善和发展中国特色社会主义制度、推进国家治理体系和治理能力现代化"确定为全面深化改革的总目标。党的十八届五中全会进一步强调，"十三五"时期要实现"各方面制度更加成熟更加定型，国家治理体系和治理能力现代化取得重大进展，各领域基础性制度体系基本形成"。党的十九届二中、三中全会分别就修改宪法和深化党和国家机构改革做出部署，在制度建设和治理能力建设上迈出了新的重大步伐。党的十九届四中全会，对坚持和完善中国特色社会主义制度、推进国家治理体系和治理能力现代化进行系统总结，审议通过了《中共中央关于坚持和完善中国特色社会主义制度、推进国家治理体系和治理能力现代化若干重大问题的决定》，对中国特色社会主义制度建设提出了与时俱进完善和发展的前进方向和工作要求。党的十八大以来，全国人大及其常委会通过宪法修正案，制定法律48件，修改法律203件次，做出法律解释9件，通过有关法律问题和重大问题的决定79件次。截至目前，现行有效法

---

① 中共中央马克思恩格斯列宁斯大林著作编译局．邓小平文选：第3卷［M］．北京：人民出版社，1993：372．
② 江泽民．加快改革开放和现代化建设步伐，夺取有中国特色社会主义事业的更大胜利——在中国共产党第十四次全国代表大会上的报告［EB/OL］．理论网，1992-10-12．
③ 中共中央文献研究室．十八大以来重要文献选编：上［M］．北京：中央文献出版社，2014：14．

律282件、行政法规608件、地方性法规12000余件。①

习近平总书记指出:"只有全面依法治国才能有效保障国家治理体系的系统性、规范性、协调性,才能最大限度凝聚社会共识。"② 世界上并不存在一种适用于一切国家的制度模式,一个国家的制度只有适合本国国情才有生命力,才能被人民所选择、所坚持、所完善。中国共产党领导下的中国特色社会主义制度是中国人民立足国情,在长期发展过程中形成的,是当代中国发展进步的根本制度保障。高校思政课教师在凝聚制度共识上发声亮剑,要讲清楚中国特色社会主义制度的十三个方面的独特优势,讲清楚坚持走中国特色社会主义法治道路的重要性,讲清楚我国政治制度和法治体系是适合我国国情和实际的道理,厘清"党大还是法大"这个伪命题,揭露西方所谓"宪政""三权鼎立""司法独立"的虚伪性,教育引导人民群众尊法学法守法用法,进一步增强中国特色社会主义制度的自信力。

(五)在凝聚文化共识上"发声亮剑",有利于引导人们坚定价值观自信

文化兴则国家兴,文化强则民族强。习近平总书记多次强调,"文化自信,是更基础、更广泛、更深厚的自信,是更基本、更深沉、更持久的力量","中国有坚定的道路自信、理论自信、制度自信,其本质是建立在5000多年文明传承基础上的文化自信"③。中国共产党成立百年来,始终重视文化建设并坚持对文化建设的领导,坚持用马克思主义先进世界观和方法论引领文化建设,推动社会主义文化大繁荣大发展,为中国革命、建设、改革提供了强大精神支撑。

新民主主义时期,为建设社会主义文化立业奠基。新文化运动高举科学和民主两面旗帜,出现了贬低否定中华传统文化倾向。五四运动后,毛泽东等运用马克思主义观点方法,辩证地、科学地对待传统文化,将马克

---

① 习近平. 习近平谈治国理政: 第4卷 [M]. 北京: 外文出版社, 2022: 293.
② 习近平. 习近平谈治国理政: 第4卷 [M]. 北京: 外文出版社, 2022: 292.
③ 习近平. 习近平谈治国理政: 第4卷 [M]. 北京: 外文出版社, 2022: 312.

思主义融于中华民族的现实土壤，在理论与实践的结合中领导文化建设。郭沫若、鲁迅等创作了大量反映中国实际、反映中国需求的优秀作品，以文化鼓舞人民、引领革命实践。1938年六届六中全会上，毛泽东首次提出"马克思主义中国化"这一重大命题，文化建设朝着融通马克思主义先进文化与中华优秀传统文化、人类一切文明成果的方向发展。延安时期，中国共产党领导的文化建设取得丰硕成果，毛泽东主持召开文艺座谈会并发表讲话，针对文艺为谁服务、如何服务的问题，提出了中国社会主义文化建设的指导思想，为我国文化建设树立了精神旗帜、指明了前进方向。

社会主义建设时期，为建设社会主义文化进行了新的探索。新中国成立前夕，毛泽东宣告："随着经济建设的高潮的到来，不可避免地将要出现一个文化建设的高潮。中国人被人认为不文明的时代已经过去了，我们将以一个具有高度文化的民族出现于世界。"①《共同纲领》明确了"提高人民文化水平、培养国家建设人才、肃清封建的、买办的、法西斯主义的思想、发展为人民服务的思想"的文化建设主要任务，对知识分子提出了"为人民服务，为社会主义的国家服务"的希望。1957年，毛泽东在全国宣传工作会议上提出了"百花齐放，百家争鸣"的文化建设方针，成为党和国家推进文化建设的基本遵循。

改革开放新时期，社会主义文化建设在拨乱反正的基础上恢复拓展。邓小平强调，"我们还要在建设高度物质文明的同时，提高全民族的科学文化水平，发展高尚的丰富多彩的文化生活，建设高度的社会主义精神文明"②，提出"坚持两手抓、两手都要硬"的文化建设思想，重申"双百"方针，提出"三个面向"要求，做出"科学技术是第一生产力"的重要论断。以江泽民为代表的中国共产党人面对复杂的世情党情国情，提出在社会主义初级阶段要努力建设社会主义先进文化的思想。"三个代表"重要思想强调了社会主义先进文化的战略地位和作用。他提出的"科教兴国"战略和"以德治国"方略，丰富了文化建设的内涵。进入21世纪，以胡

---

① 中国共产党简史研究室. 中国共产党简史［M］. 北京：人民出版社，中央党史出版社，2021：141.
② 邓小平. 邓小平文选：第2卷［M］. 北京：人民出版社，1994：208.

锦涛为代表的中国共产党人提出以社会主义核心价值体系为根本，推进社会主义和谐文化建设，同时提出了"建设社会主义文化强国"的目标任务。

党的十八大以来，以习近平同志为核心的党中央，以强烈的历史担当和深刻的洞察力，把文化建设摆在更加突出位置，提出一系列新理念新思想新战略，强调"要坚定文化自信，推动中华优秀传统文化创造性转化、创新性发展，继承革命文化，发展社会主义先进文化，不断铸就中华文化新辉煌，建设社会主义文化强国"；强调"要坚持马克思主义在意识形态领域的指导地位，坚守中华文化立场，坚持以社会主义核心价值观引领文化建设"；强调"坚持把马克思主义基本原理同中国具体实际相结合、同中华优秀传统文化相结合"；强调"不断提高国家文化软实力，增强中华文化影响力，发挥文化引领风尚、教育人民、服务社会、推动发展的作用"；强调"推动文化产业与旅游产业融合发展"；强调"更好推动中华优秀传统文化走出去，加强国际传播能力建设，展示真实、立体、全面的中国，努力塑造可信、可爱、可敬的中国形象"。习近平总书记在2023年6月2日举行的文化传承发展座谈会上强调："在新的起点上继续推动文化繁荣、建设文化强国、建设中华民族现代文明，是我们在新时代新的文化使命。要坚定文化自信、担当使命、奋发有为，共同努力创造属于我们这个时代的新文化，建设中华民族现代文明。"①

"中国特色社会主义文化，源自中华民族五千多年文明历史所孕育的中华优秀传统文化，熔铸于党领导人民在革命、建设、改革中创造的革命文化和社会主义先进文化，植根于中国特色社会主义伟大实践。"② 百年来，伴随着马克思主义中国化的历程，中国共产党建设了中国特色社会主义文化，塑造了中国人民的精神世界。特别是党的十八大以来，文化建设取得历史性成就、发生历史性变革，为实现中华民族伟大复兴提供了更为主动的精神力量。高校思政课教师在凝聚文化共识上发声亮剑，就是要注

---

① 担负起新的文化使命 努力建设中华民族现代文明 [N]. 人民日报，2023-06-03(1).
② 习近平. 习近平谈治国理政：第3卷 [M]. 北京：外文出版社，2020：32.

重用社会主义先进文化、革命文化、中华优秀传统文化培根铸魂,讲好党史、新中国史、改革开放史、社会主义发展史、中华民族史,开展爱国主义、集体主义、社会主义教育,特别要把中国共产党人的精神谱系、社会主义核心价值观融入教育教学,弘扬光荣传统、赓续红色血脉,增强做中国人的志气、骨气、底气。

三、高校思政课教师"发声亮剑"是学校立德树人的需要

从历史和现实经验看,一个阶级、一个政党、一个国家实现政治目标的基本途径就是教育。教育的目标任务是由教育举办者的政治属性决定的。我们党的最高理想和最终目标是实现共产主义。当前,我国正处于社会主义初级阶段,这一阶段是实现社会主义进而实现共产主义最终政治目标的必经阶段。我国是中国共产党执政的社会主义国家,中国共产党就是我国教育的举办者,这就规定了我国教育的根本任务只能是"培养社会主义建设者和接班人",而不是培养其他什么主义的接班人,更不能是培养社会主义的掘墓人。高等教育是教育的主要组成部分,高校是高等教育的主要阵地。高校办学必须以党的教育方针为方向,以党的需要为任务。习近平总书记指出,"高校的立身之本在于立德树人"[1]。这就要求高校要坚守为党育人、为国育才的初心使命,落实好立德树人的根本任务。课堂教学是落实立德树人任务的主渠道。思政课是落实立德树人根本任务的关键课程、主阵地。办好思想政治理论课关键在教师,关键在发挥教师的积极性、主动性、创造性。习近平强调,"教师承载着传播知识、传播思想、传播真理,塑造灵魂、塑造生命、塑造新人的时代重任"[2]。讲思想政治理论课,要让信仰坚定、学识渊博、理论功底深厚的教师来讲,让学生真心喜爱、终身受益。高校思政课教师运用好思政课堂这个主渠道主阵地发声亮剑,既是讲好思想政治理论课的专业要求,也是落实立德树人根本任务

---

[1] 习近平关于"不忘初心、牢记使命"重要论述选编[M]. 北京:中央文献出版社,党建读物出版社,2019:276.

[2] 习近平关于"不忘初心、牢记使命"重要论述选编[M]. 北京:中央文献出版社,党建读物出版社,2019:379.

的政治要求，对于培养德智体美劳全面发展的社会主义建设者和接班人具有思想引领作用和重要政治意义。

（一）思政课教师"发声亮剑"，对于青年学生树立远大理想具有引路作用

习近平总书记反复强调，"革命理想高于天"，强调"理想信念是共产党人精神上的'钙'，没有理想信念，或者理想信念不坚定，精神上就会'缺钙'，就会得'软骨病'"①。尽管这是对党员干部提出的要求，而青年学生作为社会主义的建设者和接班人，所以这也是对青年学生提出的要求。在实现中华民族伟大复兴的征程上，中国共产党是先锋队，共青团是突击队，少先队是预备队。"青年的理想信念关乎国家未来。青年理想远大、信念坚定，是一个国家、一个民族无坚不摧的前进动力。"② 青年学生处于"拔节孕穗期"，习近平总书记特别强调，要引导青年学生"扣好人生第一粒扣子"，号召新时代青年要树立对马克思主义的信仰、对中国特色社会主义的信念、对中华民族伟大复兴中国梦的信心。"马克思主义是我们立党立国的根本指导思想。背离或放弃马克思主义，我们党就会失去灵魂、迷失方向。在坚持马克思主义指导地位这一根本问题上，我们必须坚定不移，任何时候任何情况下都不能有丝毫动摇。"③ 高校是人才培养的基地，是各种思潮汇聚之地。在世界多极化、经济全球化、社会信息化和文化多样化的当今时代，各种社会思潮不断加紧对高校的渗透，个别青年学生的价值观念受到各种错误思潮的影响，有的青年学生在一定程度上出现了主义信仰迷茫、理想信念模糊等问题。高校能否用帮助青年学生点燃马克思主义信仰，作为高校落实立德树人关键课程和思想政治教育主渠道的思政课必须发挥中流砥柱的作用，思政课教师不能在青年学生理想信念教育中缺位缺席、隐形失声。高校思政课教师应当直面国际国内的新形势

---

① 习近平. 习近平谈治国理政 [M]. 北京：外文出版社，2014：414.
② 习近平. 论党的青年工作 [M]. 北京：中央文献出版社，2022：209.
③ 习近平. 在庆祝中国共产党成立95周年大会上的讲话 [M]. 北京：人民出版社，2016：9.

新问题，结合新时代新成就新实践，探索把握当代中国青年理想信念养成的发展规律，加强对青年学生的政治引领，引导广大青年学生自觉坚持党的领导，听党话、跟党走；研究把握当代青年成长成才的特点和规律，了解青年优势和弱点，引导广大青年学生把树立远大理想和脚踏实地结合起来。特别是在事关马克思主义意识形态主导地位的问题上，高校思政课教师要旗帜鲜明、立场坚定、明辨是非，敢于发声亮剑、批判错误思潮，把马克思主义意识形态贯穿到青年学生的日常学习、生活和实践中，引导青年学生运用马克思主义立场观点方法比较分析各种社会思潮，让马克思主义意识形态入脑入心，加深对马克思主义中国化的理解，在对比中帮助青年学生坚定信仰信念信心，从而形成正确的理想信念、价值理念和道德观念。

（二）思政课教师"发声亮剑"，对于青年学生厚植爱国情怀具有引导作用

爱国主义是中华民族精神的核心。爱国主义是人们忠诚、热爱、报效祖国的一种集思想、情感和意志于一体的社会意识形态。[1] 习近平在纪念五四运动一百周年大会上深情地说，"对每一个中国人来说，爱国是本分，也是职责，是心之所系、情之所归。对新时代中国青年来说，热爱祖国是立身之本、成才之基"[2]。爱国、救国、强国是中国近代历史的主题主流，是鼓舞中国人民团结奋斗的精神旗帜，是各族人民共同的精神追求，是实现中华民族伟大复兴的精神力量。新时代的教育事业就是要培养堪当民族复兴大任的时代新人，青年学生的奋斗目标和前进方向归结起来就是努力成为堪当民族复兴大任的时代新人，教育事业与青年学生的奋斗目标在方向上是根本一致的。培养堪当民族复兴大任的时代新人，首先要培养青年学生的爱国情怀。习近平总书记告诫我们："我们的教育绝不能培养出一些'长着中国脸，不是中国人，没有中国情，缺少中国味'的人！那将是

---

[1] 骆郁廷. 思想政治教育原理与方法 [M]. 北京：北京师范大学出版社，2019：170.
[2] 习近平. 论党的青年工作 [M]. 北京：中央文献出版社，2022：210.

教育的失败。教育的失败是根本性的失败。我们决不能犯这种历史性错误！"① 加强爱国主义教育是每一个国家的通行做法。对青年学生的爱国主义教育是高校思想政治教育工作的重点内容，也是高校思政课的核心课程之一。深入进行发扬爱国主义优良传统、弘扬和培育民族精神教育，是高校思政课教师的重要任务。高校思政课教师要在厚植青年学生爱国主义情怀上发声亮剑，引导青年学生树立和坚持正确的历史观、民族观、国家观、文化观，让爱国主义精神在青年学生心中牢牢扎根，增强爱国意识和爱国情感，增强民族自豪感和自信心，增强青年学生做中国人的志气、底气、骨气。引导青年学生深刻认识爱国主义的本质就是坚持爱国和爱党、爱社会主义高度统一，让"请党放心、强国有我"成为青年学生的青春强音。引导青年学生像爱护自己的眼睛一样珍惜民族团结和维护祖国统一，不断增强对伟大祖国、中华民族、中华文化、中国共产党、中国特色社会主义的认同。引导青年学生站在中国立场正确认识中国与外国、中国与世界的关系，正确认识世界性和民族性的关系，既增强世界眼光和国际主义意识，又增强爱国情怀和民族情感，为中华民族自立于世界民族之林奠定重要思想基础。引导青年学生用脚步丈量祖国大地，用眼睛发现中国精神，用耳朵倾听人民呼声，用内心感应时代脉搏，把个人的理想追求同祖国的前途、把自己的命运同民族的命运联系在一起，让爱国情、强国志、报国行自觉融入建设社会主义现代化强国、实现中华民族伟大复兴的奋斗之中。

（三）思政课教师"发声亮剑"，对于青年学生培养奋斗精神具有激励作用

征途漫漫，唯有奋斗。奋斗精神是伟大中华民族精神的重要组成部分。习近平指出，中国人民是具有伟大奋斗精神的人民；中国人民自古就明白，世界上没有坐享其成的好事，要幸福就要奋斗。② 艰苦奋斗、团结奋斗、接续奋斗是中国共产党最鲜明的精神特质。我们党的历史就是我们

---

① 十九大以来重要文件选编：上 [M]．北京：中央文献出版社，2019：647．
② 习近平．论党的宣传思想工作 [M]．北京：中央文献出版社，2020：292．

党与人民心心相印、与人民同甘共苦、与人民团结奋斗的历史，一定要一块过、一块干，始终保持同人民群众的血肉联系。习近平总书记指出，奋斗是青春最亮丽的底色。在实现中华民族伟大复兴的新征程上，必然会有艰巨繁重的任务，必然会有艰难险阻甚至惊涛骇浪，特别需要我们发扬艰苦奋斗精神。① 民族复兴的使命要靠奋斗来实现，人生理想的风帆要靠奋斗来扬起。从历史发展脉络来看，高校是传承和发展奋斗精神的策源地。1919 年爆发的五四运动，肇始于大学校园、孕育于青年学生群体，集中体现了青年学生担当民族大义的奋斗精神。通过五四运动，中国青年发现了自己的力量，他们从斗争中懂得，中国人民的解放，中华民族的振兴，青年自己的人生理想，必须依靠自己的英勇奋斗去实现。从人的成长发展规律来看，高校是培养青年学生奋斗精神的重要高地。高校思政课教师要在培养青年学生奋斗精神中发声亮剑，不断激励增强青年学生砥砺奋斗的坚定性和自觉性。要深入开展学习党史和新中国史教育，让青年学生了解我们党带领人民进行艰苦卓绝斗争的奋斗历程和辉煌成就，从历史叙事中探寻奋斗足迹、感悟艰苦奋斗精神，让青年学生明白，无论任何时候奋斗精神都不能丢。要深挖红色文化资源，依托地方红色文化和爱国主义教育基地、革命博物馆等社会资源，讲述老一辈无产阶级革命家、革命先烈和先进典型的光辉历史和英勇事迹，用他们艰苦奋斗、无私奉献的崇高品格感召激励青年学生。要深入开展形势政策教育，开展时代使命和责任意识教育，教育引导青年学生懂得，幸福不会从天上掉下来，创造出彩的人生，必须树立高远志向，历练敢于担当、不懈奋斗的精神，具有勇于奋斗的精神状态，以永不懈怠的精神状态和一往无前的奋斗姿态，把中国特色社会主义伟大事业不断推向前进。

（四）思政课教师"发声亮剑"，对于青年学生练就过硬本领具有指导作用

青年兴则国家兴，青年强则国家强。青年一代有理想、有本领、有担

---

① 习近平. 论党的青年工作 [M]. 北京：中央文献出版社，2022：211.

当，国家就有前途，民族就有希望。社会主义建设者和接班人必须全面发展，既要政治过硬，又要本领高强。青年学生生逢伟大时代，伟大时代给了青年学生锤炼本领、施展才华的广阔舞台。青年时代是一个人人生中最美好的时光，是经风雨、壮筋骨、见世面、长才干的最好年纪。新时代的高校在中国最伟大的时代、青年最美好的时光承担立德树人的任务，使命光荣、责任重大。高校思政课教师要在青年学生练就过硬本领中发声亮剑，"该培土时要培土，该浇水时要浇水，该施肥时要施肥，该打药时要打药，该整枝时要整枝"，精心培育好每一株祖国的"幼苗"，为青年学生成为栋梁之材架桥铺路。要指导青年学生学习知识，增长见识，珍惜学习时光，心无旁骛求知问学、求学问道，既要读好有字之书，也要读好社会无字之书，既能格物致知掌握自然科学规律，又能经世济民通晓人类社会发展规律。要指导青年学生胸怀天下，既立足中华民族伟大复兴战略全局，肩负起建设祖国使命，又放眼百年未有之大变局，关注世界形势及其发展变化，承担起为世界谋大同、为人类谋进步的光荣责任。要指导青年学生增强综合能力，帮助他们学会自我管理、学会同他人合作、学会过集体生活。要指导青年学生培养创新思维，营造"处处是创造之地，天天是创造之时，人人是创造之人"的良好氛围，鼓励青年学生善于奇思妙想并努力实践。要指导青年学生加强体育锻炼，倡导"文明其精神，野蛮其体魄"，帮助青年学生在体育锻炼中享受乐趣、增强体质、健全人格、锤炼意志。要指导青年学生提高审美情趣和人文素养，坚持以美育人、以文化人。要指导青年学生树立劳动最光荣、劳动最崇高、劳动最伟大、劳动最美丽的意识，崇尚劳动、尊重劳动、参加劳动，自觉弘扬和传承劳模精神和工匠精神，做社会主义劳动者。

（五）思政课教师"发声亮剑"，对于青年学生砥砺道德品行具有示范作用

人无德不立，品德是人生之本。青年学生道德教育为大学生步入社会奠定了良好的职业道德基础，它关系着青年学生的人生坐标定位，更关系到民族的命运，中国特色社会主义事业的发展。党的十八大以来，以习近

<<< 第二章 高校思政课教师"发声亮剑"的时代意义

平同志为核心的党中央十分重视高校思想政治工作,采取各种措施推进高校思想政治工作的改革创新。特别是习近平总书记2016年12月7日在全国高校思想政治工作会议的讲话中指出:"思想政治工作从根本上说是做人的工作,必须围绕学生、关照学生、服务学生,不断提高学生的思想水平、政治觉悟、道德品质、文化素养,让学生成为德才兼备、全面发展的人才。"[①] 习近平总书记尤其注重"德"在学生综合素质中的地位,将道德品质作为学生成才发展的基础和内容。然而,大量实证研究结果表明,当代青年学生在砥砺道德品行方面还存在一些问题,近年来,围绕大学生诚信缺乏、责任感不足、团队意识不够、法律意识淡薄等问题,"道德缺陷""道德败坏""价值扭曲""崇洋媚外"等词语经常出现在各类媒体中,这些问题的存在很大程度上对于大学生道德品质的形成与发展造成不良影响。道德教育是高校落实立德树人根本任务的一个重要环节。涵养青年学生道德品行,提高青年学生道德能力,是高校思政课义不容辞的责任。桃李不言,下自成蹊。高校思政课教师在青年学生道德养成中具有榜样示范作用。面对青年学生道德失准、行为失范的现象"发声亮剑",是思政课教师的本职。要教育引导青年把正确的道德认知、自觉的道德养成、积极的道德实践紧密结合起来,不断修身立德,打牢道德根基,在人生道路上走得更正、走得更远。要加强社会主义核心价值观教育,发挥榜样示范力量,引导青年学生从中华民族传统美德中汲取道德滋养,从英雄人物和时代楷模的身上感受道德风范,从自身内省中提升道德修为。要加强公民道德教育,引导青年学生明大德、守公德、严私德,引导青年学生遵守爱国守法、明礼诚信、团结友善、勤俭自强、敬业奉献的基本道德规范,遵守文明礼貌、助人为乐、爱护公物、保护环境、遵纪守法为主要内容的社会公德,自觉抵制拜金主义、享乐主义、极端个人主义、历史虚无主义等错误思想,努力做"一个高尚的人,一个纯粹的人,一个有道德的人,一个脱离了低级趣味的人,一个有益于人民的人"[②]。

---

① 习近平. 习近平谈治国理政:第2卷[M]. 北京:外文出版社,2017:377.
② 毛泽东选集:第2卷[M]. 北京:人民出版社,1991:660.

第三章

高校思政课教师"发声亮剑"的基本要求

马克思主义是对自然、社会和人类思维发展规律和本质的正确反映，是立党立国的根本指导思想，坚持马克思主义在意识形态领域指导地位的根本制度是历史的结论和现实的必然。高校是各种思潮交锋的前沿阵地和意识形态斗争的主战场。思想政治教育的本质是社会主导意识形态的灌输和教化。① 高校思政课肩负着巩固马克思主义在我国意识形态领域的指导地位和夯实共同思想基础的使命任务，是一门具有鲜明意识形态属性的课程。思政课教师是思政课教学的主导者、实施者、组织者，是讲好思政课的关键，积极"发声亮剑"是高校思政课教师的职责和使命，"发声亮剑"能力是高校思政课教师的核心能力。思政课教师在教学过程中要想理直气壮地讲好思政课，既要有科学分析各种思潮本质的本领，也要有讲清楚正确思想的能力，还要有直面错误思潮敢于亮剑的勇气，方可提升思政课教学的亲和力、针对性和实效性。高校思政课教师应以"立德树人"为根本要求，强调"发声亮剑"的人民立场，坚持以社会主义核心价值观为导向，以网络新媒体为主战场，以批判错误思潮和错误观点为重点任务。高校思政课教师应成为"发声亮剑"的行家里手，努力使高校成为守护马克思主义、中国特色社会主义的前沿阵地。

一、高校思政课教师"发声亮剑"的角色定位

高校思政课教师应充分发挥理论优势、角色优势和职业优势，努力成

---

① 陈万柏，张耀灿. 思想政治教育学原理[M]. 北京：高等教育出版社，2015：53.

为广大网民特别是青年大学生答疑解惑的心灵导师，成为具有扎实专业知识和网络知识的网络舆论引导者，成为马克思主义真理学说的捍卫者、错误思潮的批判者。

（一）传道授业解惑者

"师者，所以传道授业解惑也。"（韩愈《师说》）古往今来，教师都是学生前行的引导人、栽培者。高校思政课是落实立德树人根本任务的关键课程，思政课教师"发声亮剑"的首要角色定位就是要成为传道授业解惑者。高校思政课教师"发声亮剑"的第一责任是"传道"。高校思政课教师"发声亮剑"首先就是要理直气壮讲好思政课，用习近平新时代中国特色社会主义思想铸魂育人，引导学生坚定"四个自信"，帮助学生在科学的方向指引下实现人生价值。高校思政课教师在"发声亮剑"中"授业"。"发声亮剑"是教书和育人的统一、言传和身教的统一、潜心问道和关注社会的统一、学术自由和学术规范的统一。思政课教师在"发声亮剑"中自觉发挥积极性、主动性、创造性，用真理的力量感召学生，以深厚的理论功底赢得学生。高校思政课教师"发声亮剑"对学生而言就是"解惑"的过程。做好一名思政课教师，就是要善于解疑释惑。社会生活和意识形态的复杂性，决定了思政课授课的难度。思政课堂不是单方面进行观点灌输，而是与学生双向互动，在引导学生关注当下社会思潮的同时启示学生深入思考。高校思政课教师不仅要解答课本上的疑问，还要着眼形势、关注现实，析事明理，帮助学生解决现实中遇到的问题，划清是非界限、澄清模糊认识，在"发声亮剑"中让答疑解惑触及学生灵魂，使学生真正将思想政治教育所带来的影响内化于心、外化于行，让学生终生受用不尽。

思政课教师"发声亮剑"要达到传道授业解惑的效果，成为一名优秀的传道授业解惑者，需要积极讲述好中国故事、传播好中国声音。从传播规律看，故事最有吸引力，讲好故事事半功倍。讲故事就是讲事实、讲形象、讲情感、讲道理，讲事实能说服人，讲形象能打动人，讲情感能感染人，讲道理能影响人。通过清新朴实的语言、优美生动的文字，深入浅出的内容，让道理明白易懂，从而达到释疑解惑的目标。思政课教师"发声亮剑"，就是要讲清楚中国共产党为什么"能"、马克思主义为什么"行"、中国特色社会主义为什么"好"，回答好世界的"中国之问"。通过"发声亮剑"回应了世界的置疑，也回答了学生的疑问，在"发声亮剑"中深刻揭示中国理念、中国精神、中国力量，从而坚定学生的"四个自信"。

（二）网络舆论引导者

在网络时代，高校思政课教师就是要通过"发声亮剑"，使自己成为网络舆论的引导者。舆论是情绪的抒发和态度的表达，是社会群体性思维的集中迸发，是考验社会治理、影响社会稳定的重要因素。当前西方国家，虽有人主张政府不应该干预网络舆论，但在实践中没有哪个国家的政府真正放弃了网络舆论的管理，不同的只是在管理方式上，或是更直接的管理，或是更间接的管理。为了维护资本主义意识形态，西方也重视网络发声，重视培养网络舆论中的"意见领袖"，重视培养网络舆论"名主持人"和"名评论员"，通过网络评论来引导网友讨论，说服网友，从而起到引导网络舆论的作用。网络以其特有的主体模糊化、渠道多元化、速度快捷化，已成为舆论场的重要发展方向和主要战斗阵地。网络舆论具有"快""多""隐"的特性，不加以引导必然导致舆论混乱和主导权的丧失。网络舆论的发展遵循著名的"沉默的螺旋"效应，即当受众个体在发表意见时感觉自己的主张处于劣势，就会变得沉默。在这种舆论环境中，通过高校思政课教师带头"发声亮剑"，可以带动广大党员群众及时发声，表达站位，避免沉默。高校思政课教师"发声亮剑"，能够有效构建用于展现社会主义主流意识形态的编码方式、解释框架以及传播模式，发挥主流意识形态网络话语对公众网络生活的正向引领作用。

在中华民族伟大复兴道路上，"发声亮剑"可以说是一项具有全局性、战略性的工作。在国内舆论与国际舆论相互交织、国内事件对外"溢出效应"和国外事件对内"刺激效应"相互叠加的新形势下，高校思政课教师发挥自己的优势和特长，积极"发声亮剑"有助于塑造国家良好形象、维护国家根本利益。高校思政课教师"发声亮剑",必须坚持国家站位、全球视野,把握国内国际两个大势,统筹国内国际两个舆论场,紧紧围绕国家重大战略和国际社会关系,谋划好、设置好网络议题。通过生动鲜活、富有感染力、说服力的中国故事吸引国际社会关注,影响国际舆论走向,为党和国家工作大局营造良好的外部舆论环境。习近平总书记指出:"要提高我国参与全球治理的能力,着力增强规则制定能力、议程设置能力、舆论宣传能力、统筹协调能力。"[①] 网络舆论控制的主要焦点不再是"谁来说",而是"说什么"。高校思政课教师通过"发声亮剑",做好网络舆论引导,主要是要加强对社会主义核心价值观、中华优秀传统文化、社会主义先进文化、爱国主义教育等内容的宣传和引导。高校思政课教师通过"发声亮剑",宣传介绍中国道路、理论、制度、文化的科学内涵和鲜明特色,引导国际社会和本国人民更加客观全面地认识和理解当代中国,有助于党和政府牢牢掌握中国发展进步的阐释权。加强"发声亮剑"的话语体系建设,着力打造融通中外的新概念新范畴新表述,讲好中国故事,传播好中国声音,增强网络话语权。

(三)错误思潮批判者

高校思政课教师"发声亮剑"的重要任务就是要批判各种错误思潮,与各种不法言论做斗争。当今世界正经历百年未有之大变局,面对错综复杂的国际形势,要充分认识对外舆论斗争的长期性、复杂性、艰巨性。西方资本主义国家一直图谋和平演变中国,培植代言人进行网络发声和攻击是其惯用伎俩。美国已将网络意识形态上的争夺上升到网络战的高度,美国学者保罗·沙克瑞恩等人所著的《网络战:信息空间攻防历史、案例与未来》一书对此有详尽的描述。针对"中国威胁论""中国崩溃论"等错误言论,思政课教师可通过各种途径、采用多种方式,旗帜鲜明地发出中国声音,有力有效开展对外舆论斗争。近年来,西方宪政民主、"普世价值"、新自由主义、公民社会、西方新闻观、历史虚无主义等错误思潮,

---

[①] 习近平. 习近平谈治国理政:第2卷[M]. 北京:外文出版社,2017:450.

颠倒黑白，混淆视听，在社会上产生了不良影响。高校思政课教师可通过"发声亮剑"，深入剖析和揭露这些错误思潮的本质，还广大公众以真相。对那些恶意攻击、造谣生事的错误言论，思政课教师有责任以鲜明的态度主动发声，帮助广大群众特别是青年大学生划清是非界限、澄清模糊认识。在意识形态领域，高校思政课教师应当带头与不良言论做斗争，敢于亮剑，敢于担当，冲锋在前。

高校思政课教师通过"发声亮剑"，在批判错误思潮中维护国家形象。国家形象由历史和现实诸多因素构成，是国家综合国力的重要体现。落后就要挨打，贫穷就要挨饿，失语就要挨骂。当前，中国的国家形象很大程度上仍是"他塑"而非"自塑"，西方舆论从来没有停止妖魔化中国的步伐。在一些热点问题上，别人乱说了一通，如果不及时加以澄清和纠正，在国际舆论格局中"无语""失语"，就会以讹传讹，影响我国形象和利益。对形形色色的负面议题，要增强政治敏锐性、政治鉴别力和政治定力，在深入分析研究的基础上搞清源头本质，找出破绽软肋，站在维护国家核心利益的高度，积极开展正面交锋，讲清事实真相，将之消解于无形。对不时出现的妖魔化、污名化中国和中国人民的言论，要及时进行揭露和驳斥，消减舆论负能量。广大思政课教师就是要敢于发声、善于发声，主动阐明我国政策立场主张，及时澄清模糊认识，有力驳斥错误论调，抢占道义与舆论制高点，增进国际社会对中国的正确认知。高校思政课教师通过"发声亮剑"，驳斥西方舆论的虚假宣传，展示好中国形象，使中国形象更加具体更加闪亮。

二、高校思政课教师"发声亮剑"的基本原则

高校思政课教师"发声亮剑"必须坚守法律底线，自觉遵守法律法规，时刻维护国家利益和国家形象，维护公共利益和他人合法权益，自觉履行社会责任，弘扬中国精神和主流价值，努力实现立德树人的崇高使命。

（一）维护国家利益原则

高校思政课教师"发声亮剑"必须坚守人民立场，维护国家利益和国

家形象。思政课教师面对敌对势力的攻击抹黑要旗帜鲜明、敢于亮剑,积极争取掌握国际话语权,研究部署有效的反制措施,回击各种反华论调,有力维护国家形象。西方敌对势力一直把我国发展壮大视为对西方价值观和制度模式的威胁,一刻也没有放弃对我国进行意识形态攻击和渗透。"灭人之国,必先去其史。"(龚自珍《定庵续集》卷二《古史钩沉二》)当前中华民族正前所未有地接近伟大复兴的目标,越是接近世界舞台的中央,斗争也更加激烈,意识形态工作面临的环境也更趋复杂。历史和现实一再说明,思想舆论阵地一旦被突破,其他防线就很难守住。对于网络上颠覆国家政权,危害国家统一、主权和领土完整,危害国家安全,泄露国家秘密,损害国家尊严、荣誉和利益的言论,高校思政课教师要敢于"发声亮剑",坚决维护国家主权、安全和发展利益,做到"守土有责、守土负责、守土尽责"[1]。努力构建融通中外的"发声亮剑"话语体系,坚持国家站位,坚持用中国理论阐释中国实践、观察国际问题,努力在国际舆论场形成中国表达、中国修辞、中国语意。

(二)倡导主流价值原则

高校思政课教师"发声亮剑"要时刻牢记倡导主流价值,做到"立"和"破"结合,以"立"为基础。高校思政课教师"发声亮剑"要坚持党性和人民性的有机统一,始终坚持党性原则,把党性原则贯穿于"发声亮剑"工作的全过程,提升主流意识形态对网络社会的合理阐释能力,对网络社会条件下产生的困惑和问题提出解决方案,满足民众对于网络时代人性关怀、价值认知和人生发展的需要,增强民众特别是青年大学生对网络意识形态建设成果的获得感。高校思政课教师"发声亮剑"要重点讲好中国共产党治国理政的故事,生动宣介中国人民依靠勤劳、勇敢、智慧、团结开创了中国式现代化道路,创造了人类文明新形态。通过在课内课外各种场合"发声亮剑",讲清楚每个国家和民族的历史传统、文化积淀、基本国情不同,其发展道路必然有自己的特色。讲清楚中国独特的文化传

---

[1] 中共中央文献研究室. 习近平关于社会主义文化建设论述摘编[M]. 北京:中央文献出版社,2017:55.

统、独特的历史命运、独特的基本国情，决定了中国必然要走适合自己特点的发展道路。坚持健康的格调品位，自觉摈弃低俗、庸俗、媚俗等低级趣味，自觉反对流量至上、畸形审美、"饭圈"乱象、拜金主义等不良现象，自觉抵制违反法律法规、有损网络文明、有悖网络道德、有害网络和谐的行为。

（三）服务立德树人原则

立德树人是高校思政课教师的根本使命，高校思政课教师做好"发声亮剑"工作最根本的目的是要服务于学生的成长成才。高校思政课教师与其他宣传工作队伍相比，教师是第一身份，育人是第一职责。思政课是落实立德树人根本任务的关键课程，思政课作用不可替代，思政课教师队伍责任重大。"亲其师"才能"信其道"，"立德"方能"树人"。由于思政课育人的复杂性，高校思政课教师要做好立德树人工作，必须带头"发声亮剑"，必须带头亮明立场，必须带头与错误思潮和错误言论做斗争。高校思政课教师如果只说不做，只讲理论知识，不带头社会实践，就难以真正说服学生、引导学生。打铁必须自身硬，绣花要得手绵巧。高校思政课教师开展"发声亮剑"工作，应不断提高授业的本领，给学生展现良师的形象，努力以高尚的人格赢得学生敬仰，以模范的言行举止为学生树立榜样，把真善美的种子播进学生心里。高校思政课教师"发声亮剑"，最根本的是要全面贯彻党的教育方针，开展马克思主义理论教育，用习近平新时代中国特色社会主义思想铸魂育人，引导学生坚定"四个自信"。高校思政课教师"发声亮剑"的本质还是讲道理，运用适当的方式方法，把道理讲深、讲透、讲活，达到沟通心灵、启智润心、激扬斗志的目的，不断提高学生思想水平、政治觉悟、道德品质、文化素养，让学生成为社会主义核心价值观的坚定信仰者、积极传播者、模范践行者。

（四）坚守法律底线原则

高校思政课教师"发声亮剑"应以事实为依据，以法律为准绳，坚守法律底线。网络不是法外之地，营造网络空间的清朗环境，是保障公民、法人和其他组织的合法权益,维护国家安全和公共利益的重要举措。思政课教师"发声亮剑"时要做到模范遵守国家法律法规,不通过网络发布、传播虚假信息,应当尊重公民和法人的名誉权、荣誉权,尊重个人隐私权、肖像权,尊重和保护未成年人、老年人、残疾人的合法权益。高校思政课教师"发声亮剑"时不得宣扬宗教极端主义、邪教等内容,不得恶搞、歪曲、丑化、亵渎、否定英雄烈士和模范人物的事迹和精神,不得宣扬基于种族、国籍、地域、性别、职业、身心缺陷等理由的歧视,不得宣扬违背社会主义核心价值观、违反公序良俗的内容。思政课教师要守住法律底线,约束个人行为,不信谣、不传谣,并以自己的知识优势和社会责任努力阻断网络谣言。高校思政课教师自身也需要提高信息甄别能力,重要信息要以官方发布的权威信息为准,未经证实的消息不转发、不扩散,拒绝网络暴力和人肉搜索,尊重他人隐私,不越法律红线。

三、高校思政课教师"发声亮剑"的实践要求

高校思政课教师欲达到"发声亮剑"之目的,需要高度重视"发声亮剑"的实践要求,创新"发声亮剑"的方式方法,最大可能地提升"发声亮剑"的实际效果。

(一)引领性

高校思政课教师"发声亮剑"要具有引领性。正向舆论能够对社会发展起到推动和促进作用,而负向舆论则对社会发展起到破坏和阻滞作用。"好的舆论可能成为发展的'推进器'、民意的'晴雨表'、社会的'黏合剂'、道德的'风向标',不好的舆论可以成为民众的'迷魂汤'、社会的'分离器'、杀人的'软刀子'、动乱的'催化剂'。"[1] 高校思政课教师"发声亮剑"要有助于舆论的正确引导,要牢牢地把握正确的政治导向,坚持正面、积极的引导。如果大的方向错了,那么舆论引导也就起不到正面的作用。高校思政课教师在发表言论时,要坚定不移地贯彻党的基本理

---

[1] 中共中央文献研究室. 习近平关于社会主义文化建设论述摘编[M]. 北京:中央文献出版社,2017:38.

论、基本路线、基本方针，认真宣传党的路线、方针、政策，自觉地在思想上、政治上、行动上同党中央保持高度一致。高校思政课教师特别需要增强政治敏锐性和政治鉴别力，增强责任感、使命感、时代感、紧迫感，增强忧患意识、阵地意识、创新意识、表率意识。高校思政课教师"发声亮剑"要从大局出发，为大局服务。通过讲好中国共产党治国理政的故事，引领国际社会和国内人民认同中国道路和中国制度。弘扬全人类共同价值，讲清楚中国梦是和平、发展、合作、共赢的梦，实现中国梦的过程将为世界各国发展注入更多活力，引领国际社会和国内人民共建人类命运共同体。讲清楚中国文化"和而不同"的特质，倡导"各美其美，美人之美，美美与共，天下大同"，引领国际社会和国内人民求同存异、相互尊重。讲清楚中国发展方案，将中国的实践和中国人民先进的、充满民族文化特色的生活状态宣讲出去，提升世界各国对中国的兴趣，引导世界各国人民真实地了解中国、认同中国、喜欢中国。

（二）针对性

高校思政课教师"发声亮剑"要做到针对性。"对症下药"才能"药到病除"，坚持"发声亮剑"的针对性就是强调要"有的放矢"、直击要害。"一个道理能深入浅出阐释清楚，走到哪里能很快同群众打成一片，讲的话群众喜欢听，写的文章群众喜欢看，这样才主动，才能得心应手。"[①] 对于削弱、歪曲、否定中国共产党的领导、社会主义制度和改革开放的言论，广大思政课教师要做到旗帜鲜明地摆事实、讲道理，坚定青年学生的道路自信、理论自信和制度自信。对于诋毁中华优秀传统文化、革命文化、社会主义先进文化，煽动民族仇恨、民族歧视，歪曲民族历史或者民族历史人物，伤害民族感情、破坏民族团结，或者侵害民族风俗、习惯的言论，广大思政课教师要有针对性地回击，讲清楚历史虚无主义的危害和险恶用心，坚定青年学生的文化自信。"如果有人以所谓'学术自由'

[①] 中共中央文献研究室. 习近平关于社会主义文化建设论述摘编[M]. 北京：中央文献出版社，2017：32.

为名诋毁马克思主义、否定马克思主义指导地位,那就应该旗帜鲜明予以抵制。"① 注重用事实、数据和案例讲思政课,用小切口折射大图景、用小故事反映大道理。坚持用事实说话,大大方方讲成绩,从容不迫谈问题,敢于直面敏感问题;坚持平等交流,以理服人、以诚待人,在互动交流中实现育人效果的最大化。

(三) 及时性

高校思政课教师"发声亮剑"要做到及时性。网络时代舆论"发酵"快,热点转换频繁,高校思政课教师"发声亮剑"也要具备"快"的能力。"不管是主题宣传、典型宣传、成就宣传,还是突发事件报道、热点引导、舆论监督,都要从时度效着力、体现时度效要求。"② 在自媒体不断壮大的语境下,及时发声往往意味着先机和主动。要及时发现舆论问题,做到迅速反应,要在第一时间把握回应网络舆论的最佳时机。应对舆论危机最大的两个弊端就是滞后和被动。当一件重大的事情发生,无论其是正面的还是负面的,宣传工作者都需要及时发声。一般评论者发言集中在某个事件发生后的半个小时到一个小时之间,在这个时间内应对处理是引导舆论的最佳时机。如果迟迟疑疑,欲说还休,就可能错过最佳时间,使正面事件得不到充分宣传,使负面事件引来无数揣测。如果错过最佳时机,就算引导舆论的言行能被网民关注,但之前的言论内容已经被广泛接受,先入为主的观念很难改变。

(四) 准确性

高校思政课教师"发声亮剑"要保证准确性。恪守实事求是、公正客观的原则是保证准确性的前提。虽然中国在发展道路上取得的成就是巨大的,但面临的问题同样很多,有些问题甚至很严重。因此,高校思政课教

---

① 中共中央文献研究室. 习近平关于社会主义文化建设论述摘编[M]. 北京:中央文献出版社,2017:55.
② 中共中央文献研究室. 习近平关于社会主义文化建设论述摘编[M]. 北京:中央文献出版社,2017:46.

师"发声亮剑"时,既要讲成绩,也要谈问题。只谈成就,不谈问题,显然不能客观而真实地讲好中国故事。不回避问题是向外界表达党和政府敢于面对现实、敢于解决问题的决心。高校思政课教师要做到"发声亮剑"的准确性,首先是思路要清晰,具备丰富的词汇量,并注意词语的情感色彩,恰到好处地使用一些富有生命力的文言词语。其次坚持平实平和、理性发声,注重场合感和分寸感,不说过头话,避免高调张扬,既不夸大,也不回避;既讲我们取得的巨大成就,又讲我们需要解决的困难和问题,引导国际社会和国内民众特别是青年大学生全面客观看待我国发展阶段,理性对待我国发展成就。

(五)斗争性

高校思政课教师"发声亮剑"要具有斗争性。"宣传思想战线的同志要履行好自己的神圣职责和光荣使命,以战斗的姿态、战士的担当,积极投身宣传思想领域斗争一线。"[①] 历史经验表明,对外"发声亮剑"不可避免有斗争,面对敌对势力的攻击抹黑,要旗帜鲜明、敢于亮剑。对于境外媒体的负面报道、别有用心者的攻击污蔑,既要针锋相对、据理力争,又要讲究策略,有理有利有节,有时也可不予理睬,做到"此时无声胜有声"。当突然有重大事件发生,这时候的"发声亮剑"必须主动,尤其是面对一些负面事件时,绝对不能等到被逼到墙角,才匆匆忙忙进行应对式的发声。面对问题不回避、不遮掩,发声实事求是、有理有据,这样做了就能树立权威、赢得主动。高校思政课教师"发声亮剑",要把握好斗争的"时",无论是社会热点应对还是突发敏感事件处置,都要强化时效意识,第一时间发布权威信息,抢占舆论引导先机,争取先入为主、先声夺人。高校思政课教师"发声亮剑",要把握好斗争的"度",就是要把握分寸、掌握火候,根据不同情况恰如其分地掌控引导的密度、强度。高校思政课教师"发声亮剑",要把握好斗争的"效",就是要以效果为导向,遵循发声规律,讲究发声艺术,把想说的与受众想听的结合起来,把原则性

[①] 中共中央文献研究室. 习近平关于社会主义文化建设论述摘编[M]. 北京:中央文献出版社,2017:45.

与灵活性结合起来，使"发声亮剑"更加鲜活生动，更富有吸引力、感染力。把握好"时""度""效"，才能保证思政课教师"发声亮剑"斗争的成效，确保达到思政课教师"发声亮剑"的目的。

（六）艺术性

高校思政课教师"发声亮剑"要注意艺术性。"发声亮剑"是有受众的，既然是说给别人听的，那就得让别人乐意听，还要听得进去。该坚持原则的，应寸步不让；该讲究灵活的，倡导"艺术"性表达。思政课教师"发声亮剑"如果是板着面孔的说教，如果是不接地气地讲大道理，如果是死板的、一成不变的，那可想而知观众和听众是什么感受，"发声亮剑"的效果自然不会好到哪里去。"发声亮剑"要注意艺术性就是要尽量使传递的声音具有相应的鲜活灵动性，要让敌对势力感受到威慑力，甚至闻之胆寒，更要说老百姓听得懂也爱听的话，要用老百姓喜闻乐见的方式和方法，这样的发声内容才能落到受众的心坎里，才能在"大珠小珠落玉盘"之后，还能"余音绕梁三日不绝"。习近平总书记指出："精心做好对外宣传工作，创新对外宣传方式，着力打造融通中外的新概念、新范畴、新表述，讲好中国故事，传播好中国声音。"[1] 讲故事就是一种很有艺术性的"发声亮剑"方式。当然，"讲故事"不是编造故事，不是文学创作，而是讲述真实的事，让事和理真正水乳交融。高校思政课教师"发声亮剑"要讲究舆论斗争的策略和艺术，积极争取话语权，提升重大问题对外发声的能力。高校思政课教师"发声亮剑"须坚持"内容为王"，加强信息内容供给侧改革，使发声内容更具吸引力，接本土"地气"，聚当地"人气"。高校思政课教师"发声亮剑"、引导网络舆论的言论要接地气，宜选用最容易被广大网民接受的语言，切忌生硬晦涩，亲民易懂的语言才最容易为广大网民接受。加强国别传播研究，深入外国受众的文化语境，了解他们的价值理念、思维方式、话语风格，采取有针对性、差异化、个性化的传播策略，把工作做深做细做实。

---

[1] 习近平. 习近平谈治国理政[M]. 北京：外文出版社，2014：156.

第四章

高校思政课教师"发声亮剑"能力的构成要素

面对不良社会思潮与错误价值观念对大学生的影响、对社会舆论生态的冲击，高校思政课教师有责任、有义务同它们做斗争。办好办优高校思政课，离不开一支业务本领精湛、育人能力高超、政治素养过硬的教师队伍。高校思政课教师承担着立德树人的时代重任，是对大学生开展思想政治教育的骨干力量。"敢于发声、积极亮剑"，是时代给高校思政课教师提出的新要求，也是每一位合格的高校思政课教师必须具备的基本素质。

一、高校思政课教师"发声亮剑"能力的功能定位

习近平总书记曾对思政课教师做出具体要求，他指出：思政课教师"政治要强、情怀要深、思维要新、视野要广、自律要严、人格要正"①。思政课具有鲜明的政治属性。这要求，高校思政课教师既要具备学科的专业素养，又要承担价值培育、方向指引的重要责任。"发声亮剑"能力是高校思政课教师专业素养与政治使命的综合体现，是自媒体时代高校思政课教师的核心能力。全面认识和深度把握高校思政课教师"发声亮剑"能力的功能定位，是提升高校思政课教师"发声亮剑"能力的应有之义。

（一）政治引导是基础

理想信念是精神之钙，政治方向是立身之本。理想信念教育、政治方

---

① 习近平. 习近平谈治国理政：第3卷[M]. 北京：外文出版社，2020：330.

向引导始终是思想政治教育的基础性问题。坚定的理想信念、正确的政治方向不是与生俱来的,不是自然形成的,需要教育者对受教育者施加系统、全面、科学的政治引导。如何开展行之有效、正确合理的政治引导,培养造就可堪大用的社会主义人才,是时代提出的问题。高校思政课教师是回答这一问题的关键角色。作为价值传递、思想传播的重要力量,高校思政课教师培养"发声亮剑"能力,最基础的功能定位在于开展正确的政治引导、进行合理的价值引领。

高校思政课教师"发声亮剑"能力的政治引导功能,是由"培养什么样的人"这一问题决定的。"培养什么样的人"是高等教育的首要问题,也是高校思政课教师提升"发声亮剑"能力的出发点和落脚点。高校必须始终坚持党的教育方针和教育目标,培养德智体美劳全面发展的社会主义建设者和接班人,助推实现中华民族伟大复兴的中国梦。思政课是开展社会主义意识形态教育和宣传的主阵地,具有明显的政治属性和政治色彩。思政课除了具有基本的教育功能外,还体现了高等教育的根本方向和根本目标。习近平总书记指出:"政治引导是思政课的基本功能。"[1] 思政课是高校落实立德树人根本任务的关键课程,办好思政课的关键在于教师。高校思政课教师是高校思政课堂上的主导者,肩负着为学生群体筑梦引路、培根铸魂的重要职责。作为教育主体,高校思政课教师首先要解决好学生群体的理想信念、政治方向问题。大学生正处于"拔节育穗"的关键时期,应形成怎么样的价值观念、理想信念?是以党的旗帜为旗帜、以党的方向为方向,还是受到不良社会思潮所蛊惑而"误入歧途"?这对于国家和社会的发展来讲至关重要。

高校思政课教师"发声亮剑"能力的政治引导功能,是由我国社会主义办学方向决定的。习近平总书记指出:"我们的高校是党领导下的高校,是中国特色社会主义高校。办好我们的高校,必须坚持以马克思主义为指导,全面贯彻党的教育方针。要坚持不懈传播马克思主义科学理论,抓好

---

[1] 习近平. 思政课是落实立德树人根本任务的关键课程[M]. 北京:人民出版社,2020:17.

马克思主义理论教育，为学生一生成长奠定科学的思想基础。"[①] 我国高校是"党领导下的"，是"中国特色社会主义"的，这决定了高校思政课必须坚持正确的政治方向，也指明了思政课教师必须努力的方向。我们党始终强调，中国特色社会主义是社会主义，而不是别的什么主义，我国是由中国共产党领导的社会主义国家。这就为我国高校的未来发展指明了方向，即高校要培养出一代又一代拥护中国共产党领导和中国特色社会主义制度的，立志为中国特色社会主义事业奋斗终身的有用人才。从这个层面上讲，高校思政课教师必须充分发挥政治引导的功能，引导学生坚定对马克思主义、社会主义、共产主义的信仰，对中国共产党、中国特色社会主义的信心，在政治引导中激发学生的社会责任心和使命感，引导学生砥砺奋进、奋发有为，为实现中华民族伟大复兴的中国梦贡献力量。

正确的政治意识、理想信念不是从天上掉下来的，也不是随随便便就能获得的，在青年成长过程中必然需要施加一定的政治引导。能否发挥好政治引导的功能、引导高校学生认同社会主义意识形态，重点在于高校思政课教师"发声亮剑"的能力强不强。高校思政课教师"发声亮剑"的能力是以马克思主义科学理论铸就而成的。扎实的理论功底、高度的政治觉悟、坚定的政治信仰是高校思政课教师的"看家本领"，也是上好思政课的"制胜法宝"。马克思主义是焕发科学光芒、绽放真理魅力、彰显实践伟力的理论体系，高校思政课教师可以通过思政课堂将马克思主义科学理论体系与正确的政治方向渗透到学生的思想意识中。而政治引导的效果好不好则很大程度上取决于高校思政课教师有没有把马克思主义理论讲清、讲透，使学生充分认识到马克思主义的科学价值、充分认识到中国特色社会主义的科学性和正确性，否则就可能会"以其昏昏"，而非"使其昭昭"。高校思政课教师在思政课堂传递给学生正确的政治立场、政治观点，学生就会在耳濡目染中逐渐提高对社会主义意识形态的认同度，成长为坚定的社会主义建设者和接班人。

当然，一名合格的高校思政课教师，心中装的必然不只是思政小课

---

① 习近平. 习近平谈治国理政：第 2 卷 [M]. 北京：外文出版社, 2017：377.

堂，也有社会大课堂。高校思政课教师政治引导的功能定位不仅局限于高校学生群体，其所承担的教育对象也有社会大众。高校思政课教师既要做大学生思想上的引路人，也要做心怀社会、心系人民的传道者。

(二) 价值塑造是关键

价值塑造，说到底就是对价值观的塑造。价值观对个体的行为起着规范和导向的作用，是个体基于思维感官做出的认知、判断、理解或抉择。也就是说，价值观是个体对待事物、判断是非时采用的价值倾向与思维取向，具有稳定性、持久性等特点。2021年，中共中央办公厅印发《关于加强新时代马克思主义学院建设的意见》，这对推进高校马克思主义学院发展，完善马克思主义理论学科建设具有全面指导的重要意义。其中特别强调要"大力推进思想政治理论课改革创新，在政治引导、学理阐释和价值塑造上下功夫，提升教学实效"。可见，价值塑造不仅是衡量高校思政课实效性的重要标准，也是高校思政课教师应该充分关注的发力点。

"才者，德之资也；德者，才之帅也。"（《资治通鉴》）在中国传统文化中，增长才能和修养德行合为一体、密不可分。教育从来都不是纯粹的知识传授，只有知识传授的教育注定会是失败的教育，德行上的缺陷，某种程度上也可以说是教育上的缺陷。教育，始终是一个包含着道德教化、价值塑造的过程。如果一个人拥有很多的知识，却没有正确的价值取向，那么这个人的行为在很大程度上就会出现问题。拥有科学知识并不能保证行为的正确，由于价值取向出了问题，而行为受控于价值观，所以行为也会出问题。高校思政课教师不能以所谓的"价值中立"为名，使教学工作脱离具体的、现实的价值准绳与价值导向，否则思政课教学不仅会成为冷冰冰的理论说教，显得苍白无力，学生也会感到"价值迷茫""价值混乱"。高校思政课是落实立德树人根本任务的关键课程，高校思政课教师是这一课程的主导者，需要传递知识时传播价值，传递真理时传播思想，"坚持价值性和知识性相统一，寓价值观引导于知识传授之中"[1]，承

---

[1] 习近平. 习近平谈治国理政：第3卷［M］. 北京：外文出版社，2020：330-331.

担起塑造灵魂、塑造生命、塑造新人的重任。

　　社会心态是一定时期内社会成员呈现出的整体性的社会心理状态，是对个体或群体关系处理过程中表现出的情绪体验。在抗击新冠疫情期间，社会大众的生活、工作进入了一种非常状态，整个社会的思想状态发生了一些适应性变化，出现了多种情感、心态、思想等相互交织、相互激荡的新态势。一些错误社会思潮趁此特殊时期，夸大、渲染部分群体的负面情绪，并借助新型媒介技术以文字、音频、视频等形式大肆传播，一时间社会上尤其是网络空间中沉渣泛起，形成了一波波负面舆论恶浪。同时，西式怪论不绝于耳，境外敌对势力借新冠疫情之名频繁对我国发起舆论攻击，企图制造出"舆论疫情"，破坏社会心态，以达到诋毁、抹黑我国社会制度的目的。此时，如果不对舆论场域加以理性引导，任由不良舆论和错误言论恣意蔓延，那么社会大众的价值观念在很大程度上就会被这些不良社会舆论影响，甚至诱发情绪极化，暴发"舆论疫情"。高校思政课教师是社会上的特殊群体，面对重大疫情时期的意识形态风险，担负着促进社会大众，尤其是青年群体坚定政治信仰与政治立场、深化与创新社会思想理论、引领精神价值追求的思想政治教育责任。

　　价值塑造是一项抽象的，难以捉摸的思想工作，但又是每一个处在实际生活中的人需要考虑的现实问题。如果处理不好就很容易把"价值塑造"理解成为悬浮的概念，使价值塑造的工作难以有效开展。当前，虚拟空间和现实空间交织融合，网络发声门槛越来越低，一部手机就能洞察天下事。在这种情况下，西方意识形态、非主流意识形态等常常改头换面，变换渗透方式，掩饰渗透内容，使人越来越难以察觉。面对社会思想领域的复杂状态，面对斑驳陆离的舆情浪潮，社会大众尤其是涉世未深的青年群体，如果缺少有效的价值引导，就很容易会受错误社会思潮蛊惑，迷失方向。高校思政课教师"发声亮剑"就是要帮助社会大众，尤其是青年群体认清歪理邪说，揭露其混淆是非、颠倒黑白的迷惑性，驳斥其掩盖事实、歪曲真相的欺骗性，以科学的理论武器刺破非主流意识形态制造的各种骗局和伪装，揭露和驳斥西方意识形态的荒谬之处。在批判错误时，旗帜鲜明地坚持和弘扬社会主义核心价值观，传播社会主义意识形态，为社会大众提供精神指引，使正确、合理、科学的价值观成为社会大众思想和行动的鲜亮底色，让社会大众的价值取向、思想观念、道德理念紧紧联系在一起。

（三）真理传播是重任

自古以来，教师就被赋予了神圣的职责使命。在西方，古希腊时期出现的"智者派"是较早出现的教师，他们主要研究辩论术、文法、修辞学等，并把这些知识传授给他人，因而，教师也被认为是神的仆人。在中国，"教师"一词最早出现在《礼记·学记》中："教师者，所以学为君也。"人们普遍认为教师是真理的传授者、知识的传播者，有"传道授业解惑"的社会责任。回溯教师的发展历程，可以看出，不管是在西方还在东方，教师最基本的职能在于传授知识。因此，高校思政课教师在"发声亮剑"的过程中，既要批驳谬误、澄明错误，也要传播知识、传播真理，把其中的道理讲清楚、讲明白，把所运用的理论支撑讲透彻、讲深入。

高校思政课教师教育的对象是"人"，重点是"思"，方向是"政"。如何找准关键、把稳方向，关键在于是否推崇真理、坚持真理、运用真理。生生不息、富有活力的马克思主义真理有助于教育引导人民群众正确认知客观事物及其发展规律，如何在实践中传播、发展真理，将这一科学真理传递给广大人民群众，高校思政课教师肩负着重要任务。苏联著名教育学家苏霍姆林斯基认为，推崇真理的能力是点燃信仰的火花。高校思政课教师"发声亮剑"的过程是运用马克思主义的科学真理揭露、批驳、澄清错误的过程，从某种程度上讲，这个过程也是真理传播的过程。高校思政课教师既是知识的传授者，也是马克思主义理论的研究者，要在"发声亮剑"的实践中充分发挥能动作用，把前沿知识和研究成果传播给社会大众，以马克思主义点燃人民群众的精神信仰。

教育的本质不仅是传递知识，还在于对真理的感悟。对真理最大的尊敬就是遵循真理，就是把真理传播出去。高校思政课教师在"发声亮剑"过程中，重点任务是传播真理，具体来说就是要传播好马克思主义，传播好马克思主义中国化的理论成果。

"马克思的思想理论源于那个时代又超越了那个时代，既是那个时代精神的精华又是整个人类精神的精华。"① 马克思主义在实践中产生，又在实践中得到反复检验，是科学性、革命性、实践性、人民性、发展开放性的统一，是与时俱进、颠扑不破的伟大真理。在人类思想史上，就科学性、真理性、影响力、传播面而言，没有一种思想理论能达到马克思主义的高度，也没有一种学说能像马克思主义那样对世界产生了如此巨大的影响。马克思主义具有强大的真理威力和生命力，对人类认识世界、改造世界具有不可替代的指导作用。高校思政课教师是马克思主义的研究者，是马克思主义理论学科的骨干，承担着推动马克思主义大众化的重要使命。高校思政课教师要以透彻的学理分析回应错误、以彻底的科学理论说服大众、以磅礴的真理伟力引导人民，让马克思主义能够真正在人民群众中传播开来，让人民群众做到真学、真懂、真信、真用。

十月革命一声炮响，给中国送来了马克思列宁主义。在中国共产党的百年光辉历程中，在马克思主义与中国具体实际、与中华优秀传统文化相结合的过程中，相继创立了毛泽东思想、邓小平理论、"三个代表"重要思想、科学发展观、习近平新时代中国特色社会主义思想。实践已经雄辩地证明，历史和人民选择马克思主义是完全正确的，中国共产党始终把马克思主义写在自己的旗帜上是完全正确的。高校思政课教师要自觉学习马克思主义中国化的理论成果，在马克思主义立场、观点和方法下给学生讲清楚马克思主义中国化的理论成果，让学生在马克思主义的真理性力量中、道义价值高地上和党史百年辉煌历程里，真正领悟"马克思主义为什么行""中国共产党为什么能""中国特色社会主义为什么好"，从而坚定共产主义理想信念和听党话、跟党走的理论自觉与行动自觉。

中国革命的先驱者李大钊强调，"伟大的人生最高之理想，在求达于真理"②。高校思政课教师要在"发声亮剑"中把真理讲出来、把道理讲清楚、把内容讲明白，引导人民群众尤其是青年群体认识、学习、掌握真理。在传播真理的过程中，高校思政课教师需要注意以下几点。首先，传

---

① 十九大以来重大文献选选编：上 [M]. 北京：中央文献出版社，2019：423.
② 李大钊. 李大钊全集：第2卷 [M]. 北京：人民出版社，2013：148.

播真理不是空洞无物的理论说教，也不是坐而论道式的抽象演绎，必须与具体的、现实的、当下的实践相结合，与人民群众最关心、最直接的理论疑惑和实践难题相结合。只有如此，高校思政课教师才能领悟真理伟力，引导人民群众做科学真理的坚定信仰者、积极传播者、模范践行者。其次，传播真理要解决好内容与形式的关系。内容决定形式、形式反映内容，二者相辅相成，好的形式能让内容更易传播、理解、认同和接受。高校思政课教师要创新真理的话语解读方式，创新真理的传播形式，提升真理传播的亲和力和感染力，以百姓话语讲活、讲深、讲透马克思主义理论尤其是中国共产党的理论体系，达到启智润心、沟通心灵、激扬斗志的效果。

(四) 实践转化是目标

高校思政课教师"发声亮剑"的能力不能只是停留在认识层面、思维层面，实践性是高校思政课教师"发声亮剑"能力的显著特征。实践是认识的目的。高校思政课教师研究马克思主义，提高"发声亮剑"水平，需要高度重视实践性、体现实践性，把认知错误、洞察错误、驳斥错误作为目标和归宿。

高校思政课教师"发声亮剑"是一个系统完整的过程。"发声亮剑"能力是高校思政课教师意识形态能力更深层次的体现，其形成不仅仅是靠理论学习就可以达成的，而是一个从内到外、从理论到实践的转化、跃升过程。首先，"发声亮剑"能力的起始点是高校思政课教师具有坚定的马克思主义信仰，有了信仰上的坚定，才会有行动上的坚持。其次，"发声亮剑"不是瞎说、乱说，必须要有马克思主义这个"批判的武器"。最后，"发声亮剑"的目标归宿要求高校思政课教师把个人之小我置于意识形态斗争的最前沿，以"批判的武器"对错误思潮展开批判。在高校思政课教师"发声亮剑"的整个过程中，关键之处就在于把"发声亮剑"能力落实到实践之中，即高校思政课教师能把自己所掌握的理论知识充分调动起来并加以系统化、理论化，旗帜鲜明、立场坚定、毫不含糊地向错误社会思潮和不良社会现象作坚决的斗争。

"实践作为价值标准的现实表现,是唯一能够充分表现价值标准的形式。"① 高校不是"桃花源",思政讲台更应讲政治。但讲政治不能只是把理想藏在心中、把立场挂在嘴边、把信念写在纸上,更应该切切实实地体现在具体的实践中。从学科门类的角度来讲,高校思政课教师是马克思主义的研究者。但评判高校思政课教师是否认同马克思主义的观点,其价值标准是否遵循了马克思主义,仅仅站在学科归属的角度是很难进行的,而必须从实践出发进行考察,只有见诸行动的价值观念才能彰显说服力。价值观念、理想信念指引着高校思政课教师"发声亮剑"的方向,科学理论、伟大真理为高校思政课教师提供了"发声亮剑"的"工具",可如果只有方向、"工具",那"发声亮剑"就只是一句空话,是"镜中月、水中花、天上云",发挥不了多少实际效果。在价值观念、理想信念的指引下,高校思政课教师明白了为什么人要"发声亮剑"、对什么人"发声亮剑",运用马克思主义提供的"发声亮剑"的"工具",要将理想信念、伟大真理与实践相结合,用马克思主义的立场、观点和方法观察、分析、解决实际问题,让"发声亮剑"成为实实在在的行动,而不只是口号。

　　"纸上得来终觉浅,绝知此事要躬行。"马克思主义认为,实践是认识的来源。"发声亮剑"能力是高校思政课教师意识形态能力的具体体现,是每一位高校思政课教师都应该具备的基础性能力。但这并不意味着"发声亮剑"能力是轻而易举就可以获得的,它需要在理论学习中不断感悟、在实践淬炼中反复摸索。通过实践可以有效解决错误思潮、观点,在解决的过程中又可以正确认识、洞察这些错误思潮、观点以更好地指导未来的实践。高校思政课教师只有通过一次次的实践,在一次次同不良社会思潮的斗争中,才能摸清错误思潮产生、发展、高潮、消亡的规律,才能检验自身所掌握的发声技巧、斗争本领,也才能为后续"发声亮剑"积累教训、总结经验。对错误思潮的正确认识往往蕴藏在一次次的斗争实践之中,"发声亮剑"能力的提升也必将在一次次历练中铢积寸累。

---

① 李德顺. 价值论:一种主体性的研究 [M]. 北京:中国人民大学出版社,2020:182.

<<< 第四章　高校思政课教师"发声亮剑"能力的构成要素

高校思政课教师"发声亮剑"能力的转化不仅包括勇于批驳谬论、错误，还体现在对马克思主义的转化、对社会主义意识形态的转化。高校思政课教师要以马克思主义为行动指南，将头脑中的观念变为现实中的实践，率先垂范、以身作则。同时，高校思政课教师也要积极调动自身所掌握的理论知识，创新理论传播方法，讲好中华民族的故事、中国共产党的故事、中华人民共和国的故事、中国特色社会主义的故事、改革开放的故事，让广大人民群众真真切切地感受到中国共产党能、中国特色社会主义好、马克思主义行。

实践转化，既是现实需要，也是行动方向。实践转化的效果好不好直接反映了高校思政课教师"发声亮剑"能力强不强。"发声亮剑"能力并非华而不实的能力堆砌，相反，它在多方面对高校思政课教师有着较高的要求。高校思政课教师要在理论学习中打好基础、在思想历练中磨炼意志、在伟大实践中强化本领，勇于担当、攻坚克难，把"发声亮剑"能力落实到具体行动中来，把理想信念、政治原则落实在躬行实践当中去。

二、高校思政课教师"发声亮剑"能力的核心要求

"发声亮剑"能力是高校思政课教师意识形态能力的具体体现，也是高校思政课教师必须掌握的基础性能力。"发声亮剑"不是信口开河、肆意妄言，而是自发主动地运用马克思主义理论对敌对势力、错误思潮进行批评、驳斥。因此，"发声亮剑"要求高校思政课教师必须具备多方面的素质，其中核心要求包括：正确的政治立场、精深的专业知识、顽强的斗争精神、全面的网络素养等。

（一）正确的政治立场

立场，是指人们在观察和处理问题时所处的价值原点，也是人们行为处事的价值遵循。立场问题、方向问题是高校思政课教师要解决的关键问题，它不仅关系到思政课的教学效果，也关系到学生的未来发展方向。列宁强调："在任何学校里，最重要的是课程的思想政治方向。这个方向由

什么来决定呢？完全而且只能由教学人员来决定。"① 因此，高校思政课教师必须首先树立正确的政治立场，只有立场问题、方向问题解决了，才能廓清"为谁发声、向谁亮剑"的问题。

1. 坚定的政治信仰

坚定的马克思主义信仰，是高校思政课教师需要具备的首要素质，筑牢信仰之基是高校思政课教师必须高度重视的首要任务。马克思主义是我们立党立国的根本指导思想、是中国共产党人的旗帜和灵魂。中国共产党走过的百年，是中国共产党人始终坚守马克思主义、坚定信仰信念、吸收人类优秀文明成果的百年。在迈向中华民族伟大复兴中国梦的征程上，在实现第二个百年奋斗目标的道路上，必须继续坚持对马克思主义的信仰，对社会主义和共产主义的信念。作为高校教师特别是思政课教师，更要坚定对马克思主义的信仰，深刻认识马克思主义的立场、观点和方法，全面把握马克思主义的思想精髓，真正成为共产主义崇高理想与中国特色社会主义共同理想的实现者。

认同马克思主义是坚守政治信仰的前提。历史和实践已经雄辩地证明了，马克思主义不是教条，是随着时代和实践的变化而发展的科学理论体系，马克思主义也不是离开世界文明大道，封闭、僵化的，而是立于时代前沿、吸收人类优秀文明成果，指导实践的行动指南。习近平总书记在纪念马克思诞辰200周年大会上的讲话中重点强调，马克思主义"犹如壮丽的日出，照亮了人类探索历史规律和寻求自身解放的道路"②。马克思主义的科学性、真理性已经在历史的长河和时代的更迭中不断经受检验，其中所富含的价值意蕴和理论智慧犹如一盏明灯为人类社会发展指明了方向。高校思政课教师"发声亮剑"需要十足的底气，否则就会外强中干、不堪一击。那底气从哪里来？马克思主义给出了答案。高校思政课教师"发声亮剑"的底气之源就在于生生不息、源远流长的马克思主义，就在于对马克思主义的坚定信仰信念。"坚定的理想信念，必须建立在对马克思主义

---

① 中共中央马克思恩格斯列宁斯大林著作编译局. 列宁全集：第45卷［M］. 北京：人民出版社，2017：240.
② 十九大以来重要文献选编：上［M］. 北京：中央文献出版社，2019：423.

的深刻理解上，建立在对历史规律的深刻把握之上。"① 高校思政课教师要认真学习马克思主义，在学思践悟中坚守初心信念、在奋发有为中践行使命担当、在教书育人中感悟真理力量，在马克思主义的指引下，站稳正确立场、坚定理想信念、投身伟大浪潮，把个人之小我与中国共产党的命运、中国人民的命运、中华民族的命运紧紧连在一起。

"政治要强"是习近平总书记对思政课教师素养提出的首要要求。高校思政课教师"发声亮剑"就是同不良社会思潮、错误观念理论做斗争的过程，这一过程没有坚定的信仰信念做支撑是不行的。因此，高校思政课教师需要坚持学习马克思主义，学习马克思主义中国化的理论成果，常学常新，不断为自己补足"精神之钙"。只有经常以科学理论武装头脑、经常以科学真理反省自身、经常用原文原著对照学习，才能提高自己的政治站位、校准自己的政治方向、擦亮自己的政治眼光，才能在大是大非中头脑清醒、在是非曲直中明辨真伪、在舆论喧嚣中传播真理。坚定的政治信仰只有首先在高校思政课教师的心中扎根，思政课教学的出发点、落脚点才有保障，"发声亮剑"才有动力，也才能在面对敌对势力和错误思潮中发思想之声，聚磅礴之力。

2. 高度的政治认同

坚定的政治认同是高校思政课教师"发声亮剑"的基石。政治方向是政治认同的基础，政治认同巩固，政治方向才能坚定。作为高校思政课教师，必须坚持正确的政治方向，拥护中国共产党领导和我国社会主义制度，在教育与受教育的过程中将自身的政治观念和政治行为发展、凝结、升华为坚定的政治认同。政治认同不仅包含着在思想观念层面对国家大政方针的认可，也体现在这种思想观念的指导下做出的政治行为上。具言之，高校思政课教师的政治认同可以以"发声亮剑"的方式表现出来，"发声亮剑"能力的提升也要求高校思政课教师拥有坚定的政治认同。

面对国内外不断涌现的新情况、新问题、新挑战，高校思政课教师如何提升"发声亮剑"能力，如何维护意识形态领域安全，重点在于解决好

---

① 中共中央文献研究室. 习近平关于社会主义文化建设论述摘编[M]. 北京：中央文献出版社，2017：96.

高校思政课教师的政治认同问题。政治认同感强，则责任感、使命感强；政治认同感弱，则责任感、使命感弱。政治认同主要包括政治认知、政治情感、政治归属以及政治实践四个方面。政治认知是获得政治认同的起点，其主要包括直接和间接认知。思想政治理论课具有特殊的学科属性，高校思政课教师要通过多方面了解、学习理论基础，获得正确的政治认知。政治情感是主体基于政治认知对政治生活萌生的心理倾向和情绪感受。高校思政课教师要在教与学的互动中，表现出对中国共产党、对中国特色社会主义制度等强烈的政治情感。政治归属是主体在政治生活中表现出的一种较为稳定的心理状态，是向政治实践转化的关键阶段。高校思政课教师在政治归属感的指引下，批驳错误思潮、"发声亮剑"才会更有底气和自信。政治实践是主体在政治生活中依据心理认同所进行的实践活动。马克思主义认为，社会存在决定社会意识，社会意识对社会存在具有能动的反作用。作为一种社会意识，积极、向上的政治心理会指导人们合理地开展实践活动；消极、颓丧的政治心理则会一定程度上阻碍人们的实践活动。高校思政课教师要在马克思主义的指导下，培养健康、完善的政治心理，并在这种政治心理的推动下，认真、严肃地传播党的创新理论。

讲政治，坚定政治认同主要是态度问题。高校思政课教师缺少坚定的政治认同，不做政治上的明白人，那么也做不来政治上的明白事。久而久之，就会或是出现不想讲政治、随便讲政治的问题，或是出现不敢讲政治，不够理直气壮地讲政治等问题。讲政治，坚定自己的政治认同是高校思政课教师的立身之本，也是"发声亮剑"能力的基本要求。

让有信仰的人讲信仰，让讲政治的人讲政治。政治认同影响着高校思政课教师教学的基本方向，也影响着学生理想信念的形成和发展。坚定的政治信仰、强烈的政治认同是高校思政课教师具备强而有力"发声亮剑"能力的基础。如果高校思政课教师没有坚定的政治认同，会讲政治但不认同政治，那么在面对重大性、原则性问题时，只会语焉不详、讳莫如深、回避退让、躲躲闪闪，更谈不上"发声亮剑"了。高校思政课教师肩负着立德树人的责任义务，在任何情况、任何时候、任何场合都要确保自己的政治立场不变、政治认同不偏、政治方向不移，才能确保工作中有所作为、人生中有所建树。

3. 深厚的家国情怀

《辞海》中"情怀"的释义主要是"心情、心境",表征的是人的情感体验和心理状态。家国情怀中的"情怀",更多体现的是人们对于家国的认同、热爱和忠诚,是理想信念的具体表现。党的十八大以来,习近平总书记在许多重要讲话中都提及了"家国情怀",并在学校思想政治理论课教师座谈会上特别强调,思政课教师"情怀要深,保持家国情怀,心里装着国家和民族,在党和人民的伟大实践中关注时代、关注社会,汲取养分、丰富思想"①。这是习近平总书记对思政课教师提出来的素养要求,为思政课教师的工作重点、努力方向、基本遵循提供了指引。

高校思政课教师的家国情怀应该是一种至纯至真的真挚情怀,是对个人利益、职业懈怠等低级趣味的超越,是从"小我"到"大我"的思想升华。高校思政课教师的家国情怀意味着全心全意地完成立德树人、培根铸魂的时代使命,意味着心系党和国家事业发展大局,意味着胸怀"为天地立心,为生民立命,为往圣继绝学,为万世开太平"的宏伟志向。高尚的情怀是"发声亮剑"的强大支撑力,如果高校思政课教师缺乏深厚的家国情怀,缺乏对家国深沉的热爱,那么就会把自己封闭在个人的小世界中,就难以将正确、科学的思想观念传授给学生,难以在敌对势力、错误思潮面前,抵御侵蚀、"发声亮剑",为社会主义意识形态发展保驾护航。

心中有情怀,行动有方向,脚下有力量。一个人的政治素养强不强、理想信念坚定不坚定,显著的特征就是看他是否具有深沉的家国情怀。深沉的家国情怀可以为个体铺设内心的价值底色和情感基调,心中怀有家国会持续影响个体的行为方式、价值信仰、人格境界。家国情怀对于改造思政课教师的主观世界,落实立德树人的根本任务具有重要作用。在家国情怀的感召下,高校思政课教师能够将这种情感力量转化为具体行动,以"小我之行"践行"大我使命",在面对不良社会思潮和错误思想舆论入侵时,能够真正站稳政治立场,也更能、更敢于"发声亮剑"。

---

① 习近平. 习近平谈治国理政:第 3 卷 [M]. 北京:外文出版社,2020:330.

马克思17岁在中学毕业论文《青年在选择职业时的考虑》中这样写道："如果我们选择了最能为人类福利而劳动的职业，那么，重担就不能把我们压倒，因为这是为大家而献身；那时我们所感到的就不是可怜的、有限的、自私的乐趣，我们的幸福将属于千百万人。我们的事业将默默地、但是永恒发挥作用地存在下去，而面对我们的骨灰，高尚的人们将洒下热泪。"① 家国情怀要求高校思政课教师心中想的是家国、念的是使命。家国情怀不是虚无缥缈的概念，也不是华而不实的点缀，它是实实在在的力量，是砥砺奋进的勇气。家国情怀是高校思政课教师必须具备的个人素质，也是为人师表、行为世范的必修课。高校思政课教师要始终保持家国情怀，提升对国家和民族的自豪感和自信心，以家国情怀诠释社会主义核心价值观中的道德认知、以家国情怀践行高校教师的担当、以家国情怀辨识、抵制一切丑化、抹黑、否定马克思主义的思想和言论。

（二）精深的专业知识

"一时之强弱在力，千古之胜负在理。"习近平总书记指出，一名好老师"自己所知道的必须大大超过要教给学生的范围，不仅要有胜任教学的专业知识，还要有广博的通用知识和宽阔的胸怀视野"②。高校思政课教师"发声亮剑"面对的是形形色色的错误思潮，它们来自不同方面，有不同的类型，对它们展开驳斥就要求高校思政课教师要有深厚的专业基础、宽广的知识视野、与时俱进的教学内容，通过深入、详细、具体、生动的纵横比较，透过纷繁复杂的表面现象看清楚错误思潮的本质、根源，有的放矢地进行批驳，深中肯綮地指出其主要症结所在，把其中的道理说清楚、讲明白。

1. 深厚的专业功底

思想政治理论课归根到底是以马克思主义为指导的综合性应用课程。不同于高校其他的课程，思想政治理论课是一门专业性、知识性、综合性

---

① 中共中央马克思恩格斯列宁斯大林著作编译局. 马克思恩格斯全集：第40卷 [M]. 北京：人民出版社，1982：7.
② 习近平. 做党和人民满意的好老师：同北京师范大学师生代表座谈时的讲话 [M]. 北京：人民出版社，2014：9.

很强的课程,十分考验教师的基础知识、专业知识以及通识知识。苏联著名教育学家苏霍姆林斯基认为:"如果教师的学科知识这个基础本身就是破败的,那么方法也就无可依附了。"① 可见,高校思政课教师要想真正上好思想政治理论课,增强"发声亮剑"的能力,没有捷径可走,没有技巧可依,必须扎扎实实地学好理论知识,打好专业基础,具备坚实的马克思主义理论功底。

高校思想政治理论课的教学过程就是思政课教师用理论教育学生、引导学生的过程,高校思政课教师是否具有深厚学术功底,就成了一堂思政课成不成功、精不精彩的关键。马克思指出:"理论只要能说服人,就能掌握群众;而理论只要彻底,就能说服人。"② 这里马克思所强调的"彻底",就是指能够洞彻事理,抓住事物的根本、本质。优秀的思政课教师首先应该是一位掌握了扎实的专业学识、具备深厚理论功底的教师,优质的思政课堂必然是具有理论穿透力,能以理论说服人的课堂。"上好一堂课,守好一方田。"习近平总书记在中国人民大学考察调研时曾谈到,思政课的本质是讲道理。而"讲道理"背后的支撑就是要求思政课教师理论素养要高超、专业功底要扎实,能够清楚阐述马克思主义的基本原理、基本概念、基本观念、基本范畴、基本方法等。因此,高校思政课教师对于专业基础知识不能浅尝辄止,必须要精研析理,认真研读马克思主义经典著作,坚持读原著、学原文、悟原理,准确把握马克思主义基本原理和马克思主义中国化的理论成果,提高运用马克思主义的基本立场、观点和方法分析、解决问题的能力,做到真学、真懂、真会、真信、真用。高校思政课教师也只有具备了深厚的专业基础,在面对错误理论、错误思潮时才不会出现"本领恐慌",真正以优雅的理论艺术筑牢"以理服人"的根基。专业知识不扎实,理论学得不深、不透,不仅上不好思政课,在"发声亮剑"时也会含糊其词。

---

① [苏] 瓦·亚·苏霍姆林斯基. 苏霍姆林斯基选集:第4卷 [M]. 王家驹,等译. 北京:教育科学出版社,2001:614.
② 中共中央马克思恩格斯列宁斯大林著作编译局. 马克思恩格斯文集:第1卷 [M]. 北京:人民出版社,2009:11.

"若要增广我们的精神领域，就必须研读独具创见的思想家所呕心沥血写成的充满智慧火花的书。"① 马克思主义是经过实践反复检验的、颠扑不破的科学理论，是闪耀着真理光芒的伟大思想。深厚的马克思主义理论基础是高校思政课教师的"看家本事"，是思政课堂的"压舱石"。高校思政课教师必须打好专业基础，不能"马克思主义经典著作没读几本，一知半解就哇啦哇啦发表意见"②，没有马克思主义作为理论支撑，那么这种"意见"很可能会是愚见、错见。高校思政课教师如果自身专业基础、理论功底、知识结构不完善，在很大程度上对现实问题的分析和解释能力也就会显得不足，在大是大非面前也就会因理论功底薄弱而无力反驳、无处反驳，进而无法及时有效地进行"发声亮剑"。

2. 宽广的知识视野

习近平总书记谈到，"18世纪以前，知识更新速度为90年左右翻一番；20世纪90年代以来，知识更新加速到3至5年翻一番。近50年来，人类社会创造的知识比过去3000年的综合还要多"③。知识的不断更迭越来越考验高校思政课教师的能力和水平，对高校思政课教师也提出来了越来越高的挑战和要求。高校思想政治理论课是一门综合性课程，面对的是来自各个不同专业的学生，他们有不同的学科背景、不同的兴趣爱好、不同的生活经历，思维活跃、求知欲强。高校思政课教师面对这一群体进行思政课教学，仅仅掌握马克思主义理论基础，把自己限制在单一学科中是远远不够的，这就要求高校思政课教师贯通古今，具有宽广的学术视野。"心以积疑而起悟，学以渐博而相通。"传道者要自己先闻道、明道，只有教师自身拥有渊博的知识、独到的见解，才能回应来自不同方面、不同学科的疑难问题，才能给学生解答疑惑。

"道之未闻、业之未精，有惑而不能解，则非师矣。"（《南雷文定·续师说》）学高为师，高校思政课教师必须具备广博的知识视野，这是由思

---

① ［德］雅斯贝尔斯. 什么是教育［M］. 邹进，译. 北京：生活·读书·新知三联书店，1991：84.
② 习近平. 在哲学社会科学工作座谈会上的讲话［M］. 北京：人民出版社，2016：12.
③ 习近平. 习近平谈治国理政［M］. 北京：外文出版社，2014：403.

政课本身的属性所决定的。目前，在高校开设的思政课中，内容各有侧重、经纬万端，这对教师提出了高要求，需要教师拥有融通型、复合型、多元型的知识结构和知识视野。如果教师囿于基础知识、单一学科，很大程度上在教学过程中就会出现"只见树木不见森林"的现象。面对日益更迭的知识，高校思政课教师不应该作壁上观、马耳东风，相反，应该在理论创造和学术繁荣的广阔空间中，做沿波讨源、心慕手追的理论探索，因事而化、因时而进、因势而新。首先，"发声亮剑"需要高校思政课教师做到"跨学科"。错误思潮、错误理论不是某一内容的反复堆砌，其内容可能涉及多个学科，对其进行批判，需要高校思政课教师广泛涉猎哲学、经济学、社会学、政治学、伦理学、教育学、心理学等国内外哲学社会科学资源，形成交叉融合的知识结构，既做马克思主义理论专业的"专才"，又做博洽多闻、学识渊博的"通才"。其次，"发声亮剑"需要高校思政课教师做到"跨时代"。某些错误思潮从唯心主义历史观出发曲解历史情节、臆断历史事件。对其进行批判，就要求高校思政课教师纵贯古今，从中培养自己的知识结构，从不同时代中汲取精神养分。最后，"发声亮剑"需要高校思政课教师做到"跨文化"。当前，大多数错误社会思潮是西方资产阶级意识形态的变种，对其进行驳斥，就要求高校思政课教师能够横通中西，既要对中国文化有深度的了解和把握，也要能够理性客观地揭示西方文化。

苏联著名教育学家苏霍姆林斯基认为，为了在学生眼前点燃一个知识的火花，教师本身就要吸取一个光的海洋，一刻也不能脱离那永远发光的知识和人类智慧的太阳。高校思政课教师的知识视野要广，并不是说要淡化、弱化马克思主义，动摇马克思主义的基础性地位，而是要求高校思政课教师在坚守马克思主义本根的基础上更新知识、拓宽视野，在面对来自不同方面的挑战、威胁时，能够综合运用各方面的知识，理直气壮地批判错误思潮和观点，廓清思想迷雾，指引价值航向。

3. 新颖的教育内容

思想政治教育内容是根据社会发展的要求，协同教育对象的实际情况，经过教育者精心选择后，有计划、有目的地将载有价值引导性的思想政治教育信息传导给教育对象的过程。思想政治教育的内容主要是"依据思想政治教育的目的和任务以及教育对象精神世界发展的需要所确定的"①。可以看出,思想政治教育的内容具有强烈的时代性,思想政治教育内容要随着社会的发展和教育对象的变化而相应变化。这也要求高校思政课教师要与时俱进,紧扣时代脉搏,不断增强思想政治教育内容的时代性。

"坚持马克思主义,最重要的就是坚持马克思主义的科学原理和科学精神、创新精神,善于根据客观情况的变化,不断从人民群众实践中吸取营养,不断丰富和发展理论,使理论更好指导我们的工作。"② 高校思政课的教育对象、教育素材是不断变化的,这就要求高校思政课教师不能局限于课本、束缚于教材,而要把握学术前沿理论,扣紧时代发展步伐,瞄准社会热点焦点,将课堂与时事相结合、将教学与现实相衔接,在追踪社会发展动态时梳理学术观点,在吸收社会发展成果时回溯理论本源,在回应社会热点事件时探求问题本质。高校思政课教师要及时关注社会热点问题,关注社会舆论走向,将热点话题、热点事件作为教学素材灵活地融入思政课教学。在讲授社会热点的过程中,要用马克思主义分析其中的正面"立"与反面"破",在充分认识错误的基础上向学生传递社会主义意识形态,弘扬积极向上的正能量。同时,随着传播方式的发展,不良社会思潮的呈现样态和渗透方式也会具有新的特点,高校思政课教师只有坚持与时俱进的教育内容,才能真正提升辨识错误思潮与错误理论的能力,真正以马克思主义这个"显微镜""照妖镜"来辨识意识形态陷阱,保持自身的思想性、独立性,不轻信、不盲从、不跟风、不受骗,真正在内心筑牢意识形态安全的堤坝。

灯不拨不亮,理不辩不明。高校思政课教师面对的是好奇心重、知识面广、接受力强、情感丰富、思维敏捷的青年群体,对于一些学生提出来的似是而非的政治问题,高校思政课教师要首先对这些问题有透彻的理

---

① 陈万柏,张耀灿. 思想政治教育学原理 [M]. 北京:高等教育出版社,2015:173.
② 中共中央文献研究室. 习近平关于社会主义文化建设论述摘编 [M]. 北京:中央文献出版社,2017:97.

解，要用干脆利落、简洁明了、旗帜鲜明、立场坚定的政治语言表明自己的价值取向和思想观点，绝不能含糊不清、是非不分。高校思政课教师要想经得住学生一系列"为什么"的追问，就需要跳出纯粹说教的窠臼、打破一成不变的思维，适应学生特点、更新教学内容、调整教学框架，在教学相长中提升自己发现新问题、认识新问题、解决新问题的能力。

（三）顽强的斗争精神

斗争精神是马克思主义的精神底色，也是中国共产党接续胜利的精神密钥。中国共产党筚路蓝缕、波澜壮阔的百年历史，就是一部党领导中国人民不懈奋斗、蹈厉奋发的斗争史。进入新时代，我国全面建成小康社会，顺利实现第一个百年奋斗目标，正以昂扬的斗志向着实现第二个百年奋斗目标前进、正意气风发向着全面建设社会主义现代化国家迈进。在新征程、新阶段，习近平总书记多次强调，"行百里者半九十"，越是接近中华民族伟大复兴，就越会遇到前所未有的困难与挑战。越是到了发展的关键时期，就越需要斗争精神。恩格斯认为，马克思首先是一个革命家，"斗争是他的生命要素。很少有人像他那样满腔热情、坚韧不拔和卓有成效地进行斗争"①。高校思政课是实现高校立德树人根本任务的重要课程，办好思政课的关键在教师。高校思政课教师处在意识形态领域斗争的前沿，要把斗争作为自己生命的要素，时刻保持警觉、振奋精神，敢于斗争、敢于胜利，维护意识形态领域安全，稳步推进育人事业。

1. 学术自信

学术自信感是强化斗争精神的底气。习近平总书记指出："必须旗帜鲜明坚持真理，立场坚定批驳谬误。"② 立场的坚定源自对马克思主义、对中国特色社会主义的自信。当前，受多种不确定性因素的影响，部分高校思政课教师自我矮化、能力弱化、意志淡化，出现了对理论的不自信，"本领恐慌"，"不会讲、不想讲、不敢讲"等问题。学术上的不自信，某

---

① 中共中央马克思恩格斯列宁斯大林著作编译局．马克思恩格斯选集：第3卷［M］．北京：人民出版社，1995：777.
② 习近平．习近平谈治国理政：第3卷［M］．北京：外文出版社，2020：313.

种程度上就是立场不坚定的表现,立场的不坚定,"发声亮剑"能力也会弱化、淡化。马克思主义理论比历史上任何一个学说所包含的科学真理都更加丰富、更加深刻,高校思政课教师是马克思主义的研究者,理应拥有比其他群体更大的自信。高校思政课教师要在马克思主义和中国特色社会主义的伟大实践中撷取自豪感和自信心,将理论自信贯穿于职业使命和学术生命的全过程,夯实讲好中国故事、打造中国话语、传递中国声音的底气和勇气。

从相信到自信,在理论根基上夯实学术自信。理论上清醒,是学术自信的基础。打铁必须自身硬,高校思政课教师要廓清自身意识形态领域的认知迷雾,在对学生进行思想政治教育之前加强自身的思想政治教育。"要学懂弄通做实党的创新理论,掌握马克思主义立场观点方法,夯实敢于斗争、善于斗争的思想根基,理论上清醒,政治上才能坚定,斗争起来才有底气、才有力量。"① 高校思政课教师要突出主体地位,坚持马克思主义理论为方法指导,从辩证唯物主义和历史唯物主义出发,准确把握马克思主义理论体系和其他流派中意识形态的丰富内涵,深刻理解其中所蕴含的理论性和价值性特征、科学性和阶级性特性。在此基础上,明晰马克思主义意识形态对中国特色社会主义实践的科学指导作用,探求思政课和思想政治教育的实践根源,增强在意识形态领域同各类错误思潮、错误言论做斗争的决心。

自觉是自信的基础,有了对马克思主义理论清醒的认知,高校思政课教师就有了学术自信的底气,就有了维护意识形态安全、"发声亮剑"的勇气。从理论到实践,在实践转化上夯实学术自信。高校思政课教师的学术自信感还应该体现在日常的行为实践之中。只有对马克思主义具有高度的自信,才能以此为指导开展实践,做到课上课下一个样、言论行动一个样。对马克思主义的自信,就是对自己要做的事情的自信,就是对"发声亮剑"的自信。高校思政课教师要充分掌握说理技巧,提升理论的说服力、阐释力,以深入肌理的学理分析同错误社会思潮做坚决斗争。强化斗

---

① 习近平. 发扬斗争精神增强斗争本领为实现"两个一百年"奋斗目标而顽强奋斗 [N]. 人民日报,2019-09-04(1).

争精神，就需要有学术自信感。学术自信感是思政课教师站在政治高度上对自我身份的把握以及对思政课功能的具体把握，说到底这种自信就是对马克思主义理论的自信。学术自信感越强，对马克思主义和中国特色社会主义的认同度就越高，向不良势力做斗争的底气也就会越足。

2. 担当使命

政治使命感是强化斗争精神的勇气。高校思政课教师是思政课堂的主导者，是马克思主义理论的研究者，也是高校意识形态建设的"守卫者"。高校思政课教师责任在肩、使命在身，应时刻保持政治上的定力和清醒，注意区分政治原则问题、思想认识问题、学术观点问题，加强对党和国家建设者和接班人的政治立场的引导与政治素养的培育。在意识形态领域纷繁复杂的形势下，高校思政课教师要精准自我定位、把握政治使命，以战士的姿态拿起马克思主义武器，守好阵地、打好硬仗。对于意识形态领域的沉渣泛起、错误观点、理论谬误要以高度的政治使命感主动出击，予以批判、驳斥、澄清，而不是被动应付、被动接招，无底线、无原则的包容吸纳。

新时代，百年未有之大变局发生深刻变化，经济全球化、政治多极化、文化多样化、社会信息化加速演变，多元社会思潮加速叠加，我国意识形态领域的斗争愈显复杂化、多样化。如何在大变局中讲好思想政治教育、如何维护我国社会主义意识形态安全，是高校思政课教师无法回避的现实问题。习近平总书记多次在重大场合强调了意识形态安全的重要性，他指出，"做好意识形态工作，事关党的前途命运、事关国家长治久安、事关民族凝聚力和向心力"①。维护我国主流意识形态安全人人能为、人人可为、人人必为，作为高校思政课教师，更是要培养斗争精神、强化斗争意识，在意识形态领域敢向前、敢冲锋、敢斗争，随时随地对非主流意识形态、对错误思潮和错误言论理直气壮地进行批评驳斥，尤其是对于政治原则性问题、大是大非问题，更是要以"战士"的姿态挺身而出，敢于发声、敢于"亮剑"。在关键时刻，高校思政课教师绝不能意志摇摆、态度

---

① 习近平总书记系列重要讲话读本 [M]. 北京：学习出版社，人民出版社，2014：193.

飘摇，绝不能做绅士看客、"骑墙派""和事佬"，而要敢于亮明身份、表明态度，站得出、冲得上、顶得住、斗得赢，时刻捍卫我国社会主义意识形态安全。

强化斗争精神、开展"发声亮剑"，需要有政治使命感。强烈的政治使命感是增强高校思政课教师斗争精神的动力，是推动高校思政课教师开展"发声亮剑"的"助推器"。高校思政课教师具有一定的社会影响力，在面对重大原则性问题时，绝对不能人云亦云、随声附和；在面对不良社会问题时，绝对不能唯唯诺诺、胡诌乱说，更不能稀里糊涂地散播错误观点，而要以高度的责任感、使命感自觉、主动地同错误思想言论做斗争，坚决抵制各类错误言论、错误思潮。高校思政课教师要及时用马克思主义揭露其中的欺骗性、虚伪性、迷惑性，分析其谬误、肃清其影响，为学生指明发展方向，引导学生明责任、勇担当、敢作为，成为有志气、骨气、底气的时代青年。

3. 实践淬炼

高校思政课教师"发声亮剑"离不开斗争，但斗争精神、斗争本领不是与生俱来的，高校思政课教师需要在刻苦学习中逐步提炼、在层层历练中不断体悟、在摸爬滚打中萌生哺育。高校思政课教师"发声亮剑"，面对的情况往往比较复杂，遇到的问题常常比较棘手，但越是矛盾多、困难大的地方，就越能练胆魄、长才干；越是情况复杂、形势严峻的时候，就越能磨意志、强本领。

斗争是一种思想，需要在实践中淬炼。"有的教师怵于思政课的意识形态属性，担心祸从口出，总是绕开问题讲、避开难点讲。"[1] 部分高校思政课教师怵于讲政治，归根到底还是没有形成斗争思想。高校思政课教师"发声亮剑"，就可以说是一种斗争，这种斗争是同错误思潮、错误理论展开的斗争，是思想与思想的交锋、理论与理论的碰撞。那为什么要斗争？如何去斗争？斗争是为了谁？要回答这些问题，书本上没有答案，课堂上回答不了，高校思政课教师只能在实践中，在斗争的一线中，才能找到回

---

[1] 习近平. 思政课是落实立德树人根本任务的关键课程 [M]. 北京：人民出版社，2020：16.

答问题的关键。没有见过大风大浪，没有遇见风霜雪雨，那就会出现对斗争形势的复杂性、尖锐性、艰巨性准备不够、估计不足的问题。投身具体的斗争实践之中，高校思政课教师就会认识到斗争的重要性，认识到不斗争就会使社会发展出现问题。

斗争是一种本领，需要在实践中磨砺。习近平总书记强调："当严峻形势和斗争任务摆在面前时，骨头要硬，敢于出击，敢战能胜。"[①] 刀不磨不利，人不磨无才。本领不是空喊口号就可以喊出来的，也不是背几句理论就能获得的，它需要在实实在在的行动中一点点积累起来。斗争是一种本领，在实践中淬炼是高校思政课教师开展"发声亮剑"的基本要求。通过斗争实践的磨炼、教育、洗礼，是高校思政课教师提升"发声亮剑"能力的根本途径。高校思政课教师要想在"发声亮剑"中干出来一番事业，就应该在斗争环境中经受考验和锻炼，与困难面对面，在摸爬滚打中反复历练、在真刀真枪中积累经验、在危机挑战中练就胆魄，既做学富五车、德才兼备的教师，也做敢于发声、敢于"亮剑"的"战士"。

斗争是一种艺术，需要在实践中沉淀；斗争不是蛮干，逞匹夫之勇；斗争是一门艺术，讲求方法、需要智慧。见微知著、未雨绸缪；突出重点、抓住矛盾；底线思维、旗帜鲜明，是高校思政课教师"发声亮剑"需要重点掌握的斗争艺术。掌握斗争艺术，没有捷径可以走，书本上得来的，只是别人总结好了的，如果不经历斗争实践的磨砺，那么对它的理解也只能停留在表面，难以理解透彻。斗争的艺术不是一次、两次就能得来的，需要高校思政课教师多经历风吹雨打，多经历实践锻炼，才会在斗争中讲方法、讲策略，才能使斗争艺术在一次次量的积累中实现质的突破。

练就好本领，只有嘴上功夫不行，不下狠功夫也不行。历事才能炼心，高校思政课教师在风险挑战面前要及时发声回击、拔刀相向、亮明身份，在矛盾冲突面前敢于迎难而上，在危机困难面前敢于挺身而出，在歪风邪气面前敢于坚决斗争，历经考验，磨炼本领。高校思政课教师要凭借这种冲劲、闯劲主动投身到各种斗争中去，经过严格的实践淬炼，在斗争

[①] 习近平. 发扬斗争精神增强斗争本领为实现"两个一百年"奋斗目标而顽强奋斗[N]. 人民日报, 2019-09-04 (1).

中学会斗争、在斗争中练就本领、在斗争中掌握方法，在新的斗争中取得新的胜利。

（四）全面的网络素养

智媒时代，互联网已然成了社会舆论的策源地、意识形态交锋的主战场。习近平总书记指出，"过不了互联网这一关，就过不了长期执政这一关"①。高校思政课教师是维护意识形态安全的重要主体，必须强化责任担当，培养网络素养，做到敢发声、善发声、常发声，充分发挥职业优势，主动在网络平台引导舆论走向，传播主流意识形态。需要强调的是，这里所指的高校思政课教师的网络素养，并不是要求思政课教师具有网络空间、媒介平台的运营能力，而是要求其能够辩证认知网络空间的影响，理性审视互联网的积极作用和潜在风险，从而更好地提升在网络空间"发声亮剑"的能力。

1. 媒介运用素养

网络媒介是高校思政课教师"发声亮剑"的重要手段，媒介运用素养高不高、媒介运用能力强不强关系着高校思政课教师能否在网络平台"发好声""发强声"。目前，部分高校思政课教师，尤其是部分老教师媒介意识淡薄、媒介知识缺乏、媒介运用能力不强，愿意主动在网络上发声的人不多，难以全面收集和整理网络信息，难以敏锐捕捉互联网舆论动态，更难以有效输出主流意识形态。因此，高校思政课教师"发声亮剑"的一个重要要求就是提升媒介运用素养，推动高校思政课教师在网络舆论空间积极"发声"、主动"发声"。

提升高校思政课教师的媒介运用素养，解决好能够"发声"的问题。高校思政课教师要注重对网络媒介的自主学习，掌握网络发声的技巧和规律。智媒时代，网络媒介技术更迭速度不断加快，各类软件应用层出不穷，互联网对人们的影响正逐渐加深。习近平总书记指出："互联网是当前宣传思想工作的主阵地。这个阵地我们不去占领，人家就会去占领。"②

---

① 习近平关于网络强国论述摘编［M］．北京：中央文献出版社，2021：3．
② 习近平．习近平谈治国理政：第2卷［M］．北京：外文出版社，2017：325．

在这种情况下，高校思政课教师不能在网络空间"失声""失语""失踪"。高校思政课教师要及时了解、学习基本的媒介操作技巧，把互联网作为自己的"第二讲台"，熟练运用网络平台表达自身观点、引领舆情发展、传递正确理念。高校思政课教师要强化网络信息敏感能力，加强舆情分析研判、网络传播规律、突发事件应对等相关操作培训，提高网络信息认知和处理的本领。网络平台上各类信息纷繁复杂、良莠不齐，高校思政课教师要始终保持敏感度和关注度，及时发现可能出现的舆情热点，主动挖掘其中有价值的信息并跟进了解。对可能会出现的舆情风险也要及时应对，做到事前制止、事中批驳、事后反思，为主流意识形态打造清朗的传播空间。高校思政课教师要注重对网络信息的整合分析。高校思政课教师网络发声面对的是广大网民，要照顾到大多数群体的利益就需要整合多方信息，具备宽广视野，在复杂多变的信息流中抓住主流、找准主干，并对这些内容加以吸收、消化与整合。

互联网是意识形态斗争的主战场，也是我国做好意识形态工作的前沿阵地。高校思政课教师队伍是一支潜力巨大、势力雄厚、优势明显的网络力量，引导高校思政课教师开展网络发声对维护意识形态安全具有重要意义。媒介运用素养是高校思政课教师网络发声的基础一步。广大高校思政课教师进行网络"发声亮剑"首先要掌握媒介运用素养，在反复实践中逐步提高运用新媒体的能力、提高运用新媒体发声的技巧，争做运用媒介技术"发声亮剑"的行家里手。

2. 内容把关素养

把关理论是新闻传播领域的重要理论之一。美国著名传播学者、社会心理学家库尔特·卢因最早提出了"把关人"（Gatekeeper）的理论，旨在说明家庭主妇对家庭食品的把关作用，后来这一理论延伸至传播学领域。卢因在《群体生活的渠道》中对群体传播展开了深入论述，他认为信息一般是在内含"门区"的渠道中传播的，在这些渠道中部分群体会扮演"把关人"的角色，这些"把关人"存在的作用主要是搜集、筛选、过滤、加工、传播信息等。20世纪50年代，传播学者怀特基于卢因的研究明确了"把关人"的运作机理，即"把关人"从海量信息中筛选出符合自身价值标准或群体需求和规范的信息,并将这些信息传递给受众的过程。

卢因和怀特认为,在信息传播中"把关人"对信息进行过滤和筛选并不只是解决信息规制的问题,"把关人"的角色也内在承担起了建构社会认知、维护公序良俗和捍卫道德底线的责任。进入智媒时代,高校思政课教师要明确自己的角色定位,利用自己的职业优势,主动承担起网络舆论"把关人"的重任,让符合价值规范的信息内容进入传播渠道,同时也将违反公序良俗、违背社会主义核心价值观的内容排除在外,涤荡信息传播的"拟态环境"。

提升高校思政课教师的内容把关素养,解决好充分"发声"的问题。高校思政课教师要强化把关意识。在暗流涌动的网络平台,舆论交锋复杂化、舆论主体多元化、舆论风险放大化,给主流意识形态传播带来了前所未有的挑战。网络空间内,人们被大量的感性内容所包围,其中不乏一些暗隐于鲜亮外衣下的不良社会思潮,这些"视觉假象"通常经过精心设计,以优质的画面语言、考究的镜头调度、震撼的音效供给等满足受众的感官需求,吸引受众点击浏览,进而进行错误的价值传递。面对网络舆论的复杂性和价值操纵的隐蔽性,高校思政课教师要增强内容把关素养,提高辨别是非的能力。具体表现在:做好信息筛选和甄别的工作,为人民群众把好信息关;严格防范和抑制通过网络开展的意识形态渗透,帮助人民群众提高对抗各种不良社会思潮的"免疫力"。

高校思政课教师充当网络空间中的意见领袖具有独特的职业优势。在思想上,他们是马克思主义理论的研究者和传播者;在生活中,他们是亿万网民中的活跃者,在信息传播中具有天然的权威性和号召力。因此,高校思政课教师要有高度的使命意识,自觉承担起意见领袖的职责,引导网络舆论向好向善方向发展。同时,高校思政课教师还要规范议题设置。议题设置的方向在某种程度上可以影响网络空间成员的思想和行为。高校思政课教师要坚持以马克思主义为根基,以社会主义核心价值观为引领进行议题设置,进而潜移默化地实现对社会成员的情感带动和价值引领。

内容把关素养是高校思政课教师网络发声的关键一步。高校思政课教师"发声亮剑"不仅要把好课堂关,防止不良社会思潮侵入课堂,也要把好网络关，从源头上防范错误思潮和错误言论。网络内容更新之快、变化之多需要高校思政课教师拿起马克思主义的"过滤筛"，对这些内容层层筛选、层层过滤、层层把关，为人民群众提供积极向上、健康多样、全面丰富的主流内容。

3. 网络话语素养

互联网已经成为舆论斗争的主战场。"发声亮剑"是一种语言实践活动，话语影响着高校思政课教师"发声亮剑"的针对性、实效性。话语表达是"主体按照一定的话语规则和表达规律，用语言文字、表情符号、音频视频等具体方式表达思想意识、传递情感价值的行为或过程"[①]。智媒时代，多元话语语境打破了传统思想政治教育的话语格局，以往的灌输填鸭式的话语传播方式已很难再适应新形势。高校思政课教师推进"发声亮剑"需要创新话语体系、提升话语能力、培养网络话语。培养网络话语素养，要求高校思政课教师在"发声亮剑"过程中，能将马克思主义的抽象话语转化为网络话语，将马克思主义的传统书写转变为网络书写，以喜闻乐见、通俗易懂的话语表达传递价值理念。

提升高校思政课教师的话语表达素养，解决好灵活"发声"的问题。高校思政课教师要巧妙运用"网言网语"。习近平总书记善于运用"网言网语"进行思想政治教育，他曾谈道，"要贴近网民，善于运用网言网语，不要板起脸来说教"[②]。"网言网语"在风格上生动形象、在表达上贴近生活、在理解上通俗易懂，具有明显的后现代文化特点。"网络化"理论话语通常具有穿透力和催动力，可以充分契合大众的感性心理，引发情感共鸣，进而潜移默化地将对于理论的感性认知转化为理性认同。需要注意的是，以网络话语呈现理论需要突出理论的主体地位，不能主次不分、本末倒置，混淆了主流与支流、正确与错误、积极与消极之间的原则界限。

高校思政课教师要实现网络话语与政治话语的结合。政治话语的网络化表达要充分体现出其中所蕴含的价值取向和思想观念，实现严肃性和生

---

① 曹洪军，曹世娇. 论大学生网络思想政治教育话语表达的独特性及效力提升 [J]. 理论导刊，2022（3）：123-128.

② 习近平关于网络强国重要论述摘编 [M]. 北京：中央文献出版社，2017：76.

活性、政治性和亲和性、理性叙事和感性诉说的有机融合。高校思政课教师面对的是"网络原住民",对于他们来说,每天接触网络的时间要比接触思政课教师的时间要多很多,某种程度上可以说,网络对于他们价值观的影响要超过思政课教师对他们的影响。他们更喜欢,也更能接受网络话语,在这种情况下,高校思政课教师就不能在网络空间缺席、缺位。因此,高校思政课教师要平衡好主流权威话语与网络话语的关系,探索以网络话语表达政治话语的最佳方式。同时,高校思政课教师要丰富网络话语呈现方式。与传统话语相比,网络话语更具有吸引力和感染力。网络空间中,视听语言超越了平铺直叙、声情并茂唤起了情感认知,互联网赋予了高校思政课教师多样的话语表达方式。高校思政课教师可以借助图像、符号、音乐、视频等感性形式,将抽象化、严肃化、政治化、理性化的思想政治教育转化为生动化、通俗化、鲜活化、感性化的网络思想政治教育,以感性叙事传递理性价值。

网络话语素养是高校思政课教师网络发声的重要一步。"发声亮剑"要求高校思政课教师自觉弘扬主旋律、积极传播正能量,在新的时代境遇下,高校思政课教师要适时恰当地改变弘扬方式、传播方式,把网络空间当作大讲台,向亿万网民讲好思政课。在网络空间中,通过话语转化,既可以增强理论的吸引力,拓宽话语的传播范围,也可以提升大众对马克思主义理论、主流意识形态的认同度。

三、高校思政课教师"发声亮剑"能力的基本构成

高校思政课教师"发声亮剑"能力,是指高校思政课教师通过理论观念、理论概括、理论创新来辨识、批驳、引领社会思潮,做好意识形态工作的实际水平,是高校思政课教师基于思想自觉而形成的能力组合,要求高校思政课教师坚定理想信念、坚守社会主义意识形态,主观上有"发声亮剑"的自觉意识、有"发生亮剑"的自觉行动。高校是党的意识形态工作的前沿阵地,高校思政课教师站在意识形态领域斗争的前沿,需要在立德树人根本任务的感召下,培养"发声亮剑"能力。具体来说,高校思政课教师"发声亮剑"能力主要包括鉴别判断力与错误批判力、议题设置力

与舆论引导力、理论创新力与共识凝聚力、榜样示范力与网络影响力等。

（一）鉴别判断力与错误批判力

鉴别判断力和错误批判力是高校思政课教师"发声亮剑"的基础能力。鉴别判断力是错误批判力的前提，鉴别判断力越强，发现问题的能力就越强；错误批判力是鉴别判断力的保障，错误批判力越强，鉴别问题、判断问题的能力就越强。两者相互促进、相得益彰，构成了良性循环的能力系统。

1. 鉴别判断力

鉴别判断力是指认知、辨识意识形态问题的能力，主要是要求高校思政课教师能在纵横交贯、盘根错节的观点、事件、舆情和思潮中细致入微、洞察本质，鉴别判断出夹杂其中的带有价值渗透或政治倾向性的现象。

鉴别判断力是高校思政课教师判别社会思潮的首要能力。社会思潮反映的是在一定时期内，一定社会阶级、阶层或群体的思想需要、利益诉求或情感愿望。当今世界百年未有之大变局加速演变，国际环境日趋复杂，全球化进程遭遇逆流。国内改革进入深水区、攻坚期，人们的利益诉求多元多样、思想观念复杂多变、社会思鱼龙繁衍。高校思政课教师"发声亮剑"的第一步，就是研判社会思潮的性质，但社会思潮本身名目繁多、错综复杂、派系林立、层见叠出。按照国别划分，可分为国内社会思潮和国外社会思潮；按照社会制度划分，可分为资产阶级社会思潮和社会主义社会思潮；按照性质划分，可分为主流社会思潮和非主流社会思潮；按照学科领域划分，可分为经济思潮、政治思潮、文化思潮、艺术思潮、哲学思潮等。由此可见，社会思潮并不会局限于某一类型、某一模式、某一形态，同一类型的社会思潮在不同的国家、不同的地域、不同的历史时期也会呈现出不同的形态。对于不同形态、不同类型的社会思潮，需要高校思政课教师具备高超的鉴别判断力。也就是说，高校思政课教师要始终保持政治清醒、增强政治敏锐性、提高政治辨识力，做政治上的"明白人"，既要长于识别各式各样、各种类型的社会思潮，也要善于甄别不同社会思潮系统中若干亚派系或子派系，争取做到精准判断、瞄准靶心、重拳打击，避免无的放矢、黑白混淆、张冠李戴。

鉴别判断力要求高校思政课教师要精于辨析非主流意识形态陷阱。"景观是杰出的意识形态。"① 目前，非主流意识形态对人民群众精神世界的渗透不再限于传统的理论灌输，而逐渐演变为通过植入具象价值符号进行的景观渗透。非主流意识形态的具象化表征通常蛊惑性大、隐蔽性强、危害性深，部分辨识能力不强的群体很容易被潜藏于感性表象中的错误价值理念所左右，出现意志迷乱、自我丧失、主次模糊、排斥社会主义意识形态等问题。对于非主流意识形态的变形，高校思政课教师要有鉴别判断的本领，分清哪些是主流、哪些是支流；哪些是积极、哪些是消极，透过现象看本质，让错误社会思潮和错误理论无处可藏。

意识形态领域的斗争，是一场看不见硝烟的斗争。高校思政课教师要打好这场战争，需要擅于洞察非主流意识形态的陷阱，用马克思主义理论祛除非主流意识形态的伪装色，用一双"火眼金睛"识别出"低级红""高级黑"，及时向大众揭露各色错误思潮的虚伪性、迷惑性、欺骗性，避免具象化、感性化的商品景观统摄社会大众的感官体验。此外，高校思政课教师不仅要提升自己的鉴别判断能力，更要在反复实践中向社会大众传递鉴别判断的意识，教会大众从苗头性、倾向性现象中发现意识形态端倪，从林林总总的矛盾关系中把握逻辑，从斑驳陆离的具象化表征中探析本质。

2. 错误批判力

错误批判力是指批评、驳斥错误社会思潮、非主流意识形态的能力，主要是要求高校思政课教师在面对大是大非、原则性问题时，做到敢抓敢管、敢于"亮剑"，能用批判的武器旗帜鲜明地同错误内容、观点、思潮做坚决的斗争。

错误批判力要求高校思政课教师实现语言尖锐化和逻辑严谨性相结合。毛泽东同志在对晋绥日报编辑人员的谈话中，鲜明地提出了办好报纸

---

① [法] 居伊·德波. 景观社会 [M]. 张新木，译. 南京：南京大学出版社，2016：136.

需要有"战斗的风格""要尖锐、泼辣、鲜明""用钝刀子割肉,是半天也割不出血来的"①。同样,面对错误理论、错误思潮,高校思政课教师"发声亮剑"必须一针见血、点明要害,以严谨的论证结构、缜密的思维逻辑予以评析、批判、匡正。马克思认为理论只要彻底就能说服人,而"彻底"就是指要抓住事物的本根。高校思政课教师所要培养的错误批判力也是如此,必须用系统完整、逻辑严密的科学理论体系研精覃思、条分缕析错误社会思潮、非主流意识形态的多重表征和内在实质,在此基础上,向社会大众尤其是青年学生旗帜鲜明地揭露其现实危害和根本目的。错误社会思潮是"思想病毒",具有一定的欺骗性和蛊惑性,不仅会导致谬种流传、黑白颠倒,甚至还会严重破坏、蚕食社会有机体。高校思政课教师对错误思潮的批判不能流于一般的应对,必须着眼于"治标治本",落脚于根除要害。没有语言的犀利,缺少严谨的逻辑,在错误思潮泛滥时就不能切中要害、临机制胜,也就谈不上科学批判错误、正确"发声亮剑"了。

高校思政课教师在"发声亮剑"时,单纯的理论逻辑不免会有枯燥乏味之嫌,因此,错误批判力还需体现在话语表达形式的大众化。马克思主义经典作家历来观照表达的大众化,主张"最马克思主义=(转化)最通俗"②。但需要注意的是,高校思政课教师不能以"通俗化表达"掩盖自己论证力、逻辑性的不足。这里的大众化主要是指:一是内容与表达的交融突出"情"的感染。大众话语相比于纯粹的理论独白更能契合人民群众的接受范式,激发大众内心深处的真情实感,高校思政课教师也能以此引领大众认清错误思潮的话语迷雾。二是内容与表达的交融突出"真"的体悟。大众化的叙述结构往往有引人入胜的作用,高校思政课教师在同错误思潮的斗争中向大众传递的话语可以启迪大众对马克思主义、主流意识形态的思考与认同。

错误批判力要求高校思政课教师在"发声亮剑"时具有整体视野、进

---

① 毛泽东选集:第4卷[M].北京:人民出版社,1991:1322.
② 中共中央马克思恩格斯列宁斯大林著作编译局.列宁全集:第30卷[M].北京:人民出版社,2017:422.

行综合考察、构建系统思维。

首先,整体视野。"发声亮剑"要求高校思政课教师对错误观点、错误思潮批判时,不仅能洞察社会思潮的主要观点和核心内容,也能善于从宏观层面抓住该思潮的逻辑漏洞和根本谬误,突出切中重点和通观全局相统一的特征。在揭露错误思潮实质的基础上,大大压缩其"野蛮生长"的空间。

其次,综合考察。综合考察是指高校思政课教师在面对错误思潮时不能简单地就事论事,而应从比较的视角、研究的视角、现实的视角驳斥谬论。从比较的视角看待错误思潮,要求高校思政课教师在错误与错误、错误与正确的比较中全面深入揭示错误思潮的谬误;从研究的视角看待错误思潮,要求高校思政课教师在对错误的剖析中要研究其表现形式、演进过程、内在本质,从多元视角出发掌握错误的类型,以点带面,为解决同类型错误思潮提供有益借鉴;从现实的视角看待错误思潮,要求高校思政课教师能分析错误思潮产生的社会环境,有针对性地运用辩驳手段。社会思潮是社会大众思想状况和社会生活更迭变化的风向标。高校思政课教师要从现实角度出发,具体分析错误社会思潮的源流、本质,做到精准施策、有的放矢。

最后,系统思维。高校思政课教师对错误思潮的批判要建立在理论研究的基础上,坚持批判性和引领性色彩相结合。当前我国舆论场域大致有红、黑、灰"三色地带"。红色是我们必须坚守的主阵地;黑色是高校思政课教师必须向其"亮剑"的负面内容;灰色是高校思政课教师必须大张旗鼓争取的地带。在"发声亮剑"中,高校思政课教师要构建系统思维,从全局出发,既不能让灰色向黑色地带肆意蔓延,也要在对错误的批判中让"红色更红""黑色褪色""灰色转红"。

(二)议题设置力与舆论引导力

议题设置力与舆论引导力是高校思政课教师"发声亮剑"能力的重要体现。议题设置力与舆论引导力两者相辅相成、缺一不可,议题设置是舆论引导的主要手段,舆论引导是议题设置的目的和归宿。高校思政课教师在"发声亮剑"过程中,既要通过议题设置实现舆论引导,也要在舆论引导中完善议题设置。

1. 议题设置力

议题设置是传播学领域的重要理论,美国新闻评论家、传播学者沃尔特·李普曼最初在《公众舆论》中提出了议题设置的思想,马克斯韦尔·麦库姆斯和唐纳德·肖在《议程设置:大众媒介与舆论》中基于李普曼有关议题设置的雏形进一步提出了议题(议程)设置理论。在他们看来,"新闻媒介在很大程度上设置了公众议程,将某个议题或者话题置于公众议程,在公众中建立这种显著性,使之成为公众关注、思考甚至可能采取行动的焦点"[①]。由此看来,议题设置力是指通过创造、设置话题,从而引导舆论发展方向的能力,主要是要求高校思政课教师能够掌握议题设置主动权,设置正面议题、驳斥负面议题,净化网络话语传播空间,为主流意识形态传播形塑风清气正的"拟态环境"。

议题设置力要求高校思政课教师把握传播规律,讲究议题设置的原则和方法,实现科学设计、合理操作。首先,统揽全局、把握导向。高校思政课教师在进行议题设置时,要紧紧围绕社会主义核心价值观、牢牢把握社会主义意识形态,以历史视野、现实视野、未来视野来考虑和审视问题,把稳发力点和方向感,使议题更加具有实效性、前瞻性与针对性。无论是设置正面议题,还是设置反制性议题,高校思政课教师都要善于切中本源性的核心问题,探本溯源,循序渐进,达到"一子落而满盘活"。其次,以我为主、讲求策略。高校思政课教师要从维护社会整体利益出发,把自身已经掌握的理论观点梳理清楚,形成话语体系,赢得议题设置主动权。在进行议题设置时,不仅要坚持同错误观点、论断针锋相对、"亮剑"回击,也要讲究传播策略,最大程度反制错误思潮的攻击。再次,特色鲜明、内容突出。议题设置的关键在内容,高校思政课教师要立足中国大地、讲好中国故事、传递中国理念、传播中国声音。在进行议题设置时,也要充分观照受众的特点,"到什么山唱什么歌",契合受众的接受图式,满足受众的心理需求,提高议题的感染力、吸引力、穿透力、影响力。最

[①] [美]马克斯韦尔·麦库姆斯. 议程设置:大众媒介与舆论[M]. 郭镇之,等译. 北京:北京大学出版社,2018:5.

后，遵循规律、强调效果。议题设置的重要效果在于引导，高校思政课教师要强化效果导向思维，追求正面引导效果最大化。与话题设置不同，议题设置带有明显的导向性和宣传意图。高校思政课教师要遵循议题设置规律和传播规律，既要能擘画全局层面的宏观议题，又能书写贴近生活、切合实际的具象议题。

议题设置力要求高校思政课教师把握好时、度、效，切实推进议题有效传播。把握好"时"，强调的是把握议题传播的时机。时机在议题设置中是一个十分紧要的因素，把握好时机，才能获得主动、赢得先机。在"发声亮剑"时，高校思政课教师要搜集相关信息、研判舆论动态、保持警惕心理、洞察敏感问题，审时度势，选择合适时机发布议题，回应公众的合理关切和心理疑惑。把握好"度"，强调的是把握议题传播的量变与质变的关系。把握好"度"就是要求高校思政课教师把握好量度、力度、尺度和法度。从量度上看，高校思政课教师要立足舆论传播环境，连贯发布议题，多平台传播，持续跟进，保障公众议题的完整性与有效性。从力度上看，高校思政课教师要掌握火候，在重大不良舆情事件中要与其做坚决斗争，而在面对微小舆论及公众的情绪化表达时切忌过度介入，而应表示出充分的尊重和理解，适时地淡化处理或转移话题。从尺度上看，高校思政课教师在进行议题设置时要区分出不同的接受群体，相应地也要采取不同的设置策略与方式。从法度上看，议题设置要依法开展，突出法治化、规范化。把握好"效"，强调的是把握议题传播的实效。"效"是议题设置的出发点和落脚点，实现"效"的重点在于传播主体、传播方式以及传播渠道。就传播主体而言，高校思政课教师可以充当传播者，成为网络"大V"，影响有影响力的人，拓宽议题的传播范围。在传播方式上，高校思政课教师可以通过理论具象化、内容故事化、宣传实例化等方式进行。在传播渠道上，高校思政课教师可以充分发挥主流媒体的传播优势，发布更多具有价值和引领作用的议题。

2. 舆论引导力

舆论引导力是指对舆论尤其是对网络舆论进行持续、有效引导的能力，主要是要求高校思政课教师能够按照预期的导向，传播特定的信息与观点,并在舆论传播过程中实现平衡、调节与分配,从而在一定程度上影响被引导者的态度、意见和看法。

智媒时代,高校思政课教师"发声亮剑"需要强大的舆论引力。梁启超先生曾言:"舆论者,天地间最大之势力也,未有能御者也。"① 从中可以看出,舆论的作用之大、力量之强、引导之难。面对网络传播的快捷性、难控性等特征,一些高校思政课教师出现了"本领恐慌",舆论引导出现了缺位失语或采取一味封杀围堵等问题。随着智能传播的发展,"围堵阻隔"式的舆论引导已然失效,在此情况下,高校思政课教师"发声亮剑"就要在疏浚、疏导网络舆论上下功夫,将舆论引导建立在对话交流、说服建议基础上,化舆论封控为舆论疏通。具体来说,高校思政课教师应具备以下几方面的舆论引导能力。

首先,坚持方向性引导为主,把好正确舆论导向。高校思政课教师首先要立场坚定、信仰不变,坚定马克思主义立场,确保在舆论引导时政治方向不偏、政治站位不移。同时,在网络发声中要适时、恰当地把自己所掌握的理论体系、学科知识等传播出去,用真理力量唤醒人、引导人、启发人、激励人。其次,细分网民群体,采取差异措施。舆论背后体现的是大众的利益诉求,对于合理的应当予以响应和支持、对于正当的应当予以帮助和鼓励;对于错误的应当予以限制和打击、对于虚假的应当予以曝光和揭露。在差异化、分众化管理基础上,高校思政课教师也要注意团结、争取,积极引导负面内容向正面内容转化。最后,培养话语主体,引领舆论方向。高校思政课教师是兼具正确价值观、广阔知识面、强烈责任感和深远影响力等综合实力的话语主体,要在日常工作、生活中通过各种渠道及时向大众传递理性声音、传达权威信息、传授科学理论,最大限度地压缩不良社会舆论的传播空间。

智媒时代,高校思政课教师做好舆论引导工作,要坚持线下把关与线上发声双向发力。线下把关主要是指高校思政课教师要更新教学内容,将舆论热点、大众焦点融入思政课教学。高校思政课使用的教材是教师上课

---

① 梁启超.饮冰室合集:第3册[M].北京:中华书局,1989:145.

的蓝本，奠定了教师教学的基调和方向，但如果教师只是简单地照本宣科，缺乏对现实的观照，那么思政课就会脱离现实，悬浮于空中，难以达到预期的教学效果。舆论热点事件为思想政治教育提供了现实的载体，思想政治教育与具体的事例相结合，才更能凸显出立体感、丰富性。高校思政课教师要将教材中的理论与现实中的问题相结合，在回应现实中引导学生认知舆论、分析舆论，传授给学生正确看待舆情的方法，既授之以"鱼"又授之以"渔"。

线上发声主要是指高校思政课教师要强化发声意识，积极关注网络舆论热点。智媒时代，如果高校思政课教师"立德树人"的影响力仅仅局限于学生圈、学术圈，不能有效向网络圈、社会圈有效扩散，不仅搞不好学生的思想教育，也是教育资源的一种浪费。首先，高校思政课教师要成为"网评员"。网民素质参差不齐、网民发声良莠不齐，为了避免非理性言论诱发的"破窗效应"，高校思政课教师要充分发挥专业优势，积极发出一些铿锵有力、方向正确的言论，引导网络舆论良性发展。其次，高校思政课教师要成为"宣讲家"。平铺直叙的理论宣讲一般存在受众难理解、互动性不强等问题，高校思政课教师要充分结合网络思想政治教育的特色，采用通俗易懂的话语、喜闻乐见的方式，适地适时适合地宣传马克思主义，马克思主义中国化的理论成果，尤其是习近平新时代中国特色社会主义思想，用科学理论体系对错误观点和思想开展针锋相对的驳斥。

(三) 理论创新力与共识凝聚力

理论创新力与共识凝聚力是高校思政课教师"发声亮剑"能力的精华构成。理论创新力是高校思政课教师"发声亮剑"能力不断提升的动力源泉，也是不断推进意识形态工作、凝聚社会共识的坚实基础。共识凝聚力是高校思政课教师"发声亮剑"能力的核心要素，也是衡量高校思政课教师是否具有"发声亮剑"能力、"发声亮剑"能力强不强的重要标准。高校思政课教师"发声亮剑"既要在理论创新中凝聚共识，又要在凝聚共识中推进理论创新。

<<< 第四章　高校思政课教师"发声亮剑"能力的构成要素

1. 理论创新力

理论创新力，是指人们在实践中，对出现的新现象、新情况做出新的分析和解答，对认识对象或实践对象的本质、规律和发展变化的总体趋势做出新的揭示和预见，对已有的思想观念或理论体系做出新的突破和发展的能力。理论创新力，旨在要求高校思政课教师能够自觉将马克思主义同中国具体实际相结合，自觉以马克思主义、马克思主义中国化的理论成果为指导，推进理论创新，探索出一些可供学习的经验、模式、方法等，进一步推进马克思主义中国化、时代化、大众化。

一部马克思主义发展史，某种程度上可以说，就是一部理论创新史。马克思主义自诞生之日起，就非常注重理论的创新、发展，反对教条、僵化地对待马克思主义。马克思恩格斯从来都是反对教条主义、本本主义的，为此他们强调："我们只能在我们时代的条件下去认识，而且这些条件达到什么程度，我们才能认识到什么程度。"① 这就是在说明，马克思主义基本原理是正确的，同时又指出原理的应用要以一切历史条件为转移。在马克思主义中国化的过程中，中国共产党也十分重视将马克思主义基本原理与中国具体实际相结合进行理论创新。早在1938年，毛泽东同志在党的扩大的六届六中全会上指出，"马克思、恩格斯、列宁、斯大林的理论，是'放之四海而皆准'的理论。不应当把他们的理论当作教条看待，而应当看作行动的指南"②。在建党百年的辉煌时刻，党的十九届六中全会审议通过的《中共中央关于党的百年奋斗重大成就和历史经验的决议》强调："党之所以能够领导人民在一次次求索、一次次挫折、一次次开拓中完成中国其他各种政治力量不可能完成的艰巨任务，根本在于坚持解放思想、实事求是、与时俱进、求真务实，坚持把马克思主义基本原理同中国具体实际相结合、同中华优秀传统文化相结合，坚持实践是检验真理的唯一标准，坚持一切从实际出发，及时回答时代之问、人民之问，不断推进马克

---

① 中共中央马克思恩格斯列宁斯大林著作编译局. 马克思恩格斯选集：第4卷 [M]. 北京：人民出版社，1995：370.
② 毛泽东选集：第2卷 [M]. 北京：人民出版社，1991：533.

思主义中国化时代化。"①"两个相结合"是马克思主义中国化百年历史的深刻总结，也是中国共产党继续进行理论创新的方向指引。

理论创新不是主观任意，不是空穴来风。理论创新始于问题，是实践过程中不断涌现的新矛盾。因此，培养理论创新力，高校思政课教师就要具有强烈的问题意识。"理论创新只能从问题开始。"② 从某种意义上说，理论创新过程的起点就是发现问题、研究问题。社会思潮是一定时期内现实问题在思想领域的集中反映，如果高校思政课教师在"发声亮剑"时自说自话，对错误思潮置若罔闻，那么就脱离了现实土壤，也远离了社会大众的思想实际。高校思政课教师"发声亮剑"要贴合实际，在回应社会思潮中发现问题、找准问题。马克思主义认为，社会存在决定社会意识，社会意识对社会存在具有能动的反作用。不同的错误思潮总能集中反映出不同时期的社会特征，高校思政课教师在分析问题时要将马克思主义与发展着的实际相结合，及时研究、提出、运用新思想、新理念、新办法，否则理论就会显得苍白无力。

"邯郸学步式"的沿袭旧例不能丰富发展科学理论，坚定笃实的理论创新才能发现新问题、解决新问题。需要指出的是，理论创新可大可小，"揭示一条规律是创新，提出一种学说是创新，阐明一个道理是创新，创造一种解决问题的办法也是创新"③。高校思政课教师要在实践创新的基础上推进理论创新，在理论创新的指导下"反哺"实践创新，努力实现两者的良性互动。

2. 共识凝聚力

共识凝聚力是指面对舆论争端、困惑焦点能够解疑释惑，进而凝聚共识的能力，主要是要求高校思政课教师在多元复杂的利益格局中、在多元社会思潮的冲击中仍能保持清醒、站稳立场、明辨是非，最大限度地凝聚

---

① 中共中央关于党的百年奋斗重大成就和历史经验的决议［M］.北京：人民出版社，2021：66-67.
② 习近平.在哲学社会科学工作座谈会上的讲话［M］.北京：人民出版社，2016：20.
③ 习近平.习近平谈治国理政：第2卷［M］.北京：外文出版社，2017：342.

共识。

　　求同存异、凝聚共识，向来是中国共产党的优良传统。毛泽东同志强调："我们都是从五湖四海汇集拢来的，我们不仅要善于团结和自己意见相同的同志，而且要善于团结和自己意见不同的同志一道工作。"① 当今世界，百年变局和世纪疫情交织叠加，多种思想、观念、文化相互交流、交融、交锋，利益多样化、价值多元化已成为现代社会发展的重要标志，不同个体在不同价值认知和价值选择下呈现出来观念碰撞、利益交织、文化冲突等。习近平总书记强调："如果一个社会没有共同理想，没有共同目标，没有共同价值观，整天乱哄哄的，那就什么事也办不成。"② 因此，在价值主体多元化、价值诉求多元化的背景下，高校思政课教师"发声亮剑"就要走出课堂，承担起社会责任，通过凝聚共识，整合错综复杂的社会关系，进一步增进社会团结。

　　凝聚共识是高校思政课教师"发声亮剑"能力的核心要素。高校思政课教师"发声亮剑"的能力说到底是做意识形态的工作，而意识形态工作说到底是做人的工作，那么能否真正团结人心、凝聚共识就成了衡量高校思政课教师"发声亮剑"能力强不强的重要标准。凝聚共识，就是凝聚起人民群众的智慧和力量，就是调动一切积极因素向着共同的敌人做坚决的斗争，也只有广泛凝聚共识，才能获得最大多数人的认同，高校思政课教师"发声亮剑"才会有群众基础、力量源泉和不竭动力。可以说，高校思政课教师的"发声亮剑"能力是和"共识凝聚力"相互依存的，"发声亮剑"能力是提高"共识凝聚力"的目的，"共识凝聚力"又为"发声亮剑"能力筑牢价值根基和群众基础。

　　高校思政课教师在培养共识凝聚力时需要处理好两对关系。一、正确处理凝聚共识和思想引领的关系。思想引领是凝聚共识的基础，高校思政课教师要做好理论宣传、传播、阐释工作，面向大众认真解读马克思主义及其中国化成果，尤其是习近平新时代中国特色社会主义思想，以科学理论筑牢思想政治基础，画出最大同心圆。从这个层面上讲，共同的思想政

---

① 毛泽东选集：第4卷［M］.北京：人民出版社，1991：1443.
② 习近平．习近平谈治国理政：第2卷［M］.北京：外文出版社，2017：335.

治基础越牢固，矛盾的化解就越有效，共识的凝聚力也就越广泛。可以说，加强思想政治引领，筑牢共同的思想政治基础，是高校思政课教师提升共识凝聚力的着力点。二、正确处理一致性和多样性的关系。一致性体现的是思想共识、政治基础的一致，多样性是利益诉求、思想多样的反映。高校思政课教师要在尽可能谋求一致的基础上，充分尊重个体的利益表达，营造出一个各抒己见、畅所欲言而又合乎规矩、理性有度的良好社会氛围。

（四）榜样示范力与网络影响力

榜样示范力与网络影响力是高校思政课教师"发声亮剑"能力的重要组成部分。网络影响力是榜样示范力在网络上的具体体现，榜样示范力又可以通过网络进一步扩大。高校思政课教师不仅要做课堂上的"榜样"，更要做网络空间中的"榜样"，既身体力行为学生做好示范，又主动发声扩大网络影响。

1. 榜样示范力

榜样示范力是指以高尚思想、卓越成就和模范行为影响他人的能力，主要是要求高校思政课教师能够自觉践行社会主义意识形态要求、认同社会主义核心价值观，轨物范世、行为示范，引导他人做出正确价值判断和价值选择。

师者，人之模范也。榜样示范力要求高校思政课教师人格要正，做"为人"的示范。认知心理学的代表人物班杜拉认为，"大多数人类行为是通过对榜样的观察而获得的"①。可见，榜样的力量是无穷的，是直抵心灵的，亲其师、信其道，也会循其步。高校思政课教师要党性强、方向正。在学生眼里，教师"吐辞为经、举足为法"（韩愈《进学解》），具有很强的示范性。传道者首先要自己明道、信道，才能真正影响他人、打动他人。高校思政课教师"发声亮剑"首先要坚定自己对马克思主义的信仰，对社会主义、共产主义的信念，以此涵养德行、锤炼党性，丰富师德高、

---

① [美]阿尔伯特·班杜拉. 思想和行为的社会基础：社会认知论[M]. 林颖，等译. 上海：华东师范大学出版社，2018：49.

情怀深、志向远、为人实的底蕴，自觉做学生的典范楷模；要坚定"四个自信"，增强"四个意识"，做到"两个维护"，始终把立德树人的教育使命铭刻于心，以身作则、率先垂范，引导学生坚定信念、站稳立场、砥砺德行。高校思政课教师要自觉修身，培养高尚人格。古人讲"身正为范"，这里的"身"指的是教师本身，"正"指"正心"，即心意之正、观念之正，"范"指"典范""榜样"。一个教师如果能做到身心皆"正"，则可称为人师、模范。桃李不言，下自成蹊。"其身正，不令而行；其身不正，虽令不从。"(《论语·子路》)高校思政课教师自身要正派，用"仁爱""赤诚"传道授业解惑，用"厚德""大德"修身立学施教，使学生信服其言行，并以之为范。高校思政课教师要心系家国。高校思政课教师肩负着铸魂育人的任务，承担的教育任务包含着更多的社会责任，这就要求高校思政课教师不仅要做学生的楷模，更要立己达人，做社会的榜样，引领社会风气。

榜样示范力要求高校思政课教师要做"为事"的示范。以身作则，做慎独之师。首先，政治站位要严。高校思政课教师必须具有坚定的政治信仰、政治理想和政治立场，真心拥护中国共产党的领导，拥护中国特色社会主义，不做"两面派"，不当"两面人"，以发自内心的真诚、饱满的热情做马克思主义的学习者、宣传者。其次，教书育人要严。列宁强调："如果一个共产主义者不下一番极认真、极艰苦而巨大的功夫……这样的共产主义者是很可悲的。"① 高校思政课教师要端正态度、深入钻研，真正学懂弄通马克思主义，把系统的理论体系传授给学生。最后，日常生活要严。"将教天下，必定其家，必正其身。"(赵湘《本文》)高校思政课教师肩负神圣使命，责任重大，在日常生活中也要注意自己的言谈举止。

淡泊名利，做宁静之师。高校思政课教师是受人尊敬的职业，是社会大众重点关注的对象，要始终保持艰苦朴素的优良作风，做社会风尚的引领者。高校思政课教师不应忙于追名逐利、放纵物质欲望，而要坐得住冷板凳，立志于教育事业，认真、勤勉、踏实、严谨，以培养国家之人才、

---

① 中共中央马克思恩格斯列宁斯大林著作编译局. 列宁选集：第4卷 [M]. 北京：人民出版社，2012：286.

民族之栋梁为己任。主动发声，做敢为之师。思政课堂不只在教室里，也在生活中、在网络上。高校思政课教师线上线下都要主动传播主流意识形态，以深厚的理论功底、高超的辩论水平、精湛的说服技巧向理论噪声、思想杂音、错误思潮"拔刀""亮剑"。"善歌者使人继其声，善教者使人继其志。"（《礼记·学记》）在发声中，高校思政课教师要教会大众认清那些无耻谰言，引导大众敢于发声、能够发声、善于发声，成为"发声亮剑"的生力军。

2. 网络影响力

网络影响力是指热点事件或话语主体在互联网空间中所反映出的社会影响力和辐射力，这里主要指高校思政课教师作为话语主体在网络场域产生的影响力。网络影响力，主要是要求高校思政课教师能够充分利用媒介平台积极发声，占领舆论阵地，强化网络话语权，提升主流意识形态对大众的吸引力、感染力与凝聚力。

"发声亮剑"要求高校思政课教师具备一定的网络影响力。美国未来学家阿尔温·托夫勒指出："未来世界政治的魔方将控制在拥有强权人的手里，他们会使用手中掌握的网络控制权、信息发布权，达到暴力金钱无法征服的目的。"[1] 可以预见，网络在不久的将来会对人们的思想产生很大的影响。因此，高校思政课教师"发声亮剑"要将自身影响力从课堂上扩展到网络空间，夺取网络空间主流意识形态话语权、传播权。这是因为，"人们的思想意识中，历来不存在真空地带，不是信仰这种意识形态，就是信仰那种意识形态"[2]。当前，网络空间已经成为亿万人民群众的精神家园，如果在这个"家园"中充斥着各种不良社会思潮，必然会对整个社会造成巨大危害。自媒体时代，任何媒介平台都可以成为高校思政课教师"发声亮剑"的阵地，传播技术也为高校思政课教师"发声亮剑"提供了强大工具。高校思政课教师要充分运用各类媒介平台，如微信公众号、微

---

[1] [美] 阿尔温·托夫勒. 权力的转移 [M]. 周敦仁, 等译. 成都: 四川人民出版社, 1992: 105.

[2] [斯洛文尼亚] 斯拉沃热·齐泽克. 图绘意识形态 [M]. 方杰, 译. 南京: 南京大学出版社, 2002: 4.

博、知乎、豆瓣等，积极表达自己的观点、抒发自己的感受、传递自己的思想，争取成为网络"大V"，成为引领网络空间的思想旗帜，用炽热的家国情怀点燃亿万网民的信仰火炬。

  网络影响力要求高校思政课教师提升传播能力。第一，人气是广泛传播的基础，高校思政课教师要尽量打造"吸粉"的"发声亮剑"自媒体，拓宽主流意识形态传播渠道。习近平总书记指出："互联网是当前宣传思想工作的主阵地。这个阵地我们不去占领，人家就会去占领。"[1] 这就要求，高校思政课教师主动打造具有思想性、趣味性、吸引力的意识形态教育官方自媒体，传播主流意识形态，并及时解读、解惑，正确引导舆论事件，解决好意识形态供给侧结构性问题，牢牢掌握意识形态工作的话语权。第二，洞察用户心理，改善传播内容。网络传播具有很强的即时性、互动性、分享性，高校思政课教师要抓住大众的内容需求，做好内容引导的工作，以优质内容供给赢得大众。同时，一旦高校思政课教师"发声亮剑"的内容"打动"了大众或满足了其心理趋向，则其在很大程度上会通过点赞、转发、分享等行为表达心理认同，这实质上是以二次传播的方式进一步扩大了高校思政课教师的影响范围。第三，善用智能技术，延展传播范围。目前，智能推荐技术也已历经多次迭代升级，成为各类网络平台的基础性应用。高校思政课教师要培养一定的算法素养，了解算法的特点、操作逻辑。当然，这里所提及的算法素养并不是要求高校思政课教师掌握编辑代码的能力，而是要求其能够理性审视智能算法在信息传播中可能会出现的潜在影响。在认知算法的基础上，高校思政课教师还可以充分利用算法拓展自身的网络影响力，同时尽可能规避算法带来的负面影响。

---

[1] 习近平. 习近平谈治国理政：第2卷 [M]. 北京：外文出版社，2017：325.

第五章

高校思政课教师"发声亮剑"能力的生成机理

习近平同志强调:"在涉及党的领导和中国特色社会主义道路等原则性问题的政治挑衅面前态度暧昧、消极躲避、不敢亮剑,甚至故意模糊立场、耍滑头,等等……在大是大非面前没有态度,出了政治性事件、遇到敏感性问题没有立场、无动于衷,岂非咄咄怪事!"① 高校思政课教师是特殊的社会群体,面对错误思潮更要旗帜鲜明、立场坚定,做"发声亮剑"的主力军。高校思政课教师"发声亮剑"能力的生成会受到诸多因素的影响,提升高校思政课教师的"发声亮剑"能力需要遵循其内在的生成机理。

一、高校思政课教师"发声亮剑"能力提升的影响因素

习近平总书记强调:"意识形态工作是党的一项极端重要的工作,是为国家立心、为民族立魂的工作。"② 高校思政课教师是实现立德树人根本任务的关键力量,也是维护我国意识形态安全的重要主体。"发声亮剑"能力是高校思政课教师必须掌握的基础性能力,高校思政课教师有没有"发声亮剑"能力、"发声亮剑"能力强不强很大程度上反映了高校思政课教师有没有意识形态安全意识,意识形态能力强不强。从目前高校思政课教师"发声亮剑"的现状来看,大部分教师都能够做到自觉发声、积极"亮剑",但仍有部分思政课教师存在"发声亮剑"能力不强,不敢"发

---

① 习近平. 习近平谈治国理政 [M]. 北京:外文出版社,2014:414.
② 习近平关于网络强国论述摘编 [M]. 北京:中央文献出版社,2021:83.

声亮剑",甚至消极懈怠、被动发声等问题。那么影响高校思政课教师"发声亮剑"的主要因素有哪些?回答好这一问题,是提升高校思政课教师"发声亮剑"能力的前提。

(一)理想信念

理想信念是将理想与信念组合而形成的复合性概念,具有明显的中国特色。《辞海》中对"理想"的解释是"对未来合理的设想或希望",即指引人进行认识世界、改造世界活动的奋斗目标。哲学家罗素认为"信念"是"由一个观念或意象加上一种感到对的情感所构成的"①。由此可见,信念不仅仅是指内心的相信和认同,还体现在基于这种相信和认同表现出的行为和实践。总的来说,理想信念是较高层次的思想观念,是人类所特有的精神状态。理想与信念是紧密联系、辩证统一的关系,理想是信念的所指,信念是实现理想的保障。只有理想信念坚定,想问题、干事情、做决策的决心才会更加执着。

回顾中国共产党的百年奋斗史可以看到,坚定的理想信念始终是中国共产党的精神之魂。1936 年,在延安窑洞里,毛泽东同志对美国记者埃德加·斯诺说:"我一旦接受了马克思主义是对历史的正确解释以后,我对马克思主义的信仰就没有动摇过。"② 改革开放时期,邓小平同志指出:"为什么我们过去能在非常困难的情况下奋斗出来,战胜千难万险使革命胜利呢?就是因为我们有理想,有马克思信念,有共产主义信念。"③ 革命战争年代,理想信念是指引中国共产党人不断从胜利走向胜利的思想保障。进入新时代,习近平总书记强调:"理想信念是共产党人精神上的'钙',理想信念坚定,骨头就硬,没有理想信念,或理想信念不坚定,精神上就会'缺钙',就会得'软骨病'。"④ 理想指引人生方向,信念决定事业成败。高校思政课教师面对的是千千万万的青年人,肩负着铸魂育人

---

① [英] 罗素. 人类的知识 [M]. 北京:商务印书馆,1984:189.
② [美] 埃德加·斯诺. 西行漫记 [M]. 董乐山,译. 北京:生活·读书·新知三联书店,1979:131.
③ 邓小平. 邓小平文选:第 3 卷 [M]. 北京:人民出版社,1993:110.
④ 习近平. 习近平谈治国理政 [M]. 北京:外文出版社,2014:153.

的神圣使命，必须自觉坚定理想信念，净化政治灵魂，筑牢思想之基。因此，高校思政课教师提升"发声亮剑"能力的首要要求就是坚定理想信念，坚定对马克思主义的信仰，对共产主义的信念，对党的领导和社会主义制度的信心。

理想信念是高校思政课教师"发声亮剑"能力的思想根源，坚定的理想信念回答了"为什么'发声亮剑'"的问题。理想信念决定着一个人的思维模式与处事方式，具有强大的稳定性，理想信念形成以后，一般很难再更改。坚定、崇高的理想信念可以振奋精神，指引人们跨越艰难险阻，实现人生价值，而理想信念不坚定或错误的理想信念则会导致人们在工作生活中走弯路、犯错误。坚定的理想信念是高校思政课教师在面对形形色色的社会思潮时披荆斩棘的思想根源。在理想信念的指引下，高校思政课教师"为什么'发声亮剑'"就有了答案，高校思政课教师在"发声亮剑"过程中就不会因困难而畏缩，也不会因无助而迷茫。事实证明，理想信念坚定，"发声亮剑"能力就会坚定；理想信念滑坡，"发声亮剑"能力也必将崩塌。高校思政课教师增强"发声亮剑"能力，首要的是坚定理想信念，以理想信念之基，培养、巩固、提高"发声亮剑"能力。

理想信念是高校思政课教师"发声亮剑"能力的方向指引，坚定的理想信念回答了"向谁'发声亮剑'"的问题。高校思政课教师所要培养的"发声亮剑"能力，不是不分青红皂白地对一切社会思潮进行驳斥，而是有原则、有立场、有方向的批判。归根结底，这些原则、立场、方向是从坚定的理想信念中提取出来的。在理想信念的指引下，高校思政课教师可以看清潜藏在社会思潮背后的利益实质，从而分清主次、分清敌我、分清正误，有的放矢地采取斗争策略同那些危害人民根本利益、危害国家核心利益、危害党的领导和社会主义制度的一切错误社会思潮做斗争。如果没有了理想信念的方向指引，那么高校思政课教师"发声亮剑"能力就很难经得住实践的考验，也很难长久地发展下去，最终就会迷失方向、丧失斗志。

理想信念是高校思政课教师"发声亮剑"能力的不竭源泉，坚定的理想信念回答了"'发声亮剑'的动力在哪里"的问题。理想之所以为理想，在于其需要不断奋斗才能实现;信念之所以为信念,在于其是实现理想必要的动力条件。如果失去了理想,那么高校思政课教师"发声亮剑"就失去了方向;如果失去信念,那么高校思政课教师"发声亮剑"必将失去动力,停滞不前。美国学者理查德·博雅特兹提出了"洋葱模型"的概念。在他看来,"洋葱模型"就是将胜任素质看作一个层层包裹的洋葱结构,其中最核心的是动机。在洋葱模型中,素质越向外层,越易于培养和评价;越向内层,越难以习得和评价。在这里,理想信念是高校思政课教师培养"发声亮剑"能力的动机,理想信念越强,则动机越强;理想信念越弱,则动机越弱。

坚定的理想信念可以使高校思政课教师在同形形色色的错误思潮和不良舆论做斗争时,始终守住初心、坚定意志,保持头脑清醒,做政治上的"明白人"、干"明白事"。如果高校思政课教师没有理想信念或理想信念不坚定,那么很大程度上就回答不了"为什么'发声亮剑'""向谁'发声亮剑'""'发声亮剑'的动力在哪里"等一系列追问,就会在这一系列的追问中立场动摇、意志摇摆、畏首畏尾,那么"发声亮剑"也就可能沦为一句空话、一句口号,不能落实到具体的实践之中。

(二)知识视野

在现代汉语中,"视野"通常有两种含义。一是指眼睛所能看到的空间范围,即目之所及;二是指观察或见识的领域,即思之所及。目之所及很大程度上影响并规范着思之所及。所谓知识视野,即个体所拥有知识的宽度与深度,个体的知识视野越宽,某种程度上就意味着个体看问题的角度越丰富,对问题的理解也就越深入。"在农耕时代,一个人读几年书,就可以用一辈子;在工业经济时代,一个人读十几年书,才够用一辈子;到了知识经济时代,一个人必须学习一辈子,才能跟上时代前进的脚步。"[①] 在知识爆炸的时代,高校思政课教师"发声亮剑"就需要不断学习,通过学习丰富自己的知识视野、提升自己的理论水平、拓展自己的思

---

① 习近平. 习近平谈治国理政 [M]. 北京:外文出版社,2014:403.

维模式。知识是"发声亮剑"的基础，学习是获得知识的主要途径，高校思政课教师唯有学习，才能游刃有余地应对来自各方面的挑战，才能切实地提高"发声亮剑"能力。

习近平总书记指出，讲好思政课不容易，因为这个课要求高。一直以来，高校思政课教学涉及内容"广"、更新速度"快"、内容要求"专"，不仅要求高校思政课教师具有扎实的马克思主义理论功底，还要求教师要拓宽知识视野，广泛涉猎社会科学与自然科学领域的知识。同样，高校思政课教师要培养"发声亮剑"能力也非易事。改革开放以来，各类社会思潮交流交融交锋从未间断，传播媒介的快速发展也使社会思潮呈现出多元多变多面的态势。在此种情况下，如果仅仅从单一的学科视角出发，将自己的视野局限在某一学科领域，不了解其他学科的知识，不掌握其他类别的内容，那么在"发声亮剑"过程中，高校思政课教师就会没有底气或底气不足，出现"本领恐慌"，畏首畏尾、理亏心虚，难以有理有据地对错误社会思潮和错误思想舆论展开批驳，难以实现以理服人。知识储备的广度一定程度上决定着高校思政课教师"发声亮剑"的深度，是否具备宽广的知识视野是影响高校思政课教师"发声亮剑"能力的重要因素。因此，高校思政课教师"发声亮剑"就需要宽广的知识视野与扎实的学理支撑，以应对不同方面、不同类型的错误社会思潮对我国社会主义意识形态的攻击。

首先，具备宽广的知识视野可以帮助高校思政课教师认清不良社会思潮的新变体，洞察批驳对象。宽广的知识视野是思政课对教师的要求，是"发声亮剑"对教师的要求，也是历史和时代对教师的要求。智媒时代，随着5G、大数据、深度学习等传播技术的发展，媒介格局急剧变革，各类信息爆炸式增长。网络舆论场内，价值观念相互激荡、社会思潮多元多变。在良莠不齐、泥沙俱下的海量信息中，各类不良社会思潮之间逐渐出现相互耦合之势，产生新的变体，并借助传播介质迅速扩散，动摇社会大众对社会主义意识形态的认同，影响我国意识形态领域安全。面对不良社会思潮泛滥的舆论场域，面对社会思潮的合流交汇的新态势，高校思政课教师只有主动学习前沿性知识、综合性知识、交叉性知识，才能了解社会思潮的新变体、认清各类社会思潮的内在本质，也才能在"发声亮剑"过程中有强大的学理支撑。

其次，具备宽广的知识视野可以帮助高校思政课教师对不良社会思潮做彻底的批判。"彻底的批判精神是马克思主义本质特征。"① 因此，高校思政课教师在运用马克思主义基本原理对不良社会思潮开展批判时也要体现出"彻底"的精神。"彻底的批判"需要强大的知识储备，如果没有强大的知识储备，那么高校思政课教师对不良社会思潮的批判只会浮在表面、蜻蜓点水，难以收到实效。一方面，扎实的专业性知识与通识性知识可以使高校思政课教师在"发声亮剑"过程中融合多学科知识，打破思维壁垒、贯通思维模式，丰富看问题的角度、增加想问题的深度，从而透过社会思潮的表象深入内部，抓住本质性问题。另一方面，宽广的知识视野可以提升高校思政课教师的政治鉴别力、判断力、洞察力。通过涉猎其他学科的知识，高校思政课教师可以避免自己对某些问题的片面认知或模糊理解，在此基础上，在面对那些极具蛊惑性、欺骗性的社会思潮时就可以始终保持头脑清醒、眼睛明亮，始终以彻底的理论对其做彻底的批判。

高校思政课教师直接影响着思政课教学的深度和广度，也直接关系着"发声亮剑"活动的高低优劣。对高校思政课教师而言，如果"不努力提高各方面的知识素养，不自觉学习各种科学文化知识，不主动加快知识更新、优化知识结构、拓宽眼界和视野，那就难以增强本领，也就没有办法赢得主动，赢得优势、赢得未来"②。高校思政课教师"发声亮剑"，面对的对象是人，"发声亮剑"的整个过程也是将真理魅力、思想感染力传递给人的过程，这个过程是以理服人而不是强词夺理的过程。这就决定了高校思政课教师必须提高学习能力、拓展学习范围，通过学习积累知识、增长见识、开拓视野，从而提升思想的高度、"发声亮剑"的力度。

---

① 习近平. 思政课是落实立德树人根本任务的关键课程［M］. 北京：人民出版社，2020：19.
② 习近平. 习近平谈治国理政［M］. 北京：外文出版社，2014：403.

（三）人格魅力

人格（Personality）源自拉丁语"Persona"，意为"面具、面纱"，在当时，人们用"Persona"表示舞台上不同人物的身份和性格。古希腊时期，人们逐渐开始使用了"人格"的概念，认为人格是个体的品质、外在表现以及尊严声望等。瑞士精神分析学家卡尔·荣格认为，"人格"具有双重含义。"人格面具"只是其表层含义，人格还有另一层含义，即"真实的自我"。奥地利心理学家、精神分析学派创始人弗洛伊德提出了"人格三结构"，在他看来，人格由本我、自我、超我三部分构成，一般情况下，三者处于平衡协调的状态，这时人格得以正常形成发展。如果人格三结构处于失衡的状态，就会导致人格不健全。我国自古以来就特别强调健全人格的重要性。如"富润屋，德润身""内圣外王""富与贵，是人之所欲也；不以其道得之，不处也"。虽然我国历史上并未明确出现"人格"一词，但都强调关注人的道德塑造和价值养成。在这里，高校思政课教师的人格魅力主要是指教师在气质、性格、涵养、志趣、道德修养等方面所散发出来的吸引人的力量。

德国哲学家康德认为："有两种事物，我们愈是沉思，愈感到他们的崇高与神圣，愈是增加虔诚与信仰，这就是头上的星空和心中的道德律。"[①] 人格魅力是高校思政课教师为人为学所必须具备的精神力量，也是提升高校思政课教师"发声亮剑"能力的基础性力量。高校思政课教师能否在"发声亮剑"过程中以真理打动人、以真实说服人、以真情感染人，很大程度上取决于高校思政课教师是否具有崇高的人格魅力。没有人格魅力或人格魅力不足，即使拥有再多的理论知识，也必然会影响高校思政课教师"发声亮剑"能力的发挥。人格魅力是教师的关键性特质，塑造和提升高校思政课教师的人格魅力对于培养和提升高校思政课教师"发声亮剑"能力具有十分重要的现实意义。

高校思政课教师的人格魅力一定程度上影响着学生的价值养成。高校

---

① [德] 康德. 实践理性批判 [M]. 邓晓芒，译. 北京：人民出版社，2003：220.

思政课教师具备高尚的人格是整个社会对教师提出的基本道德要求。教师的人格实实在在地体现在教师教学全过程，某种程度上也可以说，教师对学生的教学是通过教师的人格来实现的。在高校教育工作中，影响学生价值观念的因素是多方面的，但教师的人格，尤其是思政课教师的人格因素是其他方面不能相比，也无法代替的。苏联教育学家苏霍姆林斯基认为，学校就如同一把精致的乐器，它可以奏出一种和谐的旋律，并使之感染到每一个学生的心灵，"但要奏出和谐的旋律，必须把乐器的音调准，而这乐器是靠教师、教育者的人格来调音的"。在这里可以看出，苏霍姆林斯基把教师看成了学生学习的模范标准，教师的人格如何，某种程度上会在学生身上体现出来。因此，高校思政课教师的人格榜样作用就显得格外重要。高校思政课教师具备健全的人格，那么不仅在"发声亮剑"过程中有足够的底气，而且还会将这种"底气"传递给每一位学生，帮助学生形成完美的人格，从而形成强大的"发声亮剑"力量。

强大的人格魅力可以提升高校思政课教师"发声亮剑"的效果。高校思政课教师的人格之正，才能彰显出其本领之真。具体来说，高校思政课教师的人格魅力是由政治人格、情感人格、道德人格、智能人格共同构建而成的。

政治人格是高校思政课教师站稳政治立场的首要标准，也是高校思政课教师"发声亮剑"的重要保障。特殊的社会角色与社会功能决定了高校思政课教师必须具有坚定的政治信仰、过硬的政治素质。如果高校思政课教师缺少政治人格，没有对我们党的政治理论的内在确信，那么就会成为表里不一的"两面人""两面派"，课堂上讲着一套，课下却又干着另外一套，生活里讲着马克思主义，背地里却又胡言乱语。这样的人是做不好思政课教师，也没有资格做思政课教师的。政治人格是高校思政课教师人格魅力的基石，它决定着高校思政课教师是否能够理直气壮地上好思政课，在大是大非面前是否敢于"发声亮剑"，在错误思潮面前是否敢于拿起理论武器帮助人们看清真相。事实证明，政治人格健全，具有高度的政治责任感和政治敏锐性的高校思政课教师，才会呈现出鲜活的教师形象，才会将自己的政治人格体现在教育活动全过程、"发声亮剑"全过程。

情感人格体现了高校思政课教师的情感温度。苏联著名教育学家苏霍姆林斯基强调："教育者应当关怀备至、深思熟虑、小心翼翼地触及年轻的心灵。真正的教育是拒绝粗暴的，需要精心呵护，需要人文关怀的体贴。教育本身是一种高尚的爱的事业，没有情感、没有爱，也就没有教育。"① 一堂精彩的思政课，绝不是单纯的理论灌输，也绝不是照本宣科式的理论说教，而是在理论与实践、真理与思维的碰撞中，运用温润而泽的教学方式直达学生内心深处，影响学生、感染学生。同样，作为"发声亮剑"的重要主体，高校思政课教师在面对错误思潮和不良言论时也要将抽象、晦涩、深奥的理论以娓娓道来的方式表达出来，因为"没有'人的感情'，就从来没有也不可能有人对于真理的追求"②。并且以富有情感的方式开展"发声亮剑"还可以引导广大人民群众在情感体验的基础上加深对科学理论的理性认知，从而巩固"发声亮剑"的群众基础。但在这里需要注意的是，增强高校思政课教师的情感温度，并不是说高校思政课教师在"发声亮剑"过程中对那些错误思潮和言论放松警惕、降低批驳力度，而是说高校思政课教师在对错误思潮和言论的驳斥过程中要讲清楚道理，以理性光辉彰显情感温度，真正实现以理服人，以彻底的理论，做彻底的批判。

道德人格体现的是高校思政课教师在教学过程中呈现出的道德风貌，也是高校思政课教师"发声亮剑"的重要基础。高校思政课教师的道德人格具体表现为严谨的治学态度、高尚的个人品德、良好的职业形象、严格的自律意识等，这些表现既是做好教育的重要因素，也与提升"发声亮剑"能力密不可分。高校思政课教师是社会关注的重要主体之一，其言谈举止都会不同程度地受到社会关注，一旦道德上出现了问题，就会迅速成为整个社会热议的焦点。道德与品格相关，品格可以影响人格。一个人具有高尚的道德品质，某种程度上也就可以说这个人具有较为健全的人格。道德人格健全的人所从事的实践活动往往是被人民群众所认可的。因此，

---

① ［苏］苏霍姆林斯基.给教师的建议［M］.杜殿坤，译.北京：教育科学出版社，2000：33.
② 中共中央马克思恩格斯列宁斯大林著作编译局.列宁全集：第25卷［M］.北京：人民出版社，1988：117.

高校思政课教师需要不断提升自己的道德境界,只有这样,其进行"发声亮剑",才会更具说服力,才会传递出更大的能量。

智能人格主要是指高校思政课教师的综合能力,是高校思政课教师本领过硬的具体体现。思政课不好上,讲好高校思政课需要教师交叉多学科、融合多领域、贯通多方面的知识。要对错误思潮和不良言论进行彻底的批判同样也不容易,因为高校思政课教师面对的是传播范围广、影响程度深、变体类型多的强大"敌人",这就给高校思政课教师提出了更高的要求,不仅要理论功底过硬,还要批驳本领高强。高校思政课教师要适应时代变化,与时俱进,运用新的思维模式认识新思潮、新理论,有的放矢地展开"发声亮剑",不断更新"发声亮剑"的方式手段。如果高校思政课教师囿于传统思维,就很难以已有的知识支撑"发声亮剑","发声亮剑"能力也会日渐衰退。

(四)媒介素养

智媒时代,网络空间已经成为信息传播的关键场域。在这一场域中,虚拟元素关联现实实践、文化符码承载情感表达、感性表象隐含价值理念,信息的呈现样态与传播机理发生了革命性嬗变。与此同时,形形色色的社会思潮也常常借助网络空间感性化、浅表化、碎片化等特点以场景勾画、具象渗透的诱导方式对人们施加着隐秘影响。

近年来,西方"普世价值"论、历史虚无主义、新自由主义、民粹主义等西方社会思潮在网络空间甚嚣尘上,不仅破坏我国舆论生态,制造混乱,也威胁着我国意识形态领域安全。"明者因时而变,知者随事而制。"(《盐铁论》)面对新情景、新挑战,如果高校思政课教师缺乏基本的媒介素养,不懂得错误社会思潮的新变体、新模式,任由其在网络空间大行其道,对其听之任之、放任不管或想管但没有方法管,心有余而力不足,那么"发声亮剑"能力就体现不出来,错误思潮就会愈发猖獗,对社会大众产生不可估量的消极影响。因此,媒介素养是衡量高校思政课教师"发声亮剑"能力的重要标尺。在这里,媒介素养主要是指高校思政课教师适应媒介发展,辩证理性地审视传播媒介中信息的素质和修养。一般来说,媒介素养越高,高校思政课教师鉴别危害性信息、发现网络社会思潮乱象的水平就越高,开展网络社会思潮治理的能力也就越高。

媒介是争夺意识形态话语权的重要场域。在共产主义的革命实践中历来强调媒介与意识形态建设之间的关系,马克思恩格斯也非常重视媒介宣传工作,他们创办、协办的报纸就有《莱茵报》《新莱茵报》《德法年鉴》《纽约每日论坛报》等,多达数十种。从传媒社会学的角度来看,媒介是意识形态传播的重要载体,起着引导思维走向、形塑价值观念的重要作用。美国哲学家、社会理论家赫伯特·马尔库塞在《单向度的人》中强调:"大众媒介给人的初始印象是传播信息和提供娱乐的载体,但实质上大众媒介在现代社会却发挥着思想引导、政治控制等功能。"① 通过媒介传播错误思潮是西方资产阶级进行意识形态操纵的主要手段。冷战时期,西方国家制定了针对苏联的意识形态渗透策略,最终把苏联推向解体。资本主义社会跨入媒介时代后,其谋求世界霸权的方式也由传统的政治控制逐渐转向了媒介渗透,媒介渗透成了资本主义意识形态输出的新方式。在资本主义构建的媒介景观中,文字、图像、数据等都被赋予了各式各样的象征意义与价值表达,在看似纯粹的传播工具背后,潜隐着资产阶级的意识灌输、思想控制。资本主义国家一般通过制造"视觉假象"进行意识形态传播,这些"视觉假象"隐蔽性强、变体多,普通大众一般很难发现。高校思政课教师本身具有高度的政治敏锐性,如果辅以一定的媒介素养,很容易就会在各类舆情、现象、热点事件中发现意识形态端倪,分析其中可能隐含的价值渗透内容,并运用已掌握的理论知识对其进行理论回击,向社会大众传递正确的价值观念。

强化媒介素养是提升高校思政课教师意识形态能力的重要抓手。媒介场域正在上演意识形态"人心争夺战",媒介素养的高低影响着高校思政课教师"发声亮剑"水平。高校思政课教师是研究和传播马克思主义的重要力量,也是在形形色色的消极、落后、错误社会思潮中为社会主义意识形态摇旗呐喊的有生力量,他们有扎实的马克思主义理论功底、坚定的信

---

① [美]赫伯特·马尔库塞.单向度的人[M].刘继,译.上海:上海译文出版社,2006:9.

念追求、深厚的知识底蕴、高超的辩论水平,对于网络意识形态斗争,高校思政课教师不能也不允许置身事外。这就需要高校思政课教师适应时代变化,培养媒介素养,从学生圈走进社会圈,将自己的影响力从学术圈扩大到网络圈,"出圈"又"入圈",增强同媒体打交道的能力、运用各类媒介的能力,及时了解社会思潮的新变体,发现问题,推进"发声亮剑"。

目前,一些高校思政课教师媒介意识不强、媒介素养不高,在网络空间很少甚至没有想到要"发声亮剑",出现这一现象的原因主要有:部分思政课教师只是沉浸在自己的学术天地里,自说自话;部分思政课教师认为要将"政治问题""意识形态问题"和生活保持一定距离,免得不小心犯了错误;部分思政课教师对网络空间持有偏见,觉得网络空间社会思潮都是不好的,没有学术研究价值;部分思政课教师则认为教师的工作范围是在课堂上、在校园内,网络空间"发声亮剑"不属于工作范畴等。

对错误思潮的不闻不问就是对错误思潮的姑息,也是对敌对势力的纵容。一些高校思政课教师出现了这种问题,归根到底还是这些教师社会意识形态能力不够、政治敏锐性不强的问题。当前,媒介,特别是互联网媒介已经成了人们交往交流的基本场域。在这个场域中,各类社会思潮交流交融交锋,严重干扰着"亿万民众共同的精神家园"[①]。如果高校思政课教师"发声亮剑"只谈论"学生圈""学术圈"的问题,对"社会圈""网络圈"的问题充耳不闻,那么不仅网络"发声亮剑"做不好,这种脱离了实践的学术研究也很难做好。媒介素养的问题集中体现着高校思政课处理"学生圈""学术圈"与"社会圈""网络圈"两者之间关系的能力,是高校思政课教师开展"发声亮剑"必须解答好的问题。

强化媒介素养是提升高校思政课教师理论宣传吸引力、亲和力的应有之义。传统宣讲活动中,"灌输式"的社会主义意识形态教育常常会缺乏现实观照与人文关怀,这种模式难免会导致社会大众出现枯燥感和排斥心理,也很难引起人们对社会思潮的关注。而在新媒体场域中,各类媒介平台为高校思政课教师"发声亮剑"提供了各类宣讲工具与传播渠道。习近

---

① 习近平. 在网络安全和信息化工作座谈会上的讲话[M]. 北京:人民出版社,2016:8.

平总书记强调:"随着信息化不断发展,知识获取方式和传授方式、教和学关系都发生了革命性变化。这也对教师队伍能力和水平提出了新的更高的要求。"① 随着媒介技术的日益精进,高校思政课教师需要具备一定媒介基础能力、掌握一定的媒介使用技巧,得心应手地运用媒介巧妙地将理性化与感性化、严肃化与通俗化、政治化与鲜活化的内容结合起来,增强理论宣讲的亲和力,提升社会大众对"发声亮剑"的关注度,进而吸引越来越多的人参与"发声亮剑",扩大"发声亮剑"的群众基础。

二、高校思政课教师"发声亮剑"能力提升的内在机理

高校思政课教师"发声亮剑"能力,是高校思政课教师感悟、接受、理解、内化马克思主义基本原理、马克思主义中国化的科学理论成果,并最终将其外化为具体行为的相对稳定的综合素质。"发声亮剑"能力的具体行为主要包括同错误思潮、错误舆论做斗争,同"两面人""两面派"做斗争,传播社会主义核心价值观与社会主义意识形态等。高校思政课教师特殊的职业属性决定了"发声亮剑"能力是其必须具备的基本素质,提升"发声亮剑"能力又是整个社会对高校思政课教师的要求。

(一)在角色强化中提升"发声亮剑"能力

角色定位是个体对自身身份的认知,合理的角色定位有助于明确自身的地位、关系、职责、行为,从而顺利地开展角色扮演。高校思政课教师是一个复杂的"角色"整体,需要从多方面进行认知。高校思政课教师进行角色认知的过程,也是增强职业认同的过程;增强职业认同的过程,也是明晰自身政治责任、政治使命的过程,是主动提高"发声亮剑"能力的过程。

角色理论是社会心理学领域的重要理论之一。"角色"一词原是指演员在舞台上扮演的特定人物。在舞台剧中,剧本对剧中人物做了一定的限制,演员需要按照剧本,运用一定的表演技巧将特定人物表现出来。因

---

① 习近平. 在北京大学师生座谈会上的讲话 [M]. 北京:人民出版社,2018:8.

此，演员表现出来的不是自己，而是剧中人物，是剧中人物性格、特征、品质的再现。社会心理学认为，如同剧本对演员做出的规定一样，处在现实生活中的人也会受到一定社会关系的限制，社会关系规定了人的社会行为。1935年，美国社会学家、心理学家乔治·米德首先将"角色"概念引入社会心理学领域。米德借用戏剧中"角色"用以分析个体在不同社会情境中的行为模式。在此之后，"角色"一词成了社会心理学分析不同情境下个体与组织、个体与社会关系的基础。米德虽然将"角色"作为其理论体系中的重要组成部分，但他本人并没有给"角色"下一个明确的定义，只是用作一种比喻以说明不同的人在类似情境中表现出类似行为这种现象。美国文化人格学派的主要代表拉夫尔·林顿认为，个体所扮演的角色是与地位相符的权利与义务的集中体现。苏联社会心理学家布耶娃认为，角色是社会职能，它体现着个体在社会系统中所处的地位。虽然不同的学者从各自的学科视角出发对"角色"的认识有所不同，但已可以从中窥见"角色"在社会心理学领域的基本内涵。

角色与角色期待有着密切关系。个体在社会上所扮演的某种角色要表现出社会成员对这个角色特定行为的期待，也就是说，一个人的行为能否体现出他的身份、地位，很大程度上就要看他是否遵循了角色期待，遵循了多少角色期待。美国社会学家塔尔科特·帕森斯认为，社会通过角色期待引导社会结构中的个体扮演相应的社会角色，个体在一定社会关系中的权利与义务也是由角色期待所赋予的。[①] 例如，"教师"是个体扮演的角色，社会成员就会期待该个体表现出"教师"应有的社会行为，如传道授业、教书育人等。如果某位"教师"没有遵从角色期待，那么这位"教师"就很难得到社会大众的认可和称赞。

马克思强调："人的本质不是单个人所固有的抽象物，在其现实性上，它是一切社会关系的总和。"[②] 任何人都不是离群索居者，而是处在复杂的

---

① [美]塔尔科特·帕森斯. 社会行动的结构[M]. 张明德，夏翼南，彭刚，译. 南京：译林出版社，2008：717.

② 中共中央马克思恩格斯列宁斯大林著作编译局. 马克思恩格斯选集：第1卷[M]. 北京：人民出版社，2012：135.

社会关系网之中的现实的具体的人,这就说明在社会情境中,个体不只扮演某一角色,一个人可以同时扮演多种角色,是多种角色并存的"角色丛""角色集"。不同角色的任务与要求不同,一般情况下,个体可以处理好不同任务之间的关系,保持各角色之间的平衡和谐。但有时也会发生角色冲突,导致做出的社会行为不符合角色身份,满足不了社会大众的角色期待。角色冲突包括角色间冲突与角色内冲突两方面。角色间冲突,主要与不同角色提出的不同要求有关。角色内冲突,主要是与社会或个人对同一角色的扮演者提出的不同要求有关。同样,高校思政课教师的角色也不是单一的,而是一个复杂的"角色丛"。高校思政课教师既是课堂教学者、知识传播者,又是价值引导者、思想引领者,还是道德示范者、道德践行者,高校思政课教师集多种社会角色于一身,在处理不同角色不同的社会期望时,难免会出现角色冲突。

高校思政课教师做的是塑造灵魂、塑造生命、塑造人的工作,这就决定了高校思政课教师必须对自身的角色定位有一个清楚的认知,对自身所做的工作有坚定的认同。只有这样,才能满足社会成员对"高校思政课教师"这一特殊角色的期待,进而"发声亮剑"才会更有目标和动力。

高校思政课教师是马克思主义理论的传播者。高校思政课教师是马克思主义理论的研究者,也是宣传、传播马克思主义的重要力量。高校思政课是以马克思主义为指导的课程体系,作为教学活动的实施者,高校思政课教师必须高举马克思主义旗帜,在课堂内外理直气壮地传播好马克思主义。这一方面是由于思政课教师的特殊身份所决定的,另一方面也体现了社会大众对"思政课教师"的角色期待。做马克思主义理论的传播者,就是说高校思政课教师在做好马克思主义学术研究的基础上,要把马克思主义及其研究成果传播出去,让学生听得到、让群众愿意听,引导广大人民群众真正从心底认同马克思主义,认同马克思主义中国化的理论成果。

高校思政课教师是大学生价值观念的塑造者。高校思政课具有公共属性,高校思政课教师面对的学生也是来自不同院系处在"拔节育穗期"的青年。习近平总书记指出:"新时代的中国青年……面临各种社会思潮的现实影响,不可避免会在理想和现实、主义和问题、利己和利他、小我和大我、民族和世界等方面遇到思想困惑，更加需要深入细致的教育和引导。"① 这里所强调的"教育和引导"一般是由高校思政课教师来完成的。因此，高校思政课教师要明确自己的角色定位，既做"经师"，又做"人师"，坚持把教书与育人统一起来，引导青年大学生树立正确的世界观、人生观、价值观，增强青年大学生投身中华民族伟大复兴事业的思想动能。

高校思政课教师是意识形态阵地的捍卫者。意识形态工作是党的一项极端重要的工作。高校思政课教师有着丰富的知识体系、扎实的学科背景、敏锐的政治嗅觉，是做好意识形态工作的重要角色。在课堂上，高校思政课教师要向学生传递真理、传播思想、传授知识，守卫好课堂教学主阵地；在生活中，高校思政课教师也要理直气壮讲政治、旗帜鲜明讲政治，讲清楚马克思主义、中国特色社会主义的科学性与真理性，讲清楚形形色色的社会主义思潮的来源、实质、规律，坚决同各种错误思潮做斗争，同那些反对马克思主义、反对中国共产党、反对中国特色社会主义的思潮做斗争。

个体拥有多重角色是客观存在的，是每一个人都需要直面的问题，关键就在于如何处理好不同角色之间的关系，如何降低或避免不同角色之间的冲突。一般来说，一个人承担的角色越多，就会面临越多的角色期待，其产生角色失调的可能性就越大，职业认同度、满足感就相应地越低。高校思政课教师对自己的角色定位有一个清晰明了的认知，那么对"高校思政课教师"这份职业的认同度就会高，对高校思政课教师所要担负的政治使命与政治责任也就会有清醒的认识，在此基础之上，高校思政课教师的"发声亮剑"能力也就会相应地强起来。

角色定位可以帮助高校思政课教师摆正自己在"发声亮剑"中的位置。目前，部分高校思政课教师，尤其是青年教师对于自己的角色定位存有困惑，对于自我认知、自我发展、自我价值等问题还感到迷茫。高校思政课教师出现这样的问题，归根到底还是角色定位问题、职业认同问题。

---

① 习近平. 习近平谈治国理政：第 4 卷 [M]. 北京：外文出版社，2022：274.

思政课是落实立德树人根本任务的关键课程，思政课教师是这一过程的主要承担者，肩负着传播马克思主义理论、塑造大学生价值观念、捍卫意识形态阵地的重要职责。通过角色定位可以帮助高校思政课教师清晰地看到自己的政治使命，也可以帮助高校思政课教师找到提升"发声亮剑"能力的动机。这就是要承担起教师肩负铸魂育人的责任，回应广大人民群众对"高校思政课教师"的期待。动机一旦明确，那么高校思政课教师"发声亮剑"就有了内部驱动力，在这一动力的驱使下，高校思政课教师会不断开展"发声亮剑"，不断在实践中总结斗争经验、积累斗争本领，提高"发声亮剑"能力。

角色定位可以帮助高校思政课教师明确自己在"发声亮剑"中的责任。当前，百年未有之大变局加速演进，世界局势波谲云诡，西方反华势力企图对我国进行分化、西化。同时，形形色色的社会思潮多元、多变、多样，社会大众，尤其是青年大学生不可避免地会受到影响，造成理想动摇、信念滑坡。高校思政课教师是大学生思想上的领路人，也是"发声亮剑"、批驳错误思潮的重要主体。这不仅是社会大众对"高校思政课教师"的角色期待，同时也是历史与时代赋予高校思政课教师的神圣责任。为此，高校思政课就需要认清自己的角色定位，承担起自己在"发声亮剑"中的重要责任，用科学的思维方法、坚定的理想信念、清醒的政治自觉传递马克思主义真理，引导学生向道求真，引导广大人民群众向善向美。

高校思政课教师是一个特殊的群体，他们有着丰富的知识储备、良好的学科背景、扎实的理论功底，是驳斥错误思潮，传播马克思主义的重要力量。高校思政课教师需要认清自己的角色定位，处理好各个角色之间的关系，尽量避免出现角色冲突、角色失调等问题，在明确角色期待中稳定角色状态，在稳定角色状态中发挥角色功能，做好价值观念的引领者、社会主义核心价值观的倡导者。

（二）在舆论斗争中提升"发声亮剑"能力

舆论是人心活动与现实生活的双重映射，其发展变化一定程度上反映着人类社会的发展状态。所谓舆论场域，即众人之声、万众之论交往交流交融、叠加聚合互动,形成的复杂却极具能量性的场域。当前是世界百年未有之大变局,世界局势呈现出罕见的不确定性、不稳定性,错误社会思潮也趁机而至,在网络舆论场中掀起一阵阵恶浪。在多元思想观念与马克思主义的博弈中,在西方意识形态加紧对我国的侵袭渗透中,高校思政课教师责任在肩、责无旁贷,坚持马克思主义在意识形态领域的指导地位,坚持在"发声亮剑"中捍卫社会主义意识形态安全。

舆论是隐秘却有力的思想武器。习近平总书记强调:"一张图、一段视频经由全媒体几小时就能形成爆发式转播,对舆论场造成很大影响。这种影响力,用好了造福国家和人民,用不好就可能带来难以预见的危害。"① 自媒体时代,网络媒介为社会民众构建了生存和发展的基本场域。在这一场域中,信息的呈现样态、传递方式,社会的沟通模式、交往方式出现了革命性嬗变。技术的进步带来了个体传播的兴起,信息权力逐渐脱离具体阶层与场所的限制开始向社会大众转移,话语生产逐渐在社会大众中展开。与之相伴,话语失序、话语解构、话语重建在舆论场域中频繁上演,舆论场域成了各种意识形态争夺的主战场。

多元思潮同主流意识形态博弈,国内非主流社会思潮跌宕起伏。自媒体时代的信息传播,在内容呈现上更具吸引力、在表达方式上体现隐性化、在价值传递上凸显渗透性,无疑给主流意识形态传播提供了较好的选择。但也为不良社会思潮提供了藏身之所,成了错误社会思潮滋生、蔓延的温床。当前,舆论场域中"主流的和非主流的同时并存,先进的和落后的相互交织"②,对我国主流意识形态建设带来严峻挑战。新自由主义、历史虚无主义、极端民族主义、民粹主义、宪政民主论等形形色色的错误社会思潮改头换面以混淆视听,蛊惑社会大众,不断传递出错位、歪曲的价值理念,企图达到弱化我国主流意识形态权威,实现意识形态渗透的目的。舆论场域中,看不见硝烟的人心争夺战无处不在,错误社会思潮与错误观念波涛汹涌、暗流涌动,直接威胁着我国意识形态领域的安全。

西方意识形态渗透构成了对我国舆论生态的实质性威胁。西方国家常

---

① 习近平关于网络强国论述摘编[M].北京:中央文献出版社,2021:83.
② 习近平.在全国党校工作会议上的讲话[M].北京:人民出版社,2016:20.

常利用其"信息霸主""网络霸主"的地位,通过网络媒介向其他发展中国家输出资本主义意识形态。近些年,西方国家网络意识形态渗透的战术也在不断升级,集中表现为:利用重大突发公共事件诱导我国舆论走向;向虚拟社群灌输西方意识形态并使之成为意识形态再传播的工具;通过网络渠道收买、策反意识形态安全意识不强的网民,诱使其从事盗取情报、煽动社会情绪等活动。并且,西方意识形态在渗透方式上越来越表现出隐蔽性、广泛性、多样性、综合性,其目的就是要干扰目标国的社会秩序,破坏其经济发展,颠覆其政权,使之发生"转向"。西方国家在舆论场域进行的意识形态渗透,范围更广、影响更深、危害更大,部分辨识能力不强的群体很容易被潜藏于感性表象中的错误价值理念所左右,出现意志迷乱、自我丧失、主次模糊、排斥社会主义意识形态等问题。

自媒体时代,我国舆论场域发生了显著、深刻的变化,这些变化为舆论建设提供了全新的境遇,但也暗藏着一系列风险。第一,舆论平台日趋完善。随着传播技术的更迭,各类媒介平台逐渐发展起来,为社会大众提供了更多的表达渠道,使每个人都有机会通过不同方式获取信息、分享观点、传播思想,实现和他人的交流。但这也使社会矛盾以更加明显可见的方式凸显出来了。在传统舆论环境下,社会大众的利益诉求难以得到普遍关注,更难以形成强势的舆论,但在自媒体环境中,越来越多具有相似的利益诉求的个体会通过网络迅速形成集合,引发社会关注。第二,舆论主体日渐多元。自媒体时代,人人都有麦克风。自媒体强大的表达机制和便捷的沟通功能,赋予了人们极大的信息交流自由,为普通大众提供了广阔的话语表达空间。但舆论主体多元化在某种程度上也带来了舆论压力。自媒体使过去单一、线性的"一对多""点对面"的舆论解构发展成了分散式结构,任何非主流舆论经过网络发酵都可能引发"蝴蝶效应",增大政府对社会舆论的把控难度。第三,舆论风险扩大化。自媒体降低了话语表达、内容生产的门槛,社会大众从以前的被动接受者向主动生产者转变,信息传播也由传统线性、中心化模式向行为主体多元、去中心化转变。个体发声权利相较以往有了明显增强的趋势,但也容易出现无序现象,引发社会舆论。并且,一旦出现某一类型的社会舆论风险,也常常会触发其他类型的风险，耦合形成复合型风险。在错综复杂的风险综合体中，辨识和化解风险的难度也会增大。

舆论与意识形态密切相关。意识形态对舆论起着引导与支配的作用，舆论是意识形态的外在体现。习近平总书记反复强调："过不了互联网这一关，就过不了长期执政这一关。"[①] 舆论场域治理是做好意识形态工作的重要举措，净化网络舆论空间关系到意识形态安全。一般来说，舆论场域的优劣关系到意识形态安全，意识形态引领又关系到舆论场域的发展与建设。高校思政课教师是党的意识形态工作的主要承担者，必须明确自身使命，增强网络舆论场域治理意识，"过好互联网这一关"。

立德树人的根本任务要求高校思政课教师提升"发声亮剑"能力，增强舆论把控力。为党育人、为国育才是高校思政课教师投身网络舆论治理的内在动力与价值旨归。当前，大学生群体普遍都是00后，是"网络原住民"，他们"无人不网、无处不网、无时不网"。根据皮亚杰的认知理论，青年时期是人一生中思维和接受能力迅速发展的重要阶段，网络舆论走向在很大程度上会影响青年大学生的世界观、人生观、价值观，干扰甚至改变他们的思考方式与行为模式。此时，高校思政课教师的作用就需要凸显出来。高校思政课教师是思政课堂的主导者，也应当是网络舆论的把关者。高校思政课教师要深耕网络空间，树立网络思维，及时有力地批驳非马克思主义与反马克思主义思潮，敢于并善于同污蔑、抹黑、丑化、诋毁中国特色社会主义的错误思想言论做斗争。在与错误思想言论的斗争中，帮助大学生认清舆论场域中的主流与支流、正确与错误、积极与消极，从而增强大学生群体的思想认同与政治认同，提高思想政治教育的针对性和实效性。

批驳错误思想言论的重要使命要求高校思政课教师提升"发声亮剑"能力，增强舆论引导力。高校思政课教师在生活中是千千万万网民中的一员，与亿万民众共享网络空间这一"精神家园"。习近平总书记强调："网络空间天朗气清、生态良好，符合人民利益。网络空间乌烟瘴气、生态恶

---

① 习近平. 论党的宣传思想工作 [M]. 北京：中央文献出版社，2020：183.

化，不符合人民利益。"① 当前，必须清醒认识到，一些别有用心的人以所谓"言论自由""学术研究""重新评价历史"之名公然在网络空间散播历史虚无主义，歪曲党史国史，妄图在网络舆论场域掀起"狂风巨浪"，威胁我国意识形态安全。在新传播技术的推波助澜下，这些错误思想、错误言论很容易冲击社会大众的价值体系，造成社会大众头脑不清、思想混乱。新环境、新问题要求高校明确自身的政治使命、政治担当，将思政课堂从学校"搬"到网络，从线下"搬"到线上，扶正祛邪、激浊扬清，"依据马克思列宁主义的立场、观点和方法，正确地解释历史中和革命中所发生的实际问题，能够在中国的经济、政治、军事、文化种种问题上给予科学的解释，给予理论的说明"②。高校思政课教师在同错误思想言论做斗争的过程中也有助于帮助广大网民进一步加深对马克思主义、中国特色社会主义的认识。

推动网络舆论场域健康发展，需要高校思政课教师提升"发声亮剑"能力。在高校教师中，思政课教师因其所承担的时代使命而具有相较于其他教师的重要作用；在社会生活中，高校思政课教师因其所肩负的立德树人任务而具有相较于其他群体的重要地位。高校思政课教师特殊的社会作用与地位，要求高校思政课教师在面对舆论生态恶化的状况时，不能置身事外、袖手旁观，更不能用语焉不详的话术，遮遮掩掩的态度糊弄了事。当前，社会上仍有部分人或是法治意识淡薄，或是道德观念缺失，抑或是存有侥幸之心，在网络舆论场域中肆无忌惮地发表各种不符合主流意识形态的言论，甚至做出各种越轨行为，严重危害网络空间的意识形态安全。面对此种情形，高校思政课教师有责任、有义务结合具体实际、发挥自身优势，在网络空间"亮剑"发声、同错误言论斗争，进而引导广大网民处理好网络空间中自由与秩序之间的辩证关系，帮助广大网民树立正确的网络道德观，有效防范化解网络舆论场域的矛盾、冲突，为人民群众打造一个风清气正、天朗气清的网络生态空间。

---

① 习近平关于网络强国论述摘编［M］.北京：中央文献出版社，2021：71.
② 毛泽东选集：第3卷［M］.北京：人民出版社，1991：814.

（三）在思想引领中提升"发声亮剑"能力

思想政治理论课本身具有鲜明的意识形态属性和思想引领的功能。通过思政课教学，将书本上的理性文字转化为学生的感性认同，内化为学生心中的信念，培养为实现中华民族伟大复兴中国梦而接力奋斗的时代新人，是高校思政课教师的职责使命。思政课从本质上来讲，是一门研究"人"的科学，它与其他课程的显著区别就在于，它不是纯粹的知识灌输，不是简单的"我说你听"，更多的是教育者给予受教育者思想上的启迪、人格上的建构、灵魂上的升华。因此，这对高校思政课教师有着更高的要求。高校思政课教师的"发声亮剑"素养很大程度上关系着在课堂内外思想引领的效果。

"办好思想政治理论课的关键在教师，关键在发挥教师的积极性、主动性、创造性。"[1] 高校思政课教师是理论知识的研究者，也是社会思潮的引领者，这是历史与时代赋予高校思政课教师的崇高使命。高校思政课教师要坚定理想信念，既做传播知识、传播思想、传播真理的"经师"，又做塑造灵魂、塑造观念、塑造新人的"人师"。

高校思政课教师要通过马克思主义进行思想引领。马克思主义是我们立党立国的根本指导思想，是我们党的灵魂和旗帜。毛泽东同志指出："掌握思想领导是掌握一切领导的第一位。"[2] 可以看出，马克思主义是我们党进行思想引领的立足点。党的十八大以来，以习近平同志为核心的党中央高度重视意识形态建设，坚持激浊扬清、破立并举，"我国意识形态领域形势发生全局性、根本性转变，全党全国各族人民文化自信明显增强，全社会凝聚力和向心力极大提升，为新时代开创党和国家事业新局面提供了坚强的思想保证和强大精神力量"[3]。当前，国际环境面临新问题、新情况、新挑战，意识形态领域斗争仍然复杂，质疑、反对，甚至攻击马

---

[1] 习近平. 习近平谈治国理政：第3卷 [M]. 北京：外文出版社，2020：330.
[2] 毛泽东军事文集：第2卷 [M]. 北京：军事科学出版社，中央文献出版社，1993：682.
[3] 中共中央关于党的百年奋斗重大成就和历史经验的决议 [M]. 北京：人民出版社，2021：46.

克思主义、中国特色社会主义的声音时有发生。高校思政课教师要勇于担当，坚持马克思主义在意识形态领域的指导地位，以马克思主义巩固广大人民群众团结奋斗的共同思想基础。

加强思想引领，是高校思政课教师完成立德树人根本任务的应有之义。习近平总书记强调："教师是人类灵魂的工程师，承担着神圣使命。传道者自己首先要明道、信道。高校教师要坚持教育者先受教育，努力成为先进思想文化的传播者、党执政的坚定支持者，更好担起学生健康成长指导者和引路人的责任。"① 高校思政课教师要始终心怀"培养什么人""为谁培养人""怎样培养人"等问题，按照立德树人根本任务的要求，推进教学工作。"一个老师，如果只知道'授业''解惑'而不'传道'，不能说这个老师是完全称职的，充其量只能是'经师''句读之师'，而非'人师'了。'经师易求，人师难得。'"② 当前，面对复杂、多变的社会发展环境，高校思政课教师不仅要传播知识、授业解惑，更要坚持政治底线，突出思想引领的作用，把思想引领、价值塑造贯彻落实到教书育人的全过程。某种程度上可以说，高校思政课教师有没有把立德树人作为自己的根本任务，不仅关系到能否成为一名合格的人民教师，更关系到能否完成历史和时代赋予的神圣使命。

加强思想引领，是高校思政课教师引领社会风尚，凝聚价值共识的应有之举。当前，社会意识多样、文化思潮多元，各式各样的价值观念良莠不齐、鱼龙混杂，同时，传播手段的变革也对社会主义意识形态话语权构成了严峻挑战。利己主义、享乐主义、拜金主义，特别是西方"普世价值"等形形色色的错误社会思潮与我国主流意识形态抢夺"思想高地"，蛊惑社会公众，不断传递出错位、歪曲的价值理念，企图达到弱化我国主流意识形态权威，实现意识形态渗透的目的。在这些错误思潮的影响下，社会大众尤其是青年群体一定程度上会在"主流"与"支流"，正确与错误、积极与消极的旋涡中左右摇摆。因此，高校思政课教师要积极探索引

---

① 习近平. 习近平谈治国理政：第2卷 [M]. 北京：外文出版社，2017：379.
② 习近平. 做党和人民满意的好老师——同北京师范大学师生座谈时的讲话 [M]. 北京：人民出版社，2014：5.

领社会思潮的有效途径,切实增强社会主义主流意识形态对各种社会思潮的引领作用,利用教师的职业优势与话语优势主动向社会大众传递社会主义意识形态,在尊重差异、包容多样的基础上,最大限度地凝聚社会共识,巩固新时代社会和谐的思想道德基础,引领社会风气向好向善发展。

习近平总书记在党史学习教育动员大会上的讲话中指出:"思想就是力量。一个民族要走在时代前列,就一刻不能没有理论思维,一刻不能没有思想指引。"① 一个人的思想,有先进与落后、正确与错误、积极与消极之分。思想观念对个体的行为起着规范和导向作用,一般来说,一个人有什么样的思想,就会有什么样的行为,思想观念不同的人,行为取向也会不同,甚至可能会截然相反。自古以来,我国知识分子就有"为天地立心,为生民立命,为往圣继绝学,为万世开太平"的志向。高校思政课教师是社会上的特殊群体,不仅在学校肩负着培根铸魂的使命,在社会上也理应承担起"教书育人"的职责。这就是说,高校思政课教师既要上好学校思政小课堂,筑牢大学生理想信念,也要上好社会思政大课堂,做社会大众思想观念的引领者。

做好正面宣传需要高校思政课教师提升"发声亮剑"能力。自媒体时代,加强思想引领的一个重要方面就是要做好正面宣传。当前,一些别有用心之人公开反对马克思主义,仇视、非难,甚至攻击马克思主义;明目张胆地诋毁中国共产党带领中国人民进行艰苦卓绝的伟大实践,污名化、妖魔化中国发展取得的举世瞩目的成就;民族分裂势力、宗教极端势力、暴力恐怖势力这"三股势力"企图挑拨民族关系,制造思想混乱;收买所谓的"公知""大V",培植亲西方的势力,散布"中国崩溃论""中国威胁论"……种种手法,不一而足。在此形势下,高校思政课教师既要做好马克思主义理论的研究者,又要做好马克思主义的传播者,以扎实的理论知识为基础,弘扬正能量,奏响主旋律,做好正面宣传,巩固主流思想舆论。高校思政课教师要讲好中国共产党的故事、中国人民的故事,展现出积极向上、生机勃勃、生动立体、全面进步的中国形象,塑造良好的社会

---

① 习近平.习近平谈治国理政:第4卷[M].北京:外文出版社,2022:509.

氛围，促进社会主义核心价值观深入人心。

增强社会主义意识形态影响力需要高校思政课教师提升"发声亮剑"能力。马克思强调意识形态具有重要作用，"如果从观念上来考察，那么一定的意识形式的解体足以使整个时代覆灭"①。结合我国意识形态领域交融交锋的实质，习近平总书记强调："意识形态关乎旗帜、关乎道路、关乎国家政治安全。"② 意识形态是一面精神旗帜，能否增强社会主义意识形态影响力关系重大。为此，高校思政课教师要培养斗争精神，理直气壮高声驳斥错误观点言论，特别是对于政治原则问题和大是大非问题，高校思政课教师要敢于发声、积极亮剑，坚决维护社会主义意识形态的权威性，切实增强社会主义意识形态的影响力与引导力。

筑牢思想基础、凝聚精神力量需要高校思政课教师提升"发声亮剑"能力。当前，社会结构发生深刻变动、利益格局出现深刻调整、思想观念发生深刻变化，各种思想观念之间碰撞交锋、交汇交融，社会思想观念呈现出多元多变多样的新态势。筑牢思想基础、凝聚精神力量，有助于夯实社会主义核心价值观的思想根基，构筑起人民群众精神文化高地。高校思政课教师发挥出筑牢思想基础、凝聚精神力量的作用，就要敢于发声、敢于亮剑、敢于碰硬，以凝聚人心、团结思想，达到用社会主义意识形态引领社会思潮、凝聚思想共识、形成价值认同的目的。

三、高校思政课教师"发声亮剑"能力提升的基本方法

在心理学领域，能力是指为顺利完成某项活动所必须依靠的个体心理特征。能力与活动效率直接相关，是使活动得以顺利开展的基础性条件。个体开展活动中所表现出来的能力会有所差异，主要包括：能力类型差异、能力水平差异、能力表现差异。在实践活动中，能力差异则体现为活动效率上的差异。一般说来，能力强，活动效率就高，活动效果也就越好。个体的能力并不是与生俱来、生来就有的，需要在运用智力、知识、

---

① 中共中央马克思恩格斯列宁斯大林著作编译局. 马克思恩格斯文集：第 8 卷 [M]. 北京：人民出版社，2009：170.
② 习近平关于总体国家安全观论述摘编 [M]. 北京：中央文献出版社，2018：111.

素养的过程中，配合一定的方法，经过长时间反复训练才能获得。"发声亮剑"能力是高校思政课教师为完成"发声亮剑"活动所表现出来的综合素质。高校思政课教师"发声亮剑"，涉及的范围广、对象多、内容杂，是一个综合各种因素的复杂过程。因此，这一能力的提升需要多种方法相互协调、相互促进。

（一）理论学习法

理论学习法，亦称理论教育法，主要是个体围绕科学理论进行自我教育的方法。在这里，理论学习法是指高校思政课教师通过有目的、有计划地学习马克思主义基本原理，学习马克思主义中国化的科学理论成果，逐步巩固世界观、人生观、价值观，提高其"发声亮剑"觉悟与素质的一种方法。简单来说，就是高校思政课教师通过理论学习坚定信仰信念，进而提升"发声亮剑"能力的方法。

1. 理论学习法的理论依据

理论学习法是高校思政课教师增强意识形态能力、提升"发声亮剑"能力的重要途径。理论学习法要求高校思政课教师通过阅读马克思主义的经典著作，弄通弄懂弄透基本原理，并在"发声亮剑"过程中具体考虑、运用马克思主义基本原理。高校思政课教师提升"发声亮剑"能力，根本在于有坚定的理想信念，关键在于有科学的理论指导，这两者都可以通过学习马克思主义来进一步发展与巩固。从某种意义上可以说，理论学习法是高校思政课教师提升"发声亮剑"能力的最基本的方法，马克思主义基本原理是其理论支点。

首先，实践具有自觉能动性。马克思认为，虽然蜜蜂建造蜂房使人间许多建筑师感到惭愧，但是它在本质上还是一种本能活动。与动物本能的、被动的适应性活动不同，人的实践活动是一种有意识、有目的的活动。没有革命的理论就没有革命的实践。无论何时何地，人们所开展的社会实践活动总是会受到一定认识的支配，总是在一定的思想、理论的指导下进行的，不论认识、思想、理论正确与否都会对人的实践产生支配或影响作用，不存在不受认识、思想、理论支配的社会实践。同时，人们在学习掌握一定的认识、思想、理论之后,也会将其内化为精神力量,去指导新的实践。高校思政课教师"发声亮剑"需要强大的理论做支撑,引导方向、确定目标。

其次,认识对实践具有能动的反作用。马克思主义认为,实践是认识的来源,认识产生于实践,同时认识也对实践具有能动的反作用。正确的认识能够指导人们以正确的方式认识世界与改造世界,从而推动实践发展,错误的认识则会导致人们以错误的方式参加社会实践,进而阻碍实践的发展。高校思政课教师需要经常性地进行理论学习、理论教育。一方面,高校思政课教师在"发声亮剑"过程中需要不断根据条件、环境等变化,夯实理论基础、丰富知识储备、扩展知识视野,以避免出现理论学习落后于实践需要的情况。另一方面,对于那些经过实践检验的属于正确的认识,需要继续继承并发扬,而对于那些被实践证明了的属于错误的认识,则要及时予以纠正,避免其在实践中造成危害。

最后,马克思主义灌输理论。灌输论是指无产阶级政党坚持把科学社会主义思想灌注和输送到无产阶级和人民群众中去,以提高其政治意识和阶级觉悟。科学的观点、正确的思想,是与生俱来的,还是后天习得的?20世纪初,伟大革命导师列宁曾以"灌输论"对这一问题进行过理性思考。列宁在《怎么办?》一书中阐述了"灌输论"的重要性和必要性,在他看来,工人单靠自己的力量,只会形成工联主义的意识,不可能有社会民主主义的意识。这种意识只能由社会民主党人"从外面灌输给工人,即只能从经济斗争外面,从工人同厂主的关系范围外面灌输给工人"[1]。尽管今天与列宁所处的社会历史条件已经发生了很大改变,但马克思主义灌输理论并没有过时。在这里,对高校思政课教师而言,"灌输"更多的是属于自我灌输,即自我主动坚持学习马克思主义,学习中国特色社会主义理论与实践。在自我灌输中打好理论功底,强化理论素养,提升"发声亮剑"的意识与能力。

---

[1] 中共中央马克思恩格斯列宁斯大林著作编译局.列宁选集:第1卷[M].北京:人民出版社,2012:363.

2. 理论学习法的具体要求

习近平总书记认为理论学习要有三种境界。"首先，理论学习上要有'望尽天涯路'那样志存高远的追求，耐得住'昨夜西风凋碧树'的清冷和'独上高楼'的寂寞，静下心来通读苦读；其次，理论学习上要勤奋努力，刻苦钻研，舍得付出，百折不挠，下真功夫、苦功夫、细功夫，即使是'衣带渐宽'也'终不悔'，'人憔悴'也心甘情愿；再次，理论学习贵在独立思考，学用结合，学有所悟，用有所得，要在学习和实践中'众里寻他千百度'，最终'蓦然回首'，在'灯火阑珊处'领悟真谛。"[①]

善学者智，善学者强，善学者胜。高校思政课教师学思践悟马克思列宁主义、毛泽东思想、邓小平理论、"三个代表"重要思想、科学发展观和习近平新时代中国特色社会主义思想，提升运用马克思主义的立场观点和方法解决问题的实际能力，不仅是高校思政课教师岗位的职责要求，更是历史与时代赋予的伟大使命。当前，不良社会思潮传播速度快、更新频率高、影响范围广，要想在与其斗争中获得胜利，高校思政课教师就需要不断加强理论学习、完善知识结构、拓展理论视野，通过理论学习查漏洞、补短板、强弱项。在理论学习中，高校思政课教师需要注意以下几点要求。

一是读原著学原文悟原理，强化自主学习意识。研读原典原著原文是坚持和巩固马克思主义在意识形态领域指导地位的重要举措，是高校思政课教师提升理论素养、强化意识形态能力的重要途径，对高校思政课教师提升"发声亮剑"能力有重要意义。恩格斯认为："一个人如果想研究科学问题，首先要学会按照作者写作那样的原样去阅读自己要加以利用的著作，并且首先不要读出原著中没有的东西。"[②] 要提高意识形态能力、"发声亮剑"能力，就需要学习马克思主义经典著作，原典原著原文是最权威的，认真研读才能全面准确地把握其中蕴含的思想精华、真谛真义。马克思主义具有的科学性、发展性、实践性、人民性、革命性，其传播力、影

---

① 习近平讲故事 [M]. 北京：人民出版社，2017：129.
② 中共中央马克思恩格斯列宁斯大林著作编译局. 马克思恩格斯文集：第7卷 [M]. 北京：人民出版社，2009：26.

响力是其他任何一种思想或思想体系都难以企及的。高校思政课教师要不断学习马克思主义基本原理，深刻理解其指导性和引导力，确保真懂真信真用马克思主义。坚持用马克思主义经典著作中蕴含的基本立场、基本观点、基本方法等指导"发声亮剑"。

二是坚持系统学、全面学，让理论学习走心走深走实。零碎、片面地学习马克思主义理论是不可取的，只学某一方面、某一论断也是不可取的。这是因为，马克思主义是一个有机统一的整体，是"一整块钢"，"决不可去掉任何一个基本前提、任何一个重要部分，不然就会离开客观真理，就会落入资产阶级反动谬论的怀抱"①。毛泽东同志也强调："如果我们党有一百个至二百个系统地而不是零碎地、实际地而不是空洞地学会了马克思列宁主义的同志，就会大大地提高我们党的战斗力量。"② 马克思主义理论是系统完备、内容丰富、结构完整的整体，高校思政课教师要通过学习，系统深刻认识马克思主义的科学性、时代性、实践性，潜心钻研原著原文原理，让学习落到实处，做到真学、真懂、真信马克思主义，用以武装头脑，指导"发声亮剑"全过程。

三是带着问题学、联系实际学。对于马克思主义的理论，要能够精通它、应用它，精通的目的全在于应用。习近平总书记强调："要发扬理论联系实际的马克思主义学风，带着问题学，拜人民为师，做到干中学、学中干、学以致用、用以促学、学用相长，千万不能夸夸其谈、陷于'客里空'。"③ 当前，全球进入动荡变革期，不确定性、不稳定性显著上升，不良社会思潮也趁机而至，掀起一阵阵恶浪。高校思政课教师在学习研读马克思主义理论时，要心怀这些问题，联系实际、带着问题学习马克思主义，思考马克思主义中有哪些理论资源可以充分发掘与运用，进而在理论与实际的结合中提高解决问题的能力。

---

① 中共中央马克思恩格斯列宁斯大林著作编译局. 列宁选集：第 2 卷 [M]. 北京：人民出版社，1995：221.
② 毛泽东选集：第 2 卷 [M]. 北京：人民出版社，1991：533.
③ 习近平. 习近平谈治国理政 [M]. 北京：外文出版社，2014：406.

(二) 经验总结法

"发声亮剑"能力是高校思政课教师的一项基础能力，但"发声亮剑"能力不是与生俱来的，也不是别人随随便便给予的。高校思政课教师的"发声亮剑"能力是不断积累起来的，有一个从无到有、从不成熟到比较成熟的过程。高校思政课教师要想获得并提高"发声亮剑"能力，很重要的一条方法就是不断总结以往的斗争实践，总结经验、汲取教训、提高本领，在总结成功经验与汲取失败教训的基础上提高应对挑战、迎接风险，同错误社会思潮作斗争的能力水平。

1. 总结斗争经验

把握历史规律、总结斗争经验，是我们党开辟未来的重要法宝。中国共产党历来善于总结经验，善于从历史中找寻通向未来的"精神密钥"。一部中国共产党的历史，某种程度上可以说是总结经验、汲取教训、继往开来的历史。中国共产党每到历史发展的重要关头，都会回顾过去、总结经验，从历史中汲取奋进智慧和实践力量。1945年，党的六届七中全会通过了《关于若干历史问题的决议》，对"左"倾路线在中央取得统治地位做出了正式结论。1981年，党的十一届六中全会通过了《关于建国以来党的若干历史问题的决议》，总结新中国成立以来的发展经验，得出了十条重要的结论。2021年，党的十九届六中全会通过了《中共中央关于党的百年奋斗重大成就和历史经验的决议》，在历史发展的紧要关头回望过去，对我们展望未来，实现第二个百年奋斗目标，实现中华民族伟大复兴具有重要意义。"三个历史决议"客观翔实地记录了中国共产党从幼稚走向成熟的艰辛历程，是中国共产党回望发展历程、总结历史经验的光辉典范。

善于斗争，是高校思政课教师提升"发声亮剑"能力的一项重要方法，这源自两方面。一方面，高校思政课教师"发声亮剑"面对的是充满挑战、险象环生的舆论环境，稍有不慎就会坠入形形色色的错误社会思潮设置的陷阱，导致"发声亮剑"遭到失败。失败就说明"发声亮剑"过程中还存在着问题，问题是理论的先导，问题中潜藏着提高能力的答案。总结失败教训是发现问题根源、寻找答案的过程，就是发现"发声亮剑"过程中存在的问题，修正错误，汲取教训的过程。另一方面，能力的提升，最好的办法就是从对错误的回顾中，对经验的总结中获取。提升"发声亮剑"能力，不能期望高校思政课教师从一开始就朝着正确的方向走，而应该坚持从实际出发，将马克思主义与"发声亮剑"过程相结合，在驳斥错误思潮、批驳错误舆论中总结斗争成功的经验与斗争失败的教训，坚持从正反两方面总结以往"发声亮剑"的经验，加深对"发声亮剑"客观规律的认知，加以系统化、理论化，使之上升为科学的理论，以此指导新的实践活动。

总结斗争经验是要从过往"发声亮剑"的实践中获得启迪，获得克敌制胜的重要法宝。毛泽东同志指出："人类总是不断地总结经验，有所发现，有所发明，有所创造，有所前进；停止的论点，悲观的论点，无所作为和骄傲自满的论点，都是错误的。"[1] 总结斗争经验，就是要把纷繁复杂的社会思潮搞清楚，把所坚持的理论、批驳的对象、斗争的方法搞清楚。在此基础上，高校思政课教师在"发声亮剑"中才会克服盲目性、找到规律性，也才能掌握"发声亮剑"主动权，有的放矢地把"发声亮剑"推进向前。

高校思政课教师在总结过往"发声亮剑"经验时需要注意两个问题。一是总结经验不是为了躺在功劳簿上，不是为回避"发声亮剑"过程中遇到的困难和挑战而找的借口。高校思政课教师要在总结斗争经验中发现问题、解决问题、推进实践。二是避免在总结经验中陷入经验主义。错误社会思潮具有更新速度快，变换场域多，相互耦合的特性，过去高校思政课教师"发声亮剑"的方法，随着时代、实践条件的变化现在可能已经不适合了。随着客观条件的变化，高校思政课教师也要适时地采取适合的方法开展"发声亮剑"，不能只一味迷信过去的方法、过去的经验，陷入经验主义。

2. 总结经验的原则

有总结，才能知短板；有回顾，才可知弱项。苏联著名教育学家苏霍

---

[1] 毛泽东文集：第8卷 [M]. 北京：人民出版社，1999：325.

第五章 高校思政课教师"发声亮剑"能力的生成机理

姆林斯基谈到教师总结经验的重要性,"每一位勤于思考的教师,都有他自己的体系、自己的教育学修养。如果有高超技巧的、有创造性的教师,在结束他的一生时,把自己在长年劳动和探索中所体会的一切都带进坟墓,那会损失多少珍贵的财富啊!"[①]"发声亮剑"是一项庞杂、烦琐,具有长期性、广泛性、多样性,对实施主体各方面要求极高的活动。因此,及时总结"发声亮剑"各个阶段的经验,并据此补短板、强弱项,形成有效、完善的"发声亮剑"方法体系,最后更好地应用于实践环节,是提升高校思政课教师"发声亮剑"能力的应有之义。一般说来,"发声亮剑"活动很难在特定的条件下进行总结,为了使经验总结成果对后续的"发声亮剑"活动具有可靠的借鉴意义,高校思政课教师在进行经验总结时需要遵循一定的原则要求。

一是典型性原则。典型性原则主要是指,高校思政课教师在总结"发声亮剑"活动时,应当选择具有代表性的事件或对象进行总结,包括具有示范性的成功经验与具有启示性的失败教训,通过典型分析,高校思政课教师可以提高经验总结成果的科学性与可靠性。社会思潮纷繁复杂,既有好的,也有不好的;既有积极的,也有消极的;既有先进的,也有滞后的;既有利于社会发展需要的,也有不利于社会发展需要的。因此,高校思政课教师在对斗争经验进行总结时要尽量选取那些带有典型性、示范性、代表性的事件或对象,因为它们集中反映着一类事物的共性,具有很强的说服力,在未来的"发声亮剑"活动中也会具有普遍的指导意义。

二是科学性原则。科学性原则主要是指,高校思政课教师在总结"发声亮剑"时应以事实为依据,聚焦"发声亮剑"活动本身,理性客观地对在"发声亮剑"活动中得到的经验启示进行理论抽象,使经验结果具有科学性。高校思政课教师在总结经验时,要做系统有效的分析议论,争取做到全面考察,充分考虑事物之间的内部联系,不能以点带面、以偏概全。在总结经验时,从形式到内容,都要尽可能地反复打磨、推敲,不断完善经验成果的内容,精益求精。同时,还要做到正确区分现象与本质,透过

---

① [苏]苏霍姆林斯基. 给教师的建议[M]. 北京:教育科学出版社,1984:127.

现象抓住内在本质性的规律，得出普遍性、规律性的结论。

三是实践性原则。经验总结是实践主体对其从事的某项活动全过程加以主观地回顾、反思、总结，以期揭示其内在本质和发展规律，得出有价值结论的过程。但这不是说经验总结就止步于此了，总结经验是手段，创新实践是目的，经验从实践中来，最终还要回归到实践中去。对高校思政课教师而言，"发声亮剑"能力是从一次次斗争实践中获得的，同样在总结经验时，不能是为了总结经验而总结经验，也需要考虑到经验的实践性、实用性。

（三）实践锻炼法

实践锻炼法，是指行为主体通过有计划地参加各种形式的社会实践活动，协调和运用各方面的力量，在社会实践中培养、锻炼、形成一定道德品质与能力的方法。毛泽东同志强调："人的正确思想，只能从社会实践中来。"[①] 思想是能力的认知前提，能力作为思想的外化形式，也只能在社会实践中逐步积累起来。对高校思政课教师而言，"发声亮剑"能力，天上掉不下来，别人也给不了，只能在社会实践中，在与形形色色的错误思潮斗争中发展起来。

1. 实践锻炼法的理论基础

实践锻炼法是三大德育方法之一，是教育者在长期的教育实践活动探索中形成的一条行之有效的重要经验。实践锻炼法本是教育者为顺利开展教育活动对受教育者采取的方法，一般是教育者充当引导者的角色，实践主体为受教育者。但在这里，实践锻炼法要求高校思政课教师从引导者转变为实践主体，在实践中培养、训练、形成"发声亮剑"能力。

首先，马克思主义认为，实践是认识的来源。人的正确思想的形成与发展也只能在实践中获得。"发声亮剑"活动当然离不开高校思政课教师的头脑，是通过他们的思维和思想实现的，但不能就此认为，"发声亮剑"活动是一个纯粹的思维活动，看不到"发声亮剑"的实践本质。一般而

[①] 毛泽东文集：第8卷［M］.北京：人民出版社，1999：320.

言，高校思政课教师相较于他人具有较高的政治敏锐性，但如果不将这种政治敏锐性切实地落到具体实践中，那么就容易出现空泛化，成为空话、空谈。"发声亮剑"能力本身具有实践属性，需要高校思政课教师将其具体体现在实践中，高校思政课教师也只有在实践中才能对各种错误思潮和错误舆论有清醒的认识。当前，逆全球化、民粹主义、泛娱乐主义、消费主义、享乐主义……社会思潮多样多变，如何准确辨识错误社会思潮的复杂性、本质性？如何妥善做好批驳错误社会思潮的准备？如何更好地推进"发声亮剑"、提高"发声亮剑"能力？回答这一系列问题的关键就在于开展"发声亮剑"实践。

其次，实践是认识发展的动力。"刀要在石上磨、人要在事上练，不经风雨、不见世面是难以成大器的。"[1] 刘少奇同志指出："革命者要改造和提高自己，必须参加革命的实践，决不能离开革命的实践。"[2] 意识形态能力是高校思政课教师的一项基本能力，"发声亮剑"能力是意识形态能力的实践体现，每一位合格的高校思政课教师都应该具备这些基础性能力并长久保持，但这并不是说高校思政课教师天生就拥有这些能力，它们需要在实践中培养，需要经历一个从没有经验到有经验，从有较少经验到有较多经验的过程。而这一过程也可以看作是高校思政课教师"发声亮剑"能力逐步提升的过程。对高校思政课教师来讲，提升"发声亮剑"能力没有捷径可走，只能在实践中积累而成。面对新问题新挑战，要想取得"发声亮剑"斗争的胜利，高校思政课教师就必须真抓实干、动真碰硬，在斗争实践中砥砺理想信念，培养"发声亮剑"的本领、磨炼善作善成的硬功夫、真功夫。

高校思政课教师"发声亮剑"的过程，是实践、认识，再实践、再认识的过程，实践和认识都相较于前一阶段有了进一步的发展。高校思政课教师在感性实践的基础上得出的理性认识会在新的实践中发挥导向作用，引领"发声亮剑"朝着正确的方向走。但在这一过程中，必然充满着矛盾挑战，这就需要高校思政课教师从点滴小事做起，脚踏实地、埋头苦干，

---

[1] 习近平. 习近平谈治国理政：第4卷 [M]. 北京：外文出版社，2022：525.
[2] 刘少奇选集：上 [M]. 北京：人民出版社，1981：101.

不放弃任何"发声亮剑"的机会,积极做好量的积累,为实现能力提升创造质变条件。

2. 实践锻炼法的具体要求

打铁必须自身硬。唯有投身"发声亮剑"的斗争实践,经过千锤百炼才能练就一身本领。高校思政课教师需要在实践中积累"发声亮剑"的经验,摸索"发声亮剑"的方法,提升"发声亮剑"的能力,在理论与实践结合中取得新突破。在运用实践锻炼法时,高校思政课教师需要注意以下几点要求。

一是持之以恒。当前,社会思潮多样多面多变,维护意识形态领域安全责任重大。"社会存在决定社会意识,对社会思潮的批判从来都不是一劳永逸的,一种思潮的消退可能为另一种思潮的泛起扫清了道路,即使是同一种社会思潮,此刻的退隐也并不意味着永恒的消亡。"[①] "发声亮剑"战线长、任务重,需要高校思政课教师保持持之以恒的耐心、久久为功的定力、水滴石穿的精神,推进"发声亮剑"不断跃入新阶段。高校思政课教师有理论功底、批判精神、责任意识,但往往囿于生活、科研与教学的压力,对"发声亮剑"活动难以保持恒心与耐心,甚至无暇顾及"发声亮剑"活动。同时,"发声亮剑"也是一项复杂且烦琐的活动,对刚刚着手"发声亮剑"活动的高校思政课教师而言,一般可以保持一段时间的热情,但时间一长,这种热情很大程度上就会被磨灭。久而久之,就会出现淡化甚至放弃"发声亮剑"的情况。因此,高校思政课教师要保持头脑清醒,避免急于求成,持之以恒、久久为功,在实践中逐步提升"发声亮剑"能力。

二是勇于担当。只有经受过大风大浪,才能成长成才。当前,世界百年未有之大变局与新冠疫情全球大流行相互交织,社会思潮出现了不同于以往的新态势,高校思政课教师"发声亮剑"势必会面临更大的挑战与压力、更多的矛盾与问题。高校思政课教师是传播主流意识形态的重要力量,是弘扬主旋律、传递正能量的关键主体,必须意识到自己身上的政治

---

① 曹金龙. 马克思恩格斯批判错误思潮的方法与启示[J]. 思想教育研究, 2017 (10): 65-69.

责任和政治使命。开展"发声亮剑",前怕狼、后怕虎是不行的,畏畏缩缩、战战兢兢也是难以取得斗争胜利的。毛泽东同志强调,"斗争、失败,再斗争,再失败,再斗争,直至胜利"①。要"发声亮剑",高校思政课教师就不能怕失败,困难、挫折、失败是很正常的,但不能因为失败就停滞不前、一蹶不振。问题的关键在于要在失败中找到根源所在,正视问题、克服缺点、修正错误,在实践中一步步锻造"发声亮剑"能力。

三是加强学习。学习是教师的终身课题,在实践锻炼中也要加强学习。对高校思政课教师而言,这里的学习主要包括两方面:一是加强理论学习,二是加强实践学习。加强理论学习,主要是要求高校思政课教师强化基本功,树立终身学习的理念。做好"发声亮剑"工作,高校思政课教师就要坚持循序渐进学、全面系统学、深入思考学,在读原著、学原文、悟原理中提高辨识错误思潮的能力,增强批驳错误思潮的本领,掌握引领社会思潮的方法。加强实践学习,主要是要求高校思政课教师从"发声亮剑"的实践中学习。高校思政课教师要在实践中检验认识、丰富认知、发展认识,通过在"发声亮剑"过程中感悟到的真实情感加深对理论的认知,从而进一步总结"发声亮剑"科学方法论。

(四)参考借鉴法

参考借鉴法,是指行为主体参考、借鉴他人已有的经验(主要是包括成功和失败两方面),结合行为主体实际进行决策的方法。"发声亮剑"是一个老问题,也永远是一个新问题,不能一蹴而就。回顾过往,一代代先进分子进行的艰辛而光辉的探索历程向高校思政课教师提供了宝贵的方法论指导。高校思政课教师开展"发声亮剑",提升"发声亮剑"能力,需要从优秀成果中汲取力量,学习借鉴他人批驳错误思潮的科学态度、基本思路与方法路径,在此基础上,不断提高自己"发声亮剑"的能力。

1. 参考借鉴的意义

他山之石,可以攻玉。参考借鉴法是高校思政课教师提升"发声亮

---

① 毛泽东选集:第4卷[M].北京:人民出版社,1991:1486.

剑"能力的重要方法之一。他人"发声亮剑"的方法是其在斗争实践中提炼而成的方法论凝结,可以为高校思政课教师"发声亮剑"提供重要的启示与借鉴。批判继承他人的观点与方法,在结合具体实践中使之焕发出新的生机与活力,是高校思政课教师提升"发声亮剑"能力的重要一环。

在学习马克思恩格斯批判错误思潮的方法中提升"发声亮剑"能力。批判性是马克思主义的鲜明特点之一。马克思恩格斯在创立科学理论的过程中始终致力于同错误思潮做斗争,并坚持进行长期的社会批判,引导社会朝着正确的方向发展。对于马克思恩格斯同错误社会思潮的斗争实践,列宁将其归纳为:"在40年代前5年,马克思和恩格斯清算了站在哲学唯心主义立场上的激进青年黑格尔派。40年代末,在经济学说方面进行了反对蒲鲁东主义的斗争。50年代完成了这个斗争,批判了在狂风暴雨的1848年显露过头角的党派和学说。60年代,斗争从一般的理论方面转移到更接近工人运动的方面:从国际中清除巴枯宁主义。70年代初在德国名噪一时的是蒲鲁东主义者米尔柏格,70年代末则是实证论者杜林。"[1]

在对错误思潮进行批判的过程中,马克思恩格斯始终坚持无产阶级立场,以辩证唯物主义与历史唯物主义为主线,在批判的实践中也根据客观需要采用了一些具体灵活的方法。如抓住错误思潮的核心代表人物、核心观点进行批判的方法;在批判错误思潮过程中阐发马克思主义的方法;具体问题具体分析的方法;批判性与建构性相结合的方法等。当前,虽然和马克思恩格斯生活的时代相比有了很大变化,但马克思恩格斯在批判错误社会思潮时所采用的方法,对高校思政课教师提升"发声亮剑"能力而言,仍具有很大的借鉴意义,对于高校思政课教师坚守意识形态阵地仍具有显著的指导意义。

在借鉴他人批判错误思潮的方法中提升"发声亮剑"能力。这里所说的"他人"主要指的是其他教师群体。教师是教育教学工作的实施者与组织者,是贯彻落实立德树人根本任务的关键主体。高校思政课教师提升"发声亮剑"能力,需要与其他教师充分沟通、密切交流、共同探讨、相

---

[1] 中共中央马克思恩格斯列宁斯大林著作编译局. 列宁选集:第2卷[M]. 北京:人民出版社,2012:2.

互借鉴,在沟通交流中学习"发声亮剑"的方法,在探讨借鉴中补足"发声亮剑"的短板。积极向其他教师学习,学习他们的好经验好做法,不仅有利于优秀经验、先进经验的共享与传承,也可以为高校思政课教师在"发声亮剑"过程中提供多方面的方法指导。

2. 参考借鉴的原则

不同主体,接受到的教育不同、所处的客观环境不同,"发声亮剑"的模式也就会不同。这给高校思政课教师留下了很多学习他人"发声亮剑"宝贵经验的空间,十分有助于高校思政课教师提升自身的"发声亮剑"能力。但在学习借鉴中,高校思政课教师也需要把握以下几点原则。

一是坚持自主性。他人"发声亮剑"的方法是已经被实践检验过了的,其科学与否,实践已经给出了答案。但是,他人的方法论再好,归根到底是别人得出的适合某一特定的环境和主体的结论,批驳错误思潮的环境或驳斥的对象一旦发生了变化,该方法就有可能不再适用了。错误社会思潮多种多样、形态各异,产生这些错误思潮的原因也会是千差万别的。如果不深入研究思潮背后的本质原因,而只是一味照抄照搬他人解决问题的方法,那么就是罔顾社会思潮的差异性而盲目"发声亮剑",这样的"发声亮剑"注定是要失败的。因此,高校思政课教师在运用参考借鉴法提高"发声亮剑"能力时,需要特别注意,借鉴他人的优秀经验,要把握普遍性与特殊性之间的关系,有选择地利用他人的先进经验,而不是拿来主义、照抄照搬,不做一点修改地就生搬硬套。盲目、机械地生搬硬套,只能坠入东施效颦的陷阱。

二是坚持批判性。批判地借鉴、科学地发展,应当是高校思政课教师学习他人"发声亮剑"方法论时的基本态度。所谓坚持批判性,就是指高校思政课教师在参考借鉴他人"发声亮剑"的经验时,既要找到其优秀的、先进的地方,又要洞察其错误的、落后的地方;既要汲取其合理性成分,也要揭露并克服其中的缺点或错误。学习他人"发声亮剑"成功的经验,对高校思政课教师来讲,是一条捷径,但不能照猫画虎,亦步亦趋。借鉴他人的经验,是要带着审慎、批判的眼光学习。经验是实践主体在实践中总结而成的理性认识,是某一特定实践条件下的产物,会因为其适用的条件和范围、实践主体的认知范围等局限出现先进和落后、正确和错误之分。高校思政课教师在学习他人的经验时，要把握好尺度，适当取舍，借鉴他人的先进经验，抛弃其落后或错误的经验。

　　三是坚持发展性。借鉴他人的经验，要站在发展的高度来学习。所谓坚持发展性，就是指高校思政课教师在参考学习他人"发声亮剑"先进经验的基础上，要将他人的优秀成果与自己所要进行的实践相结合，汲取别人的成功经验，内化为自己的骨血，在理论与实践结合过程中创造出新的科学理论，获取新的实践胜利。高校思政课教师参考借鉴他人的方式方法，是提升自身"发声亮剑"能力的重要途径。在参考借鉴中，高校思政课教师要逐步摸索出自己的经验，形成"发声亮剑"的特色，将自己的方法论特色与他人的特色巧妙地结合起来，展开同错误社会思潮的斗争，在斗争实践中不断提高能力。

第六章

高校思政课教师"发声亮剑"能力的现状和成因

提升调研高校思政课教师"发声亮剑"能力，需要全面调研高校思政课教师"发声亮剑"能力的现状，总结经验典型，发现存在的问题，并深入分析其中的原因。

一、高校思政课教师"发声亮剑"能力的现状

党和政府高度重视提升高校思政课教师的"发声亮剑"能力，特别是党的十八大以来，教育主管部门有针对性地在高校思政课教师中培育"发声亮剑"的骨干。为深入学习贯彻习近平新时代中国特色社会主义思想，进一步把全国教育大会、全国高校思想政治工作会议、学校思想政治理论课教师座谈会精神贯彻落实引向深入，推动高校思想政治工作质量提升工程有效实施，切实加强高校网络工作队伍建设，着力培育一批政治强、业务精、作风好的网络育人工作骨干，教育部思想政治工作司2018年启动实施"高校网络教育名师培育支持计划"。"高校网络教育名师培育支持计划"是教育部推动高校思想政治工作质量提升工程的重要举措之一，旨在培育一支富有创新和奉献精神，有志于在网络育人领域持续投入做出贡献的高校网络工作骨干队伍。"高校网络教育名师培育支持计划"培育期三年。培育期内，教育部将联合所在高校支持入选教师开展理论宣传教育、网络热点阐释、网络作品创作、网络人才培养、网络阵地建设、网络机制研究等工作，充分发挥示范、引领、辐射、带动作用，传播正能量，弘扬主旋律。

目前，高校思政课教师中已涌现出一批"发声亮剑"的先进典型。从整体上看，入选的高校网络教育名师普遍具有较强的理论研究能力，能够运用马克思主义理论的立场、观点和方法分析问题，将道理讲清讲透；能够围绕网络育人工作开展研究，形成系列研究成果。这些名师长期活跃在互联网上，针对重大理论问题、热点问题及时回应师生关切，撰写网络文章，具有较大影响力；创作的网络文化作品引发大量的关注、转发、评论，有效发挥滋养人心、凝聚力量的积极作用；建设或负责的网络平台有长期稳定的流量，有较大数量的关注群体；经常性组织开展网络文化建设讲座、网络文明素养教育等相关活动，育人成效较明显。

（一）高校思政课教师积极"发声亮剑"的先进典型

当前高校思政课教师积极"发声亮剑"，涌现了一批思政"网红"。上海某大学的 CG 老师，2010 年其讲课的视频被学生传上网络后受热捧，迅速蹿红网络，仅在"抖音"平台就有 3.4 万个视频，55.9 亿次播放。南京某大学的 XC 老师，2016 年其个人微信公众号推送《我为什么加入中国共产党》一文，相继被共青团中央、人民日报等官方微信公众号转发，单篇阅读量均突破 10 万+，又陆续被 300 多个公众号转载。原浙江某大学的 ZQ 老师，他是一位老牌"网红"，自 2003 年以来先后被称为"愤青教授""网红校长"，其十年来的演讲视频及片段，如今在短视频网站不断被"翻红"。这三位教师的课堂视频有着惊人的点击量、流传面、追捧度，反映出"网红"思政课教师的传播力、影响力和生命力。①

对照高校思政课教师"发声亮剑"的能力要求，在进行大量的探寻和筛选工作后，我们最终选取了南京某大学的 XC 老师、山东某大学的 YS 老师、郑州某大学的 ZRF 老师作为高校思政课教师积极"发声亮剑"的先进典型进行研究阐述。

1. "网红教师"XC

XC，南京某大学马克思主义学院党委书记、思政课教师，党的十九

---

① 车淼洁."思政网红"的传播特质与生成机理——基于三个典型案例的分析［J］.中国青年研究，2022（3）：113-119，112.

大、二十大代表，曾获"全国优秀党务工作者""全国基层理论宣讲先进个人"、2019年"全国最美教师"、中宣部"宣传思想文化青年英才"、第三届"百名网络正能量榜样"等称号。作为高校思政课教师，XC开通新浪微博和微信公众号为广大学子答疑解惑，是在互联网上有数十万粉丝的"网络大咖"。作为"网红教师"，XC积极运用网络发声，其发表在公众号的文章浏览量过千万，受到了青年学子和广大网民的一致好评。XC的创新做法创造了"XC现象"，为高校思政课教师在网络"发声亮剑"树立了先进典型。

2010年10月，XC在互联网青年聚集地——新浪微博开通了个人账号，记录生活感悟和表达对热点事件的观点看法；2015年年初，XC转战微信，开通了公众号"NHXC"，这是他在互联网的第五次"安家"。从最初的中国博客网到后来的新浪微博、微信公众号，XC总能敏锐地察觉到互联网平台的风向转变和重心迁移，紧跟互联网发展动态，在网络"驻扎"。转战微信公众号后，XC更加活跃地在网络"发声"，积极与青年学生进行线上对话，开设了"答青年问"等栏目为青年学子答疑解惑。2016年3月，一名青年学生在XC的自媒体账号后台留言表达自己对是否入党的困惑，4月，XC发布了《我为什么加入中国共产党》一文进行回应，这篇文章言语幽默、道理深刻，相继被人民日报、团中央等官微转发，单日阅读量超过200万，并陆续被300多个公众号转载，成为"现象级""爆款"，XC也随之走红网络，成了全国青年学子口中的人生导师"川哥"。有粉丝留言说："这是我第一次感到'党委书记'这4个字没有那么令人望而生畏。"

作为"流量担当"，XC每年回答提问超过10万条，每年辐射受众200余万人，微信公众号粉丝数累计30多万。公众号"南航XC"自开通以来，持续高居全国高校辅导员微信号原创排行榜榜首。[①] 在他的公众号中，阅读量几万乃至10万+的文章比比皆是，在各类重要节日、纪念日，XC的"爆款"文章总会刷遍朋友圈，如《青年节里谈中国》《建党节里谈信

---

① 徐川. 让党的声音"飞入百姓家"[EB/OL]. 中国江苏网，2022-04-15.

仰》《国庆节里谈爱国》等，饱满的情感和平实的文字让"爱国""信仰"不再是一句简单的口号，引发了热烈反响。为了讲好党史和党的理论，传播好党的声音，XC还作为主讲人参与录制中共中央宣传部、中央广播电视总台联合制作的《平"语"近人》节目，并录制"七分钟速览党史""改革开放 关键一招"等课程。XC说："有时候，我们往往因为信仰、爱国等话题过于尖锐而不敢谈，但思政教育就是要做到勇于亮剑、敢于发声，要宣扬正义、鼓励正义，遇到问题时则需勇于拿出事实与学生开诚布公地讨论，而非藏着掖着，只有厘清问题才能让人心悦诚服，也才能最终引导学生求真向善。"①

独木难支，众擎易举，为了进一步提高思想政治教育的实效性和辐射效果，XC凝练经验，领衔建立思政工作团队"川流不息"，协同全国多所高校及单位进行示范推广，让"NHXC现象"在全国各地萌芽开花，通过经验共享，切实发挥思想政治教育特别是新媒体时代网络思政引领的作用。

2."段子老师"YS

YS，山东某大学马克思主义学院思政课教师，团中央青年讲师团成员，曾获教育部"全国高校网络教育名师"称号。在思政课教师的身份之外，YS还是一名自媒体博主，他自主创建的思政课公众号、视频号、抖音号、哔哩哔哩账号"脱口岳"，通过类似"脱口秀"的新颖方式，运用轻松诙谐的"段子"解答网友关切的热点问题，积极发声和开展网络思政教育，是深受学生喜爱的"段子老师"和广大网民在互联网的"良师益友"。

2006年，参加工作后的YS发现学生们对他精心准备的思政课并不"感冒"，于是YS开始琢磨"包装"课程，用学生喜爱的语言、素材改进课堂"配方"，课堂"焕新"后果然成效显著，但课堂时间必然有限，YS开始认识到课堂之外的育人平台的重要性。2016年，YS自主创建了思政课公众号"脱口岳"，并将线下课堂的经验运用到线上，在公众号上推出原创趣味思政教育文章270余篇，浏览量超100万人次，部分文章被共青

---

① 徐川.顶天立地谈信仰——解码南京航空航天大学教师徐川的思政工作法［EB/OL］.共产党员网，2016-05-25.

第六章　高校思政课教师"发声亮剑"能力的现状和成因

团中央、中国教育报等媒体转载。2019年4月，四川凉山大火牺牲了几十名消防员，有网友认为和平年代消防员牺牲不能叫英雄，YS回应道："无论什么年代，超越一己私利的行为，都值得你我铭记。"2020年年初，新冠疫情汹汹来袭，互联网上充斥着各种嘈杂的声音，更有甚者不惜质疑、诋毁一线医护人员，甚至公开发表言论称医护人员宣誓、请战纯属形式主义，YS在公众号发表文章有力驳斥了这类观点，他说："宣誓、请战是形式，但形式≠形式主义，这种形式的服务目标，是大家的健康、同胞的平安，无关个人前程。"

为了拓宽宣传面，YS后续还陆续开设了视频号、抖音号和哔哩哔哩账号，这些"脱口岳"账号一直致力于传播社会主义核心价值观，弘扬正能量，因形式新奇、语言诙谐、活泼轻松又蕴藏着深刻的道理，"脱口岳"受到了广大青年学子和网民的欢迎。如学生反映学习太累，他写下《毕业后，像考试这么简单的事不多了》；学生沉迷手机，他写下《一学就废，全是手机的罪？》……因为太"有梗"，"段子手""段子老师""思政课男神"也成了大家加诸YS身上的"标签"。

在取得一定成绩后，YS仍在不断"破圈"，他担任共青团中央网络时评栏目"岳辩越明"主讲人，通过短视频这一新兴的且备受青年学子喜爱的方式评析时事热点。《华为芯片被"断供"之后……》《印度，为何如此"难懂"？》等"岳辩越明"系列视频探讨的主题围绕国内外舆论焦点，YS的讲解不是"一本正经""中规中矩"，而是轻松又"有高度"，犀利又"接地气"。"看完这个视频，酣畅淋漓！我对中国道路有了新的认知和理解。""岳老师幽默风趣而不失冷峻的眼眸，扯掉了一些西方国家的遮羞布！"……①在栏目的评论区，不难看到网友们诸如此类的热评。"岳辩越明"也成了YS阐释党的创新理论和政策主张、引导青年学子树立正确世界观、人生观、价值观的又一重要线上阵地。YS还参与录制了山东省"开学第一课"（高校版）山东省战"疫"特别节目、"青年讲师谈"特别节目"中国方法到底可以复制吗"等，他的一场网络直播全网浏览量可以

---

① 岳辩越明：思政课"活起来"，才能"火起来"[EB/OL]. 国际在线，2021-06-22.

达到 500 万人次以上；录制的各类视频节目累计播放量过亿，在青年学子中起到了良好的宣传带动作用。

3. "最美教师" ZRF

ZRF，郑州某大学马克思主义学院思政课教师，曾获 2022 年"全国最美教师"、中宣部"基层理论宣讲先进个人"、教育部"课程思政教学名师"等称号。通过运用新浪微博、抖音等自媒体平台，ZRF 将思想政治教育向网络进行延伸，积极探索网络思政新模式，扩大了思政教育的网络影响力，提高了思政教育的实效性。同时，ZRF 通过转评时事热点和连载"志愿者日记"等方式在网络进行"发声"，有效传播了主流价值观和正确价值导向，展现了其作为中共党员和高校思政课教师的榜样示范力。

2021 年 4 月，ZRF 讲焦裕禄故事的思政课录课视频走红网络，一天时间点击量超过 4000 万次，话题"大学老师课上讲焦裕禄故事动情落泪"登上微博热搜，全网阅读量达 34 亿。① ZRF 这一堂饱含深情的思政网课也成了网络思政育人的经典案例。同月，ZRF 开通了新浪微博账号"ZRF"，现有粉丝 4.7 万，发布微博近 2000 条，相关微博获转评赞 3.5 万，相关视频累计播放量 46.8 万。通过互联网平台，ZRF 创新网络思政教学，她主持的微博话题"行走的思政课"目前累计阅读次数 3000 余万，讨论次数 2000 余次；在世界慰安妇日、佩洛西窜台等重要时间节点，ZRF 的微博账号积极转载、评论时事热点信息，主动进行网络发声，引导其微博辐射的广大人民群众特别是青年大学生不断提高认识、辨清是非、站稳立场。与此同时，ZRF 努力探索网络思政传播特点，和同事、学生们共同打造了"校园一分钟""抖音经典阅读"等网络品牌。② 真正做到了运用网络阵地教育青年、引导青年。

在疫情防控期间，ZRF 加入了社区的志愿者服务队伍，写下多篇"志愿者日记"并在其微博账号主持话题"一位思政课老师的志愿者日记"和连载。ZRF 的"志愿者日记"来源于生活中的真实片段，日记中记录有"我是党员，我来挑头吧"的党员志愿者教师，有经常面对人际难题却一

---

① 张利军. 周荣方：有"魔力"的思政课老师［N］. 中国教育报，2022-03-28（4）.
② 同①。

直默默坚持、服务群众的社区基层工作者,也有原本不理解后来会笑着说"辛苦你们"的社区群众。在她的"志愿者日记"中,"我爱你中国""感谢祖国"等词频频出现,字里行间无不体现一位思政课教师对祖国的炙热情感。17篇日记,不到20天,阅读量就达到200多万。有网友留言:"看了周老师的日记,我也报名当了志愿者。"[①] 正是因为ZRF的日记有温度、接地气,真真切切描述了自己在志愿者服务中的所见所闻、所思所感,才感动了网友,成了最好的网络思政教材。正如ZRF在日记中说:"我是思政课老师,有任何灾难,我应该在一线,告诉学生最真实的力量。"ZRF的行为和"发声"方式,展现了思政课教师的良好风貌,有力地维护了党的形象,传播了党的声音。

(二)高校思政课教师"发声亮剑"能力不足的表现

虽然高校思政课教师已涌现出一批"发声亮剑"的典型,但从整体上看,高校思政课教师"发声亮剑"能力依然有待提高。高校思政课教师"发声亮剑"能力不足的表现有很多,将其进行归纳分类,主要可概括为以下五方面:一是缺乏网络意见领袖和先进典型,难以发挥优秀个体带动群体"发声亮剑"的"雁阵效应";二是"发声亮剑"水平不高、本领不强,普遍存在"本领恐慌"的情况;三是"发声亮剑"形式单一、缺乏创新,导致整体"发声亮剑"能力提升缓慢;四是"发声亮剑"效果不佳、影响不大,难以充分发挥其教育引领的作用;五是"发声亮剑"后劲不足、应对乏力,难以持续发力、稳步发展。

1. 网络意见领袖和先进典型数量不足

网络意见领袖和先进典型数量不足是高校思政课教师"发声亮剑"能力不足的一大重要表现。在新媒体时代,网络意见领袖是信息传播中极为重要的角色,是舆论的"把关人"和"引导者",其生产加工的信息传播力和影响力远远高于普通的信息生产者。随着互联网技术的发展,传统的信息传播方式被改变,网络成为人们获取信息的新的主要来源,正如习近

---

① 张利军.周荣方:有"魔力"的思政课老师[N].中国教育报,2022-03-28(4).

平总书记所说："互联网是一个社会信息大平台，亿万网民在上面获得信息、交流信息，这会对他们的求知途径、思维方式、价值观念产生重要影响，特别是会对他们对国家、对社会、对工作、对人生的看法产生重要影响。"① 在这一背景下，网络意见领袖随之崛起，其在信息传播和舆论引导中的地位与作用也越发突出。当前，网络意见领袖主要由热门网络平台、APP 的"头部"组成，常见的如微博大 V、头部微信公众号等。目前，高校思政课教师参与网络发声的主动性并不强，即使发声，也较为零散、随意，数量、频率、影响力等都不突出，对网络舆论的引领力较弱，可被称作网络意见领袖的更是屈指可数。比较有影响力的网络意见领袖往往是企业家、明星和一些研究西方思想的学者，而马克思主义理论队伍中的网络意见领袖还很缺乏。② 与此同时，网络意见领袖总量却在不断攀升，仅微博平台，2020 年头部作者（"粉丝"规模大于 2 万或月阅读量大于 10 万）就已突破 100 万，微博大 V（"粉丝"规模大于 50 万或月阅读量大于 1000 万）也已增至 8 万。③ 在网络意见领袖数量逐日增加的大背景下，高校思政课教师群体中网络意见领袖的匮乏就显得更加突出和紧迫。同时，由于当前网络已经成为"发声亮剑"的主要平台，网络意见领袖的缺乏也导致高校思政课教师"发声亮剑"的先进典型不足，先进经验、做法紧缺，以优秀个体带动群体"发声亮剑"的雁阵效应未能真正形成和发挥。

从数量来看，高校思政课教师群体中的网络意见领袖数量较少，从质量来看，可被称作网络意见领袖的少量高校思政课教师也面临着圈子小众、辐射面窄、影响力下降等问题。就前文所列举的 XC、YS 和 ZRF 三位老师而言，作为高校思政课教师"发声亮剑"的先进典型，其在互联网都有一定知名度，其个人账号在微博、微信公众号、抖音等平台也都具有一定影响力，然而，作为网络意见领袖，他们在网络上的粉丝量、影响力、辐射面都有较大的提升空间，并未进入各大平台的头部行列，在网络意见

---

① 习近平. 在网络安全和信息化工作座谈会上的讲话 [M]. 北京：人民出版社，2016：6.
② 赵春丽等. 思政课教师的网络发声与高校意识形态安全 [J]. 北京教育·德育，2016（12）：41-44.
③ 微博头部作者规模超百万，大 V 用户规模接近 8 万 [EB/OL]. 新浪网，2020-10-19.

领袖群体中并不突出。

2. "发声亮剑"整体水平不高、本领不强

对"发声亮剑"的理解、认知、应用能力较弱等都可归纳到高校思政课教师"发声亮剑"水平不高、本领不强这一具体表现中。在当前高校思政课教师群体中,这一情况还是较为突出的。一方面,部分高校思政课教师对"发声亮剑"的理解认知还不够全面。什么是"发声亮剑"?高校思政课教师如何"发声亮剑"?高校思政课教师为什么要"发声亮剑"?高校思政课教师"发声亮剑"的作用有哪些?还有很大一部分高校思政课教师对这几个关键问题的理解不全面。部分教师认为只需要在课堂上"发声亮剑",忽略了在网络上"发声亮剑"的重要性;部分教师对"发声亮剑"的必要性和重要性认知不够,缺少"舍我其谁"的责任担当,主动性不强;还有部分教师想要"发声亮剑",却无从下手,对"发声亮剑"的途径和方式涉猎较少。

另一方面,部分高校思政课教师"发声亮剑"的应用能力较弱。即使敢于"发声亮剑",也有相当大一部分高校思政课教师囿于话语老旧、理论功底薄弱等困境之中。由于互联网的特性,高校思政课教师运用网络"发声亮剑"较之课堂教学要求更高。其既要提高自身的理论水平,又要提升自我的网络素养;既要善于分辨、剖析网络空间中各类纷繁复杂的思潮,了解掌握青年学子在网络空间的思想动向,又要积极发声、正确发声、有效发声,用青年学子喜闻乐见的语言、方式实现对其思想观念、政治观点和价值取向的引导。由于自媒体时代人人都有麦克风,每个网民都有话语权,高校思政课教师"发声亮剑"的挑战重重,其对"发声亮剑"产生的"本领恐慌"也十分常见。

近年来,也不乏一些网红思政课教师因能力、本领有所缺失而"翻车"的案例。如复旦大学一位老师就曾因不拘一格的讲课风格、通透的人生态度、金句频出的语言特色火爆网络,成为万人追捧的网红思政课老师。走红之后,这位老师受到了前所未有的关注,她在课堂、网络上的每一句话,每一次发声,每一种观点都接受着成千上万网民的检验,然而,以在节目中读错"耄耋"为导火索,这位老师受到了网友铺天盖地的质疑,从其个人文化内涵到其课堂理论深度都成了网友议论的焦点。从这一

事例可见，互联网时代对高校思政课教师特别是一些"网红教师""名师"的"发声"要求更高，能力不足、本领不强的随时可能"跌落神坛"。而当前，具备各方面综合素质和能力的思政课教师仍然较少，如何运用网络牢牢掌握话语权且有底气随时应对网民的检验和质疑是当前高校思政课教师"发声亮剑"必然要面临和解决的问题。

3. "发声亮剑"形式较单一、创新不够

从目前高校思政课教师"发声亮剑"的形式来看，就总体而言较为单一趋同，且缺乏创新性成果，这也直接导致当前高校思政课教师"发声亮剑"能力整体呈现出提升缓慢的现状。当前，大部分高校思政课教师在网络上的"发声亮剑"基本还是集中在转发理论文章、辅助理论学习和转评时事热点上，且大多数都为转发党的创新理论和政策主张，以达到与线下课堂相联动、辅助课堂理论学习的作用。涉及转评时事热点，深入剖析类文章还是较少，多为简单转发，观点输出不鲜明，对意识形态话语权的争夺也不明显。习近平总书记曾指出，我国当前思想舆论领域大致存在红色、黑色、灰色三个地带。红色地带是我们的主阵地，一定要守住；黑色地带主要是负面的东西，要敢于亮剑，大大压缩其地盘；灰色地带要大张旗鼓争取，使其转化为红色地带。[①] 也就是说，高校思政教师"发声亮剑"，既要做好理论宣传工作，弘扬主旋律，守住主阵地；也要敢于向错误思潮"亮剑"，打压其嚣张气焰，同时还要争夺灰色地带的意识形态话语权。当前，高校思政课教师"发声亮剑"弘扬主旋律的多，敢于直接与错误思潮斗争的却较为匮乏，并没有做到二者平衡兼顾，"亮剑"精神还未真正展现。

同时，高校思政课教师"发声亮剑"几乎都是在热门网络平台、APP建立个人账号进行，探索其他方式的较少，部分高校也在探索建立思想政治教育网站，但目前成效并不明显。在内容输出上，形式也主要以文字为主，短视频虽然偶有出现，但总体数量相对较少，精品项目也较为缺失，特别是如"岳辩越明"这类具有特色的网络时评栏目，更是凤毛麟角，对

[①] 习近平. 在全国党校工作会议上的讲话[M]. 北京：人民出版社，2016：20.

"品牌项目"挖掘打造十分欠缺。这一方面是由于"品牌项目"和创新性成果的打造很难完全凭借个人的努力完成，需要多方资源的融合和倾斜；另一方面从中也可以发现，高校思政课教师在"发声亮剑"的探索过程中，容易陷入集体"舒适圈"，缺乏对创新理念的自发学习、探索，一些新兴的模式、成果目前都较贫乏。

4. "发声亮剑"整体效果一般、影响不大

从效果来看，由于高校思政课教师"发声亮剑"质量参差不齐，辐射圈层也较为固定，所以整体效果不佳，影响力较弱，未能充分发挥其教育引领的作用。目前，高校思政课教师"发声亮剑"缺乏常态化的、统一的培训渠道和交流平台，所以其"发声亮剑"的质量和效果也良莠并存、参差不齐。从整体来看，"发声亮剑"先进典型较少，中上游层次"缺额"较多，中下游层次分化不明显，导致整体"发声亮剑"质量不高，效果不好。同时，由于"发声亮剑"效果的提升并非一蹴而就的事情，所以部分高校思政课教师存在"心有余而力不足"的情况，既不能不发声，每次发声的效果和影响力又有限，容易陷入尴尬的境遇。从具体个例来看，即使是同一思政课教师、同一账号发布的不同内容也存在效果不一、差距较大的情况，如XC的微信公众号，就既有《我们是合格的共产党员吗?》这样的阅读量10万+的爆款，也有部分阅读量仅几千的文章推送。但相较而言，XC的微信公众号整体发声的质量、效果和影响力，在高校思政课教师中已经居于前列，大部分高校思政课教师在网络"发声亮剑"的文章、视频等浏览量甚至只有几十上百或几千不等，质量不一，难出效果。

同时，高校思政课教师"发声亮剑"的辐射圈层十分固定，所以目前来看影响力也十分有限。一方面，大多数高校思政课教师在网络发声的粉丝受众存在局限，如一些思政课教师的线上"工作室""个人号"、一些高校设立的思政类"网站""官微"，粉丝受众基本由其线下学生群体或线上少量青年学子组成，未能做到"破圈"，深入广大网民之中和线上不同群体之中，其辐射面较为固定，辐射人数就广大网民数量而言微乎其微，影响力也就较弱。另一方面，虽然互联网使得信息传播速度加快，为高校思政课教师"发声亮剑"提供了机遇，但网络信息量庞杂，高校思政课教师

目前在网络的发声、在形形色色的网络信息中很难"出彩",更遑论达到抨击错误思潮、引导舆论的效果。所以,当前高校思政课教师"发声亮剑"效果并不佳,影响力也有极大提升空间。

5. "发声亮剑"后劲不足、应对相对乏力

从当前高校思政课教师"发声亮剑"的持续性来看,存在较为明显的后劲不足,应对乏力现象。近几年以来,随着党中央对高校思政课教师"发声亮剑"的鼓励号召和高校思政课教师对"发声亮剑"的认识的提高,也时不时会出现一些"发声亮剑"的"现象级"典型,"现象级"的出现,对高校思政课教师"发声亮剑"的意义重大,成了激活整个群体发声积极性的"兴奋剂",然而,在"现象级"背后,面临的却是后劲不足,不能持续发力的现象。即使在"头雁"之中,这一现象也十分常见。后劲不足在高校思政课教师"发声亮剑"中并非个例,已经成为较普遍现象。

对大部分高校思政课教师而言,"发声亮剑"后影响不大,能接收到的评价反馈较少,获得感不足,都在逐渐消磨其后劲。而对少部分走红网络的高校思政课教师而言,"爆红"后面临的关注剧增,工作量增加和亟待转型升级等都给其带来了压力。2015 年,XC 开通个人微信公众号的时候曾向粉丝承诺"48 小时有求必应",为了回复网友留言,他常常忙至深夜。这是 2016 年 XC 走红全网前的工作日常。成为"网红"后,成倍增长的"关注量"也为 XC 带来了更高的要求,"48 小时有求必应"在其成为"网红教师"后已经很难坚持,甚至超过了其个人时间和能力的极限,即使组建团队也难以完全应对。同时,即使能应对日常工作,这些"头雁"们也面临着输出更多优质内容、创新发声形式等的新任务和新考验。

二、高校思政课教师"发声亮剑"能力不足的成因

高校思政课教师"发声亮剑"能力不足的原因有多方面,概括起来,主要体现在以下三方面:

(一) 高校思政课教师自身素质有待提升

受到知识结构水平、政治素养等因素的局限,思政课教师"发声亮

剑"能力的提升受到较大的影响。

1. 思政课教师知识结构的缺陷

大学思想政治理论课程教师的知识结构与其专业素质、专业发展密切相关，对其实效性和育人效果产生着重要影响。如果从事思想政治教育的教师没有"真懂"马克思主义的基本理论，很可能会在上课时教条式地背诵"真经"，影响学生对马克思主义的认识。具体来说，如果思政课教师不熟悉、不精通，仅仅简单地引述几句，照搬照抄，就容易出现假、大、空的理论呈现风格，而这样的理论教学不仅不能说服人、引导人、武装人，还会引发学生产生逆反心理。与此同时，部分思政课教师受知识结构的局限，不能从政治角度去观察和分析问题，难以看到事情的实质，这部分思政课教师在思想上没有达到足够的政治高度，仅仅从表面上去理解马克思主义，没有领会到它的思想精华，更没有充分地运用它的强大的理论武装。思想认识上的不清晰也会造成政治方向模糊和政治立场动摇，进而导致对国家社会许多现象缺乏本质思考，对具体政治社会问题难以阐释其背后逻辑与症结所在，以至于无法及时有效地在网络上"发声亮剑"。在马克思主义理论学科的教学中，一些教师对问题的认识不够敏锐。在面临着各种疑难问题时，因其专业领域的局限，未能找到认识上的"缺口"和"突破口"，从而把它的原因归结为"伪问题"，并在其周围演化为"无病呻吟"。在把自己的研究应用于课堂时，由于没有新的观念，导致"已经听说，却不愿再听到"，从而降低了课堂的吸引力，影响思政课教师的"发声"效果。在这种"伪问题"的错误归因面前，教师的论点不能成立，理论上也没有足够的说服力。当今的年轻人是思想独立、具有批判精神的一群人，如果教师提出的问题不是现实中的客观问题，就会遭到怀疑，从而引发争论。在"步步进逼"的情况下，老师若没有扎实的理论基础，不深入地思考和研究，往往会被"问倒""难倒"，从而陷入困境。如果学生对老师的学识有质疑，教师的发声效果就会大打折扣。

2. 思政课教师斗争精神不足

斗争精神是中国共产党人的精神特征，其在社会主义革命、建设和改革中起着举足轻重的作用。习近平总书记强调："不论时代如何变化，不论条件如何变化,都风雨如磐不动摇,自觉做共产主义远大理想和中国特色社会主义共同理想的坚定信仰者,忠实实践者,永远为了真理而斗争。"① 发挥斗争精神,做到勇于斗争、善于斗争是维护当前我国意识形态安全的内在要求。习近平总书记曾指出,凡是危害中国共产党领导和我国社会主义制度的各种风险挑战,凡是危害我国主权、安全、发展利益的各种风险挑战,凡是危害我国核心利益和重大原则的各种风险挑战,凡是危害我国人民根本利益的各种风险挑战,凡是危害我国实现"两个一百年"奋斗目标、实现中华民族伟大复兴的各种风险挑战,只要来了,我们就必须进行坚决斗争,而且必须取得斗争胜利。然而,当前部分人却产生怠惰心理,丧失斗争精神。② 当前高校一些思政课教师产生了懒散的思想,丧失了斗争的意志。党的十八大以来,中央对思政课师资队伍建设给予了高度关注,迅速填补了师资缺口,大批优秀人才纷纷加入。截至2022年,全国高校思政课全职、兼职教师已突破十万。但就全国而言,思政课教师不管是"量"还是"质",都还有提升的空间,特别是高校思政课教师素质不平衡现象较突出,优秀思政课教师数量远远不够。一些思政课教师只关注"三尺讲台",对社会上的错误思潮缺乏"丁是丁,卯是卯"的斗争精神。若思政课教师无法在思想上强化斗争精神,则可能会在虚拟开放的互联网信息中被西方意识形态渗透所影响,甚至导致所教的青年学生也无法甄别真假。个别教师甚至把思政课作为一个发泄情绪的平台,在课堂上任意地倾诉对社会、对单位乃至对自身发展的不满,甚至公然调侃、抹黑中华优秀的民族精神、党和国家的光辉形象。极少数老师甚至持有"价值观中庸"的主张,致使马克思主义在某些专业出现了"失语"、教材"失踪"、论坛"失声"等现象。

3. 思政课教师网络把关意识弱

2019年3月18日,习近平总书记在学校思想政治理论课教师座谈会上明确要求思政课教师要做到"政治要强,情怀要深,思维要新,视野要

---

① 习近平. 习近平谈治国理政:第2卷 [M]. 北京:外文出版社,2017:50.
② 习近平. 发扬斗争精神增强斗争本领 为实现"两个一百年"奋斗目标而顽强奋斗 [N]. 人民日报,2019-09-04(1).

广，自律要严，人格要正"。其中，"政治要强"是指思政课教师要具有坚定的政治信仰、政治定力和勇于担当的能力。思政课教师只有坚信自己的政治信念，对所讲内容高度认同，不断加强政治能力，才能有利于高校思想政治教育进一步培养大学生的思想品德，才能让学生真正地学、懂、信、用，促使他们成为学习和践行马克思主义的楷模。当前一些高校思政课教师存在不愿担当、不敢担当、不能担当的现象，甚至有的思政课教师不知道什么时候该"亮剑"、该如何"亮剑"。有些思政课教师缺乏辩证思维、发展思维和法治思维，把握不住矛盾的主次，不知道什么时候应该坚持原则和底线、较真碰硬、据理力争，什么时候应该随机应变、不争强好胜、不盲目冲动、不鲁莽行事。甚至有个别思政课教师在教育、教学方面进行极端的宣传，鼓吹民族主义，凡事不注意分寸，利用互联网发泄自己的愤怒和情绪，必然会被人诟病。网络空间舆论主体的多元化和舆论交锋的复杂化，给思政课教学也带来前所未有的挑战。部分高校思政课教师政治观念淡漠，政治立场不坚定，政治敏锐性和判断力不足，难以在网络上勇于发声、坚定捍卫社会主义核心价值观。一些思政课教师担当精神不够，害怕承担意识形态工作中的把关责任，信奉"不做就是最好的"，害怕因言行失误被人抓住"辫子"，被扣"帽子"，抱着不求有功但也不会犯错误的心态，缺乏勇于"发声亮剑"的勇气与政治担当。

4. 思政课教师信息技术不娴熟

面对主流意识形态与多元社会思潮、系统理论知识与网络碎片化知识、理性逻辑语言与感性网络语言之间的冲突，如何熟练运用网络信息技术成为许多思政课教师头疼的问题。有人围绕新时代高校思政课教师的胜任力，曾做过一项调研，指出当前思政课教师教龄 10~19 年的占近三分之一，如果按 31 岁博士毕业、参加工作来计算，当前年龄为 41~50 岁的思政课教师占整个教师队伍近三分之一，而当前的青年大学生群体一般为 18~22 岁。[1] 这表明高校师生间存在较大的年龄差，客观上为师生之间的沟通加大了难度。青年大学生是当今信息化、网络化时代的主体，这批年

---

[1] 常怡. 新时代高校思政课教师胜任力研究［D］. 武汉：华中科技大学，2021.

轻人有着自己的独立性，他们对新鲜和刺激的东西有着强烈的渴望，更愿意用独特方式来宣泄自己的想法。为了更好地与学生搭建起沟通桥梁以及更便捷地在网络上发声，思政课教师必须具有基本的网络信息知识，熟练运用基本的文字、图片和视频编辑软件，并具备使用计算机常用操作软件的能力。网络媒体时代提倡内容和形式创新，同时网络发声要有宽广的视野，能分析并整合网络空间来源广泛、复杂多变的信息流，把握相关事件或知识的信息脉络，找准大学生关注的信息痛点，掌握搜索、收集网络热词、网络头条新闻等内容并加以消化、吸收与整合的能力。一些思政课教师网络信息能力没有跟上时代的要求，被限制在一隅，形成了"信息茧房"，对于亚文化和时尚的词语一无所知，更别提用理论或者网络手段来解释和分析青年群体中流行的现象了。掌握知识和技术是思想政治教师的基本素质，而对于新的信息技术和新平台的运用还不熟练，是影响新时代高校思政课教师成功开展教育教学和网络"发声"的重要因素。

5. 思政课教师网络表达能力弱

主流意识形态话语的网络化表达能力是指能把主流意识形态话语转变为网络话语表达方式，将主流意识形态话语的传统书写转化成网络书写的能力。年轻学子缺乏经验和抽象思维能力，思政课教师要学会运用"网言网语"，把自己所理解和掌握的抽象知识具体化、形象化、通俗化地融入实际生活中去。需要强调的是，价值观的塑造与形成绝非一朝一夕之事，必须持之以恒，方能长久。由于马克思主义理论体系的抽象性以及价值观念的彻底性，使思政课程的教学并非易事。马克思主义思想内涵丰富，但语言抽象而深刻，有些思政课教师自己理解不够深刻，难以在网络上及时发声。随着互联网技术的飞速发展，以碾压式、覆盖式的方式推进了传统教育模式的变革，一些教师对新潮语言、新思维和新潮的教育观念感到很不适应。在信息技术的飞速发展下，高校思想政治工作出现了新的变化，从过去的"面对面"，到现在的网络教学，以及大数据采集和数字精准的德育，年轻人的认识特征和接受方式都在与时俱进，这就给思政课教师的教育教学能力提升带来了新的挑战。

(二)"发声亮剑"网络环境有待优化

网络信息技术的发达为思政课教学与思政课教师"发声"带来了极大的挑战,客观上增加了思政课教师的发声难度、信息辨别难度,因此,及时辨别互联网平台为"发声亮剑"产生负面影响的背后原因成为当务之急。

1. 互联网削弱了教师的权威性

在信息技术飞速发展的今天,网络进入了人们的日常生活中,逐渐形成了一个交流、情感碰撞、信息传递和情感宣泄的交流场所。由于互联网的去中心性、共享性和娱乐性,使得它的传播壁垒较低,导致其内容质量参差不一,增加了高校思政课教师发声的难度。第一,去中心分权化的特征削弱了教师"发声"地位的权威性。高校思政课教师"发声"的权威性一方面来自教育活动天然的权威性,凭借身份地位,教师天然的是教学内容的专业理论掌握者和阐释者、教学实施过程的主导者、学生学习的评价者,另一方面来自高校思政课独特的课程性质。[1] 高校思想政治教育是培养学生的重要内容,主要包括培养学生对中国特色社会主义道路、理论、制度和文化的自信。在社会思潮、价值取向、社会现象等方面,教师肩负着对学生进行理论阐释、价值澄清和人生引路等多种责任,而这一切的开展与实现,在一定程度上需要借助教师教学的主体权威。在全媒体时代,话语传播的去中心分权化特征严重消解和削弱了教师"发声"的权威性。在"发声"的主体性上,全媒体技术使大学生获得了更多的发言权。在全媒体时代,高校在互联网环境下,通过互联网技术,就当前的热点问题和思想价值困惑进行深入的探讨,使学生的话语权得到前所未有的增强,而教师不能积极有效回应,其权威性就会受到严重削弱。在"发声"的内容上,不同的社会思潮、价值观对老师的话语权威造成了极大的影响,给他们的"发声亮剑"带来了空前的挑战和难度。第二,即时共享化的特征削弱了教师发声内容的权威性。长期以来,高校思政课更多强调教学"发声"内容的理论性和思想性,如果不能把相对枯燥的理论性、思想性的教

---

[1] 杜春梅. 全媒体时代话语传播视域下高校思政课教师话语权的困境与对策研究 [J]. 南方论刊,2022 (7):94-97.

材内容有机转化为大学生乐意接受、能解决大学生思想困惑的教学内容,其教学效果将不甚理想。在互联网时代,即时共享的资讯交换使得此问题更为凸显,"实时分享"的特征使得"课堂"具有"时代性"的融合。传统媒体时代,教师所讲的大部分都是按照教学目标来编排,哪怕是在"理论与实践"相结合的情况下,教师也是处于第一地位。全媒体时代话语传播的即时共享化打破了教师话语信息的占有优势,作为全生态网络"原住民"的大学生比教师更熟悉网络,可以更早接触到最新发生的时事热点、舆论动态、头条热搜,教师如果不紧跟网络时事热点新闻,对社会热点问题的了解必然会落后于大学生,更谈不上针对社会热点问题及时对大学生进行客观全面正确的分析和引导。正是从此意义上,全媒体时代即时共享化的特征要求教师发声内容紧跟社会热点问题,增强其时代性和现实性。

第三,具象娱乐化的特征削弱了教师"发声"表达方式的实效性。大学生在网络空间接收的信息多是极具吸引力和感染力的图片、声音、光电等非理性的具象娱乐化信息。在思政课教学中,大学生如果接受的是理论性极强、呆板的文字,枯燥的理论知识等抽象理性化信息,课上课下、校内校外两种话语信息形式形成强烈的反差,就会影响思政课教学的吸引力和实效性。娱乐化特征要求思政课教师改革传统单一理论说教式、知识讲授式、理论逻辑阐释式的话语表达方式,多关注和研究大学生喜爱的网络话语表达方式,增强教师"发声"表达方式的具象趣味性。以网络语言为例,近年来,随着网络文化的流行,新奇独特、个性鲜明的网络语言层出不穷,日益成为大学生的一种"时髦",并被广泛应用和传播,逐渐渗透到日常生活中,思政课教师如果不理解这些网络语言,就如同圈外人一样,不能及时了解大学生的思想动态,甚至听不懂他们的话语表达,不仅拉大师生距离,导致话语交流出现障碍和隔阂,还会影响师生进行深入交流和思想引导,削弱思想政治教育的"发声"实效性。

2. 多元社会思潮的网络渗透

当今社会处于经济全球化的浪潮之下,多样化的社会思潮对整个中国社会都产生了深刻的影响,并对文化思维、观念、形式产生了巨大的冲击。高校作为思想观念最为活跃的阵地,且作为意识形态领域的前沿阵地，是多样化社会思潮的聚集地。在高校意识形态领域中，多样化社会思潮的传播影响社会主义意识形态，并对高校思政课教师的思想观念以及"发声"能力产生极大的影响，更对社会主义意识形态引领力带来了巨大考验。新媒体的出现，使得社会主义核心价值观所处的时代背景更为复杂。人们思想活动的独立性、选择性、多变性、差异性进一步增强。加上国内和国外反动力量的诱惑和煽动，极易造成消极影响。新媒体的消极作用很容易被夸大，让积极作用的声音受到压制，从而对其引领作用产生一定的影响。"实用主义""消费主义""个人主义""享乐主义"等价值取向正逐渐侵蚀着新媒体时代人民的生活情趣、理想信念、政治追求，使得社会主义核心价值观建设面临更多的危险和障碍。在网络空间，多维话语体系的竞争十分激烈。一些所谓的"普世价值论"往往披着学术交流的外衣，某些错误思潮常常利用"文字游戏"进行概念偷换和颠倒是非，部分大学生难以辨别真伪，导致思想上产生混乱与困惑。网络多元思想文化所催生的大量流行网络话语不断挤压思想政治教育话语的空间，主流意识形态宣传话语面临着冲击。部分思政课教师面对多元文化的浪潮冲击，难以巩固和提高思政课教师网络"发声"的吸引力、说服力、引导力和感召力，对主流意识形态话语的主导地位以及对学生思想观念的引导产生极大的挑战。

3. 舆论环境上的网络暴力泛滥

互联网的产生与发展在人类的生活中扮演了举足轻重的角色，同时互联网的匿名性、开放性和互动性给人们带来了更多的表达方式和自由空间，也伴随着一系列的消极结果。网络暴力作为信息化环境下的消极结果，其不断扩散导致了一系列的社会问题。自从互联网出现后，各种不良的社会现象以一种新的形式出现在人们的视野中。例如，黑客、病毒、欺诈、淫秽等各种形式，而如今频繁出现的"网络暴力"泛滥问题也成为一种让人忧虑的不良社会现象。在今天的中国，高校思想政治理论课程甚至被一些居心叵测的人贴上了"无用""洗脑"的帽子，而一旦思政课教师在网上"发声亮剑"，表达出自己的态度和立场时，极有可能遭遇到网上的暴力袭击，被一些别有用心的网民嘲笑、辱骂，甚至被人肉搜索，对自己和家庭的隐私乃至个人的生命都会造成极大的危害。这就导致了一些思政课教师不敢也不愿在网上"发声亮剑"。

4. 媒体平台"把关人"角色缺失

互联网具有双向互动性和大容量性，而在传播过程中，国家新闻媒体平台的"发声"体现了公众的利益，运用理智的思考和引导的态度来指导新闻的发布。新闻媒体平台作为政府和民众之间的桥梁，也是社会舆论的载体，它始终承担着引导社会舆论、增长知识、调节趣味、教育等职能。由于社会团体和网络监管部门对网络言论的规范程度没有给予足够关注，一些人便利用这一漏洞，在网络上散布不良言论，甚至出现冒充正能量影响受众的话语行为。信息社会中，随着各种价值观念的碰撞，大学生就成了各种意识形态的争夺目标。如果没有恰当的语言标准，受教育者很容易被误导，从而跟随某些不正当的意识形态，危及社会主义的主流地位。目前，媒体平台"把关人"角色缺失，"监管机制"不健全也会造成不良网络文化的泛滥。有的网站以暴力文化为幌子，诱导学生观看淫秽影片等，而受教育者缺少理性思考的能力，他们的理解和判断力较差，看不清事物的本质特征，常常抵挡不住不良网络文化的诱惑，偏离了马克思主义的立场。平台引导机制缺失、网络传播平台监管不足，导致高校学生认识迷失、话语行为失范，这在一定程度上削弱了高校思政课教师的"发声"积极性，进而影响了"发声亮剑"能力的提升。

（三）高校思政工作保障力度有待加强

社会对教师这一职业赋予了神圣的使命，党和国家对高校思政课教师更是提出了更高的要求。而现实中，相对其他专业课教师而言，思政课教师在诸多方面都面临更大的压力，导致思政课教师难以及时网络发声。很多高校缺乏对思政课教师"发声亮剑"的足够重视，这些都影响着思政课教师的"发声"亮剑能力提升及其积极性。

1. 高校思政课教师培训机制不健全

随着我国高校思想政治教育的改革，高校思政课教师"发声亮剑"能力提升需要建立健全制度机制，包括考评机制、投入机制、引导机制、激励机制。在考评机制方面，目前缺乏对包括思政课教师和学生两个群体的考评。思政课教师对学生开展网络思政教育，进行网络发声，属于课堂教学之外的活动，并且付出了一定的劳动，但怎样考核评定思政课教师的工作量、开展网络思政发声工作能否作为职务职称评聘的条件以及评奖评优依据等问题尚未得到解决。在投入机制方面，包括专项经费投入、网络设施投入、网络技术投入等，目前高等院校缺乏对思政课教师"发声亮剑"硬件建设的投入，导致教师"发声亮剑"网络环境不稳定。在引导机制方面，高校对思政课教师开展网络发声工作的导向不足，使得思政课教师开展网络发声的形式较为单一。在激励机制方面，包括精神激励和物质激励，大部分高校还未建立思政课教师开展网络"发声亮剑"工作的激励机制，这必然会影响思政课教师开展"发声亮剑"的积极性。

2. 高校思政课教师队伍结构不合理

教育部《高等学校思想政治理论课建设标准（2021年本）》要求高校严格按照师生比不低于1∶350的比例配足思政课教师，但目前全国大部分高校的师生比低于1∶350。全国马克思主义理论学科博士毕业生中，真正从事马克思主义理论教学的比例不高，这就会对高校人才梯队建设有很大的影响[1]，将极大地制约高校思政课教师队伍"发声亮剑"能力的提升。第一，高水平的思政课教师存在着区域不平衡现象。在经济发达省份，高水平的思政课教师比例比较高，经济欠发达省份比例明显偏低。第二，高校思政课师资水平的高低在院校性质上也存在着差异。在我国部分高校中，文科院校特别是师范类院校，思政课教师队伍师资水平较高，理工科院校相对重视不够。无论从我国高校思政课教师的地域分配方面，还是院校性质分配方面，均存在很大的差异，导致我国高校思政课教师人才队伍结构的失衡和中青年领军人物的短缺，地区之间思政课教师的"发声亮剑"能力差别较大，经济不发达地区或部分院校的师资力量单薄，难以起到群体发声的效果。

3. 高校思政课教师教学科研压力大

目前高校教师的考核任务中，普遍规定有教学科研的指标。由于高校

---

[1] 张霞. 专业化建设视野下思政课教师发展研究［D］. 淄博：山东理工大学，2018.

思政课教师师资队伍配备比例偏低，思政课教师的工作任务普遍较重，教学科研的压力较大。《中国高校青年教师调查报告》显示，作为近九成拥有博士学位的高知群体，高校青年教师也是高压人群。72.3%的受访者直言"压力大"，其中36.3%的人认为"压力非常大"。报告指出，受访者表示，其压力主要来自3方面——科研任务重、教学任务多和经济收入少，而科研任务是最大压力源。① 调查发现，山东等5省市平均有61.48%的高校思想政治理论课教师"职业压力"很大，37.58%的政治理论课教师有较大"职业压力"。② 由于教学科研的压力较大，高校思政课教师的时间基本上被教学科研工作占用，平时无暇关注网络各种热点，也没有太多时间关注教学科研之外的工作，自然忽略了网络"发声亮剑"。而目前高校没有建立思政课教师"发声亮剑"激励机制，高校思政课教师"发声亮剑"工作并没有作为工作任务的考核指标，导致高校思政课教师"发声亮剑"积极性不高。仅靠高校思政课教师自身的积极性，显然无法形成人人参与的工作格局。

---

① 高校青年教师现状引关注　超三成觉科研教学压力大[EB/OL].人民网，2013-01-29.
② 于超.高校思想政治理论课教师"职业压力"探析[J].广西青年干部学院学报，2006（6）：45-47.

第七章

高校思政课教师"发声亮剑"能力的提升策略

"教育是国之大计、党之大计。"① 高校担负着为党育人、为国育才的神圣职责。高校思想政治理论课发挥着铸魂育人的作用，是大学生接受思想政治教育的主渠道、主阵地。高校思政课教师则承担着研究马克思主义、传播马克思主义、讲授马克思主义的重要使命，肩负着落实立德树人根本任务，同时引导着学生树立崇高理想信念，是学生扣好人生第一粒扣子的引路人。"工欲善其事，必先利其器。"当前，我们身处中华民族伟大复兴战略全局与世界百年未有之大变局相互交织的关键期，应对来自国内外的各种风险挑战，面对当前我国思想政治教育工作中出现的新问题、新矛盾、新机遇，迫切需要打造一批具有强烈时代精神和坚定理想信念的高水平高校思政课教师队伍，充分利用其自身的专业优势和才能，充分发挥好在统一思想、凝聚共识、鼓舞斗志等方面的重要作用。因此，高校思政课教师"发声亮剑"能力的提升刻不容缓。对此，要强化高校思政课教师"发声亮剑"能力提升的组织领导、完善高校思政课教师"发声亮剑"能力提升的激励机制以及激发高校思政课教师"发声亮剑"能力提升的内生动力，进而不断加强和改进新时代思想政治工作、不断开创思想政治工作新局面、不断把党和人民事业推向新高地。

---

① 中共中央宣传部. 习近平新时代中国特色社会主义思想学习问答[M]. 北京：学习出版社，人民出版社，2021：339.

一、强化高校思政课教师"发声亮剑"能力提升的组织领导

当前，我国已全面建成小康社会，大踏步迈进全面建设社会主义现代化国家新征程，迎来了实现伟大复兴的光明前景，全国各族人民正在追求物质生活和精神生活的"双富裕"，这些都与我们拥有强大的组织领导力紧密相关。可以说，不断加强组织领导，汇聚起组织领导的磅礴伟力，充分发挥组织领导的突出优势是推进我们党和国家事业长远发展、促进民族繁荣昌盛、助力人民幸福安康的坚强依托。因此，强化组织领导也必然是高校思政课教师"发声亮剑"能力提升的强有力保证，通过凝聚组织力量、发挥组织优势、强化组织担当能够确保思政课教师"发声亮剑"能力提升的相关工作得以扎实推进，进而取得更大成效。强化高校思政课教师"发声亮剑"能力提升的组织领导，党和政府应当做到持续深入开展"清朗行动"以净化网络环境、支持高校思政课教师建设发声平台、培育高校思政课教师网络意见领袖以及建立并完善高校思政课教师网络"发声亮剑"能力提升培训制度。

（一）持续开展"清朗行动"净化网络环境

随着我国信息化进程的加速，互联网络在我国迅速发展并普及。2022年8月31日，中国互联网络信息中心（CNNIC）在京发布第50次《中国互联网络发展状况统计报告》显示，截至2022年6月，我国网民规模为10.51亿，互联网普及率达74.4%，这说明我国已经建成汇聚数十亿人口的网络大国，网络空间成为人们现实生活的重要延伸，也"是亿万民众共同的精神家园"[①]。然而，在网络空间中，由于互联网技术的发展、信息传播"把关人"的缺位、西方"和平演变"战略的推进等众多方面的因素导致了历史虚无主义、新自由主义、无政府主义等与党和国家主流意识形态相冲突的、带有特定政治倾向性的错误思潮在网络空间持续蔓延，旨在否定党的领导和社会主义道路，进而危及我国的国家安全。因此，迫切需要

---

① 习近平. 论党的宣传思想工作［M］. 北京：中央文献出版社，2020：196.

在党和政府的组织领导下净化网络环境。净化网络环境与高校思政课教师"发声亮剑"能力的提升，这两者看似关联性很小，但实则是辩证统一的关系，是一个相互促进、相辅相成、相得益彰的过程。一方面，通过不断深入开展清朗行动来祛除网络空间中的魑魅魍魉，营造风清气正、健康文明的网络环境，着力打造清朗的、充满向上向善正能量的网络空间能够为高校思政课教师的"发声亮剑"行动提供良好的平台支撑，进而"发声亮剑"的能力也能够得以稳步提升。另一方面，高校思政课教师"发声亮剑"的能力得到跨越式提升后，能够以更加科学的方法、合理的方式同网络空间中各种错误社会思潮、各种不良现象做斗争，对其进行强有力的揭露、批判和抵制，同时还有利于在网络空间传播马克思主义、传播社会主流意识形态、传播社会主义核心价值观。长期坚持后，这极有利于我们营造清朗网络空间、建立良好网络生态，为构建和谐社会发挥着不可估量的作用。

1. 深化网络治理的顶层设计。党的十八大以来，以习近平同志为核心的党中央重视互联网、发展互联网、治理互联网，以强烈的责任感、使命感、紧迫感为己任，从防范和化解网络空间的风险挑战出发，制定施行了我国第一部全面规范网络空间安全管理方面问题的基础性法律《中华人民共和国网络安全法》，并在综合研判国际国内发展大势的基础上，以高瞻远瞩的战略眼光提出了我国要立足于网络大国建设网络强国，并将其上升到国家战略的高度。这足以说明我国对网信事业、网络空间相关工作的高度重视。在党中央的正确领导下，我国的网络空间治理工作不断跃上新台阶，网络空间得到有效净化、网络生态得到极大改善，成功走出了一条具有中国特色的网络空间治理之道。但是，随着科学技术的日新月异，网络空间信息传播呈现出的广泛化、隐匿化、迅捷化等特征愈加明显，其复杂程度不断加深，治理工作的难度也在不断加大。尤其是互联网技术的发展与赋权，我国在迎来新媒体、融媒体、全媒体后，又迎来了智能媒体，智能媒体所拥有的大数据、算法推荐、人工智能等技术使网络空间的信息传播更加精准、高效。基于这样的现实境遇，党和政府必然要充分发挥组织领导优势、政治优势和制度优势，统筹发展和安全等诸多问题，根据网络空间新形势、新特征和新挑战不断优化网络空间相关治理工作的顶层设计，形成综合治理的新格局。具体而言，就是要在自主创新、科学管理、防建结合、依法治网、融入国际、全民动员等方面着力推进顶层设计的优化工作。

2. 强化信息传播的监管力度。加强对网络空间的监管，一方面能够及时地发现并清除网络空间中的不良信息，另一方面也能够及时地掌握不良信息的发展动向，从而更好地在源头上遏制其传播，为构建风清气正的网络空间打下坚实的基础。可以说，对网络信息的监管是网络空间得以净化的关键一环、重要抓手。一是政府相关监管部门要加大对网络空间的监管。各级网信办等监管部门在网络空间的监管中发挥着极为重要的作用，充当着网络信息"终极把关人"的角色，同时更是网络空间信息由传播主体传向受众的最后一道防线，倘若这道防线宽、松、软，轻而易举地被攻破，各种不良信息与错误思潮就会搞乱民众的思想，进而给我国意识形态领域带来风险。对此，相关监管部门要认真学习领会并积极贯彻落实党中央、上级政府部门等有关网络空间治理工作的相关要求，要研发设计并不断完善网络舆情监管、预警和研判系统，要不断提高对网络空间信息的监管与筛查能力以及网络意识形态领域风险防范化解能力。二是平台要加强对自身的监管。平台在网络空间信息传播过程中充当着"二级把关人"的角色，能够在很大程度上决定信息是否可以传播、信息传播给谁、什么时间传播。然而在当前的网络空间中，一些网络平台国家被资本把持，秉持着"流量为王""流量至上"的扭曲价值理念，旨在为了攫取更多的利益，从而放松对自身平台的监管，任由各种错误、虚假的信息在网络空间肆意横行。因此，网络平台应当积极遵守《中国互联网行业自律公约》，要在相关监管部门的指导下深入推进对自身的监管工作，对平台的传播内容进行精准审核、筛选，凡是不符合社会主流意识形态的、与社会主义核心价值观相违背的内容应当坚决予以剔除，并制定合理有效的惩罚机制，自觉做化解网络空间风险挑战的"灭火器"，筑牢网络意识形态安全的"防火墙"。正如习近平总书记所强调的："要压实互联网企业的主体责任，决不能让互联网成为传播有害信息、造谣生事的平台。"① 三是汇集民众的力量共同参与网络监管的工作。网民在网络空间中既是信息的接收者又是信息的发布者，扮演着网络信息传播"一级把关人"的角色。一方面，政府或互联网平台要通过舆论引导、宣传教育等方式让网民参与网络空间监管；另一方面，应当建立并完善针对网络空间不良信息的监督举报奖励机制，共同守护、共同构建网上美好精神家园。

3. 建设网络治理的人才队伍。尽管网络空间是虚拟的，但使用网络空间的仍然是一个个现实的个体。因而，净化网络空间必然要充分发挥"人"的作用、发挥好人才这个核心资源优势，牢牢抓住网络治理人才队伍建设这一着力点，努力打造一支政治强、业务精、作风好的网信铁军，构建一支洞悉互联网发展规律、掌控网络媒体传播体系的精锐网络治理人才队伍来开展相关工作。习近平总书记强调："'得人者兴，失人者崩。'网络空间的竞争，归根结底是人才的竞争。"② 因此，需要从加大培养数量、提高培养治理等方面推进精锐人才队伍的建构工作。一方面，亟须加大网络治理人才队伍的培养数量。目前我国拥有数十亿的网民，正在由网络大国向网络强国迈进，网民的数量就决定着我国需要大量具备良好的专业素养的网络治理人才。然而，从现实情况看，我国目前所拥有的相关人才远不能满足社会需求。对此，高等院校要积极申报网络空间相关学科的学士、硕士、博士学位授权点并相应扩大招生指标，培养本学科的高精尖、创新型人才；中职、高职院校应当积极开展网络空间相关学科的职业教育，培养更多面向社会的技能型、服务型人才。另一方面，在加大人才队伍培养数量的基础上着力提升其培养质量。互联网技术的快速迭代更新，网络空间治理工作呈现出愈加复杂化的趋势，势必对人才培养的质量提出了更高要求，要明确网络空间治理人才的培养目标、选拔标准，要创新人才考核激励机制。

---

① 中共中央党史和文献研究院. 习近平关于网络强国论述摘编 [M]. 北京：中央文献出版社，2021：57.
② 习近平. 论党的宣传思想工作 [M]. 北京：中央文献出版社，2020：208.

(二) 支持高校思政课教师建设发声平台

高校思政课教师是被党和国家寄予厚望的知识分子，是用马克思主义科学理论、党的先进创新理论武装头脑的思想政治教育工作者，具备坚定的马克思主义信仰、掌握马克思主义的世界观与方法论，进而成为主流意识形态的重要建设者以及维护高校网络意识形态安全的重要主体。当前，"互联网已经成为舆论斗争的主战场"①。西方反华势力和敌对势力在对我国的网络空间进行意识形态渗透的同时，也将"枪口"对准了高等院校，将其当作各种错误思潮网络渗透的重要目标，高校也因此成了党的意识形态工作前沿阵地。基于此种境遇，高校思政课教师应当把互联网视作"第二讲台"，敢于表明态度、站稳立场，利用自身专业素养充分发挥自身优势在网络空间发声，对错误思潮坚决予以深刻地剖析、批判和抵制，对错误思想观点进行有力地批驳。这能够引导学生辨别各种错误思潮，有利于营造风清气正的网络空间，对维护高校网络意识形态安全发挥着极为重要的作用。然而，面对愈发激烈、愈加复杂的网络意识形态斗争，现实情况是部分思政课教师在尝试网络发声时发现缺乏良好的网络平台支持其发声，导致其在网络空间缺席、缺位，进而不能够对学生、网民进行有力引导、不能够深入开展网络空间舆论斗争，最终导致我国主流意识形态安全受到威胁。对此，党和政府应当从维护我国主流意识形态安全大局出发，充分发挥其组织领导优势，致力于培育和创建一批具有深厚影响力的思政课教师网络发声平台，为思政课教师网络发声提供强有力的平台支持、保障。建设高校思政课教师发声平台，是一个需要多方协作、多管齐下的过程，要注意从以下几方面发力。

1. 尝试创办全国统一的高校思政课教师发声平台。一方面，统一发声平台是在党的领导下，教育主管部门、高校、网信部门等的携手下共同建立的，正是因为有党的领导、多部门的联合使得平台更具权威性。这些部门也将成为这一平台的坚实后盾，为思政课教师在统一平台的发声通过分

---

① 中共中央党史和文献研究院. 习近平关于网络强国论述摘编 [M]. 北京: 中央文献出版社, 2021: 50.

享机制转发、分享到其他平台提供政策、制度保障,让高校思政课教师的发声不仅不会局限于高校这个特定范围,还会通过网络"放大镜"的作用,辐射更多的人民群众,更好地服务于网络强国战略,从而发挥出平台的最大效用。另一方面,统一发声平台的建立有利于凝聚全体高校思政课教师的智慧和力量。截至2021年年底,全国高校马克思主义学院已经发展到1440余家,高校思政课专兼职教师超过12.7万人,统一发声平台的建立恰好能够汇聚起全体高校思政课教师的磅礴伟力,进而更好地维护国家主流意识形态安全、推动党和国家事业发展。教师们可以通过这一统一的平台将自身切实经历的具有典型代表性的发声"案例""事例"发布在平台中共同交流、探讨,为其他教师提供有效借鉴。此外,教师在发声时遇到难度较大、棘手的问题时亦可以通过这一平台寻求其他教师的帮助,通过群策群力更好地解决问题。

2. 充分利用新媒体平台建设多样化的思政课教师发声平台。当前的网络空间已经成为舆论斗争的主战场、前沿阵地,思政课教师能否在互联网平台进行发声,很大程度上影响着我们能否打赢网络意识形态斗争这场没有硝烟的战争。正如习近平总书记指出的:"宣传思想阵地,我们不去占领,人家就会去占领。"① 高校思政课教师在互联网平台的发声,就是我们主动去占领宣传思想阵地的生动体现。一方面,激活高校校园网络。目前我国的高校基本设立了新媒体中心,通过打造官方账号进驻各类网络平台以此宣传学校、服务师生,例如,微信公众平台、微信视频号、QQ空间、微博、抖音、"B站"等。对此,高校应在这些官方运营的新媒体平台中开辟相关专栏、打造思政育人的特色栏目,支持思政课教师发声,如设立"思政课名师带你研读马恩经典著作""思政课名师带你学党史""思政课名师为你解读时事热点"等栏目。同时,还可以设立"与思政名师面对面"的采访栏目,针对学生所关心的时事热点问题予以解答,并将采访的视频与文字发布在相关平台。此外,高校还可以整合相关力量通过创建校园手机客户端、校园网络师生论坛等方式创建高校专属的网络思政平台。

---

① 中共中央党史和文献研究院. 习近平关于网络强国论述摘编[M]. 北京:中央文献出版社,2021:52.

另一方面，进驻社会公共网络平台。网信办等政府相关部门应当发挥好纽带的作用，搭建起高校思政课教师与互联网平台合作的桥梁，为思政课教师的发声提供平台。具体来说，互联网平台可以主动设立"大思政课"相关栏目，将高校的思政课以人民群众喜闻乐见的形式搬进网络空间，用真理的力量感化人、教育人，达到思育人的目的。还可以聘请思政课教师作为网络平台的"巡视员"，对平台中出现的反马克思主义、否定历史、亵渎英雄人物、攻击党的领袖等与社会主流意识形态相违背的言论进行有理有据有节的反击，维护主流意识形态安全。除了上述两方面外，高校应当设立网络思政专项经费，支持思政课教师创建自媒体平台进行发声，对有一定影响力、具备发展潜力的平台以项目资助的方式给予必要的经费支持。

（三）培育高校思政课教师网络意见领袖

意见领袖来源于传播学的经典概念，最早由传播学者拉扎斯菲尔德提出，是指能够左右多数人态度倾向的少数人。随着当前互联网技术的日新月异，网络空间逐渐成为人们现实社会以外的"第二空间"，由此在意见领袖的基础上衍生出网络意见领袖这一概念。

1. 高度重视网络意见领袖的培育。网络意见领袖就是指长期活跃在网络空间中，因其自身对某一领域或多个领域的阅历、知识储备较为丰富，从而在众多网民中脱颖而出，进而在网络空间拥有较高知名度和影响力的团体或个人，能够引导网络空间舆论、推动网络舆情的扩散，因此也将其称为网络舆论领袖。相较于传统的意见领袖，网络意见领袖个性化特征更明显、影响范围更大、说服力也更强，因此其言论能够在社会上引起较大反响。在当前的网络空间中，充斥着各个领域的网络意见领袖，在其推动下，信息扩散的速度明显加快，并且有选择性地对信息进行"二次加工"后再进行传播，为网络舆情事态的扩散提供强有力的助推作用。然而，无论是作为团体还是个人出现的网络意见领袖，其自身都具备一定的价值观念，在进行信息传播时必然会将自己的价值观念有意或是无意地输出到网络空间中，影响着网民的价值判断。目前的现实情况是网络空间中部分意见领袖其自身价值观扭曲,传播背离社会主义核心价值观、违背社会主流意识形态的信息。如果在各大网络平台拥有千万粉丝的网络意见领袖输出错误的价值观念,将严重威胁我国主流意识形态安全。对此,我们必须培育维护党、国家和人民根本利益的网络意见领袖,高校思政课教师就是较为合适的人选。高校思政课教师长期从事马克思主义原理、中国化马克思主义理论、中共党史的研究与教学工作,具有很高的马克思主义理论素养与过硬的政治素质,能够站在马克思主义立场,运用马克思主义世界观和方法论看待问题、分析问题、解决问题。思政课教师担任网络意见领袖能够对互联网平台的错误思潮进行综合研判并予以坚决批判和抵制,进而熟练运用马克思主义理论说服人、教育人、引导人,正确引领网络空间舆论走向,助力构建清朗网络空间,最终维护我国主流意识形态安全。

2. 建立网络意见领袖的培育机制。一是为高校思政课教师打造发声平台。倘若思政课教师没有可供其"施展拳脚"的发声平台,无论拥有多么系统的理论知识储备、多么高超的舆情化解能力、多么深厚的网络媒介素养,都不能够在网络空间拥有一席之地,更无法提及将其培育为网络意见领袖。正如上文所述,可以通过创办全国统一的高校思政课教师发声平台、充分利用新媒体平台建设思政课教师发声平台以及支持思政课教师创建自媒体平台等方式搭建起高校思政课教师的发声平台,这是将高校思政课教师培育为网络意见领袖的先决条件。二是有选择性、有针对性地进行培育。高校思政课教师是一个由"老中青"各年龄阶段组成的群体,并且在这个群体中,既有马克思主义理论学科或相关学科毕业的专职思政课教师,又有从事政治辅导员工作或担任党政领导干部的兼职思政课教师。其中,专职思政课青年教师在完成教学任务和科研任务后有相对充足的时间和精力,并且他们长期活跃在网络空间,拥有一定的网络素养、洞悉互联网信息传播规律以及熟悉意识形态工作。因此,要将青年教师当作网络意见领袖的重点培育对象,打造一批勇于发声、善于发声、勤于发声的网络意见领袖,担当起构筑意识形态安全"防火墙"的重任。三是建立并完善网络意见领袖培育的体制机制。通过制度保障来推动某一项决策的顺利施行是党和人民事业发展取得重大成就的重要原因。因此,建立并完善网络意见领袖培育的体制机制也是确保高校思政课教师能够长远地在网络空间"发声亮剑",成为党和国家意识形态建设的一支重要力量的重要因素。具体而言,就是要建立并逐步完善高校思政课教师网络意见领袖培育的领导机制、选拔机制、培养机制、激励机制等。

(四) 构建"发声亮剑"能力提升培训制度

高校思政课教师本身承担着繁重的教学与科研任务,并且部分教师还担任着行政职务,这就意味着他们不可能像专业的网络空间治理工作者以及网络意见领袖那样具备很高的网络素养、信息研判与处理能力、网络话语表达能力、舆情引导与批判能力。可见,高校思政课教师在网络空间"发声亮剑"容易面临"本领恐慌"的问题。为解决这一问题,十分有必要对高校思政课教师在网络平台的"发声亮剑"进行制度化的培训,以提高网络"发声亮剑"能力与水平,帮助思政课教师熟练运用网络"发声亮剑"技巧与方法,助力其完成从单一的思政课堂讲授者的角色向"课堂讲授者+网络舆论引导者"的复合型角色的转变,进而成为维护主流意识形态安全的可靠力量。具体来说,就是要通过建立并不断完善高校思政课教师网络"发声亮剑"能力提升培训制度,提升其网络媒介素养、"政治要强"的能力、网络空间话语表达能力、错误思潮的辨别与批判能力、网络舆情的研判与引导能力。此外,要推动培训制度常态化、长效化,让高校思政课教师网络"发声亮剑"面临本领恐慌的局面得到根本性、持续性扭转。

1. 明确高校思政课教师"发声亮剑"能力提升培训的具体目标。一是提升对网络空间错误思潮的辨别与批判能力。当前的网络空间还存在形形色色的各种错误思潮,不断毒害我国的网民尤其是青少年。高校思政课教师网络"发声亮剑"首要的就是要对错误思潮进行精准识别并教会学生、网民辨识错误思潮背后隐藏的政治诉求和价值取向,再旗帜鲜明地予以批判和抵制。对此,思政课教师要掌握好马克思主义科学理论的世界观和方法论,尤其是深刻理解唯物辩证法和唯物史观,这是对错误思潮进行批判的理论基础、根本遵循。以科学理论驾驭错误舆论,在纷繁嘈杂的网络空

<<< 第七章　高校思政课教师"发声亮剑"能力的提升策略

间发挥"定盘星"的作用。二是提升对网络舆情的研判和引导能力。信息技术的变革扩大了网络空间信息传播的覆盖面，极大提升了其传播速度和效率。在现实生活中发生的事件经由网络空间发布后，在众多因素的联合作用下往往短时间内被推至舆论顶峰，引发网络舆情。高校思政课教师需要对网络舆情进行及时、准确的研判和回应并做好舆情的引导工作，这就要求高校思政课教师既要具备敏锐的网络舆情洞察力，练就舆情监控的"火眼金睛"，还要具备网络舆情爆发后的沟通和疏导能力。三是提升网络空间话语表达能力。网络空间这一特定的环境就决定了高校思政课教师"发声亮剑"的话语不能够像高校思政课堂一样富有强学理性、学术性，而应当在掌握网络空间特点、联系网民实际生活的基础上将主流意识形态话语网络化表达，把政治话语与网络话语有机结合，使其通俗易懂、接地气，进而更加自然地融入网络场域。提升网络空间话语表达能力，最重要的就是学会运用"网言网语"。习近平总书记曾多次强调要善于运用"网言网语"，运用"'网言网语'传播正能量、弘扬主旋律"[1]。同时还要学会运用网络空间中的多种载体，网络空间话语的表达不再是单一的文字或口语的形式，而是通过图片、音频、短视频、动图、表情包等相互交织呈现出的新形式。

2. 形成高校思政课教师"发声亮剑"能力提升培训的常态化机制。常态化培训机制的建立，可以定期组织对高校思政课教师网络"发声亮剑"能力的培训，不断提高对网络空间错误思潮的辨别与批判能力、网络舆情的研判和引导能力、网络空间话语表达能力等诸方面的能力，助力构建清朗的网络空间，进而筑牢互联网场域中主流意识形态安全的"防火墙"。一是举办相关讲座和技能培训。高校应当邀请相关领域的专家学者、研究人员以及相关行业的从业人员对思政课教师进行网络工具的使用技能、网络信息的处理技能、网络舆论引导能力、网络宣传文章的写作技巧等培训。二是整合校内资源。绝大多数高校都设立了新闻与传播学院、计算机信息工程学院以及舆情分析研究中心，具备条件的高校也都在积极申报网

---

[1] 中共中央党史和文献研究院. 习近平关于网络强国论述摘编 [M]. 北京：中央文献出版社，2021：81.

络空间安全专业、设立网络空间安全学院。对此，马克思主义学院应当加深与上述学院、部门联系与合作，共同推进多学科协同，交流借鉴有关网络技术、网络工作、网络信息传播的相关技能和经验。三是联系社会资源。我国各地的网信办等相关部门承担着落实互联网信息传播相关政策、促进互联网信息服务健康发展的职责，是对网络空间进行有效治理过程中的领头雁、排头兵、先行者。我国各类主流网络新媒体平台搭建起信息传播的桥梁，既具有大众传播的优势，又兼具小（窄）众化、分众化传播的特点。无论是政府网信部门还是网络媒体平台都深谙互联网信息传播规律，处于网络空间治理工作的最前沿，从而积累了丰富的经验。基于此，高校应当积极组织思政课教师通过实地走访、考察、座谈等方式切实加强与相关部门和网络平台工作人员的沟通交流，拓宽视野，提升能力。

二、完善高校思政课教师"发声亮剑"能力提升的激励机制

高校思政课教师是办好思政课的关键因素，在思政课堂的教育教学过程中肩负着培育助力实现中华民族伟大复兴的时代新人的历史使命。伴随着网络空间对学生、网民的影响力越来越大，我们有必要将网络空间作为另一个"思政课堂"。对此，思政课教师作为党的意识形态工作的重要承担者，必然要将其身份和守好意识形态"责任田"的职责向网络空间延伸。这就要求高校思政课教师在面对网络空间各种错误思潮以及不良现象时，勇于并擅于"发声亮剑"，在网络空间"自觉弘扬主旋律，积极传递正能量"，进而维护我国社会主流意识形态的安全。激励是一种调动人的积极性的行为和管理手段，激励机制是指为事物提供行为动力的各因素之间的作用方式。我们需要通过建立健全正向激励机制、横向激励机制、纵向激励机制以及反向激励机制来完善高校思政课教师"发声亮剑"能力提升的激励机制，激发思政课教师"发声亮剑"的积极性、主动性和创造性，进而不断提升其"发声亮剑"能力和成效。

（一）建立健全正向激励机制

正向激励机制是对人的行为进行正面强化，使人以一种愉快的心情继

续其行为，并进一步调动其积极性。完善高校思政课教师"发声亮剑"能力提升的正向激励机制，物质激励和精神激励是不可或缺的两种激励手段，两者紧密联系、相辅相成、缺一不可，是一个有机统一的整体。正向激励机制是对高校思政课教师"发声亮剑"效果发挥到最大化的激励机制。

1. 加强薪酬层面的物质激励。物质激励是最直接的一种激励方式，指的是运用物质的手段使受激励者得到物质上的满足，即以满足人们的物质欲望为基础。经济活动是人类赖以生存和发展的基础，思政课教师在培育时代新人的同时，高校和相关部门要确保教师群体在经济收入这一重大方面没有较大的后顾之忧。此外，管理学中的公平理论指出，激励中的一个重要因素是个人对报酬结构是否觉得公平，如果人们觉得个人的报酬低于自己的贡献，就会产生不满情绪，甚至离开这个组织；如果人们觉得个人的报酬等于自己的贡献，则会继续保持同样状态进行工作；如果人们认为报酬高于自己的贡献，则会更加努力地开展工作。因此，高校应当高度重视对思政课教师的"发声亮剑"行为及其取得的成效进行物质上的激励，这既能让思政课教师产生更多的公平感，又能保障其经济收入稳定，更能调动其工作的积极性主动性，从而有助于"发声亮剑"能力的提升。这就要求高校设置好思政课教师岗位津贴。2015年教育部印发的《关于加强和改进高校宣传思想工作队伍建设的意见》明确提出，"要完善激励政策，在校内分配制度改革中，认真研究一线专兼职宣传思想工作人员的津贴补贴标准"[1]。2020年1月教育部印发的《新时代高等学校思想政治理论课教师队伍建设规定》中再次强调，要设立奖励基金等方式支持高等学校思政课教师队伍建设。高校思政课教师一方面在思政课堂上是实施思想政治教育的主体，另一方面在思政课堂外的"发声亮剑"开展的也是思想政治工作。对高校思政课教师来说，是完全符合一线专兼职宣传思想工作人员这一身份的。因此，各高校应当积极推动贯彻落实教育部的相关政策，在充分调研的基础上，立足于本校实际情况制定出思政课教师的津贴发放标

---

[1] 中共中央宣传部. 中共教育部党组关于加强和改进高校宣传思想工作队伍建设的意见［A/OL］. 中华人民共和国教育部，2015-09-30.

准及方案，尤其要针对在"发声亮剑"行动中有额外贡献的思政课教师予以一定津贴发放政策上的倾斜，激励其不断提升自身能力，以更加饱满的热情投身于"发声亮剑"，同时还能够吸引更多的思政课教师、宣传思想工作人员参与其中，不断壮大"发声亮剑"队伍。

2. 加强情感层面的精神激励。"得到爱与尊重，进行正当的情感交流是人类特有的起码的心理需要。"① 对高校思政课教师来说，无论是在思政课堂内的教育教学工作，还是思政课堂外的"发声亮剑"工作，都期望得到领导与同事的关注、认可和鼓励。这就说明高校思政课教师不仅需要物质上的激励，也需要得到精神激励。精神激励是对人的内在激励，作用于人的心理方面，注重从情感层面来激发人们的行为动机的方式，是对人精神需要的满足，且有时精神激励具有物质激励所无法比拟的效果。只有物质激励与精神激励二者结合，才能达到事半功倍之效。对此，高校需要从以下几个切入点着手提高对思政课教师的精神激励。一是高校领导要走近思政课教师。高校不能忽视思政课的建设，高校领导亦不能忽视对思政课教师的培养。高校领导应当架起与思政课教师交流沟通的桥梁，经常性、面对面地了解思政课教师在思政课堂内的教学和思政课堂外的"发声亮剑"动态。对于取得的成果给予表扬，对于思政课教师提出的困难和要求，应当及时、妥善予以解决，切实拉近领导与教师的距离，让思政课教师充分感受到校领导的亲切关怀，进而实现对其情感激励。正如习近平总书记在学校思想政治理论课教师座谈会上所强调的："学校党委书记、校长要带头走进课堂，带头推动思政课建设，带头联系思政课教师。"② 二是通过表彰宣传先进典型。高校要充分利用好教师节、劳动节等节日以及开展"十佳教师""百优教师""思政课教师年度人物"等活动，评选出一批既在教学、科研等方面业绩突出，又在"发声亮剑"中取得优异成果的思政课教师，表彰并挖掘相关典型事例广泛宣传，呈现思政课教师的人格魅力，使思政课教师切身体会到自己受到重视和尊重，进而实现对其精神

---

① 张耀灿. 思想政治教育学前沿 [M]. 北京：人民出版社，2006：291.
② 习近平. 思政课是落实立德树人任务的关键课程 [M]. 北京：人民出版社，2020：24.

激励。此外，通过宣传先进典型，强化榜样的力量，能够鼓舞和激励更多的思政课教师勇于、善于站出来"发声亮剑"。

（二）建立健全横向激励机制

建立健全高校思政课教师"发声亮剑"能力提升的横向激励机制，主要是基于思想政治教育工作的环境和教师所处的职业发展平台而言的，具体来说就是通过持续优化高校思政课教师从事思想政治教育工作的环境以及建构其职业发展的激励平台实现。

1. 不断优化高校思政课教师开展思想政治教育工作的环境。"近朱者赤，近墨者黑。"社会环境对一个人的影响是潜移默化的，对人的发展所起的作用也是十分巨大的，良好的社会环境之所以能够成就一个人，是因为环境具备一定的激励作用。因此，我们需要为思政课教师开展思想政治工作以及"发声亮剑"创造一个良好的社会环境，以此形成一种激励机制。第一，要将领导关怀充盈思想政治教育工作环境。党的十八大以来，以习近平同志为核心的党中央高度重视思想政治工作、重视高校思政课建设、重视思政课教师的培育，围绕思政课发表了一系列重要论述，提出了一系列新思想新观点新论断，主持召开了学校思想政治理论课教师座谈会，为做好新时代的思政课建设工作提供了根本遵循。对此，高校应当把习近平总书记的有关重要论述和重要批示精神切实贯彻落实，并将其转化为具体可行的措施、转化为推动学校思政课建设的动力。高校可以剪辑制作宣传标语、宣传短片在校园播放，定期组织思政课教师学习习近平总书记系列重要讲话，从而构建起高校重视建设思政课、培育思政课教师的校园环境和氛围。长此以往，思政课教师必将被这样的环境和氛围所熏陶，更加坚定地做好思政课的教学工作以及"发声亮剑"工作。第二，凝聚社会力量共筑思想政治教育工作环境。高校思政课教师是在思政课堂开展思想政治教育工作，但在课堂外，也有很多思想政治工作者，例如，党政机关宣传部门的工作人员、官方媒体的编辑等。高校应当与其他拥有思想政治工作者的机关、单位建立良好合作伙伴关系，可以选派高校思政课教师进驻单位协助开展思想政治工作，让思政课教师在思政课堂外发挥自己的效用，从而构筑起全社会开展思想政治工作的良好社会氛围，促进思政课教师的使命感，以此激励思政课教师以更加饱满的热情投入思政课教学和"发声亮剑"工作中。

2. 建构思政课教师职业发展的激励平台。根据马斯洛的需求层次理论，每个人在较低层次的需要都得到满足的情况下，会追求更高层次的自我实现的需要。对高校思政课教师来说，自我实现的需要是否得到满足直接影响着他们从事思想政治教育工作的积极性主动性。对此，高校需要建构起促进思政课教师职业发展激励平台，以满足其自身职业发展的需要，进而有效地激励高校思政课教师开展理论教学与研究以及"发声亮剑"工作。第一，搭建高校思政课教师"发声亮剑"优秀成果交流、展示平台。"发声亮剑"不是针对某个高校、某个地区而言的，而是要将其覆盖到全国十八万的专兼职的思政课教师，才能更好地凝心聚力，发挥出最大效用。因此，一方面，可以开展优秀思政课教师"发声亮剑"示范巡讲活动。这是给擅于"发声亮剑"的思政课教师提供一个展示自我的平台，这既有利于经验在全国高校进行交流传播，又有利于满足思政课教师职业发展的需要。另一方面，可以开设高校思政课名师"发声亮剑"网络论坛。网络平台的设立打破了地域、时间的限制，可以随时随地地进行交流、展示与互动，甚至实现一对一的在线交流，对于"发声亮剑"过程中遇到的棘手问题可以及时有效地得到名师的答疑解惑。在这一过程中，名师的成就感、获得感、幸福感会稳步提升，进而在无形中受到激励。第二，建立优秀"发声亮剑"思政课教师外出研修培训机制。外出研修培训机制的建立能够提升思政课教师的理论知识、专业素养和实践能力，进而激发出他们的积极性主动性，更好地投入教学与研究和"发声亮剑"工作中，以此满足思政课教师职业发展的需要，因此也成为完善高校思政课教师"发声亮剑"激励机制的有效对策。

（三）建立健全纵向激励机制

建立健全高校思政课教师"发声亮剑"能力提升的纵向激励机制，就是要形成"能者上"的良性通道，打通思政课教师晋升渠道。这主要是通过完善高校思政课教师考核评价体系实现的,考核评价体系建设的完善与否,是激励高校思政课教师的重要因素。

1. 构建科学的高校思政课教师考核评价体系。制定科学合理,特别是契合新时代教师发展要求的考核评价体系,是摆在教育部门和高校面前的一道难题,关系着高校全局的战略发展和教师个人的职业生涯发展。科学的考核评价体系的建立就是要做到避免一把尺子量到底和一把尺子量全部,打破以往重科研轻教学的教师考核评价制度,而应当把教学质量当作科学评价的最终指向结果。对高校思政课教师而言,其身份的特殊性就意味着他们既能够在高校思政课堂教书育人,又能够在高校思政课堂以外的网络空间这一思政新课堂继续发挥思想政治教育工作者的作用,成为主流意识形态的捍卫者、引领者。这就决定了对他们的考核不仅仅是以高校思政课堂的教学质量为最终指向,而且应当将其在社会领域"发声亮剑"工作取得的成效纳入评价体系中,作为评价考核的一项重要内容。具体而言,就是高校要加强与各大平台的合作,导出思政课教师在各大平台"发声亮剑"的数据,对数据进行综合研判和量化处理,对应地在思政课教师社会服务领域进行赋分,核定教师工作量并计入课时。此外,要将高校思政课教师在进行"发声亮剑"中产生的成果,纳入职称晋升条件,纳入评奖评优标准。建立健全高校思政课教师"发声亮剑"的退出约束机制,对在"发声亮剑"行动中不担当、不作为等消极怠工的思政课教师要坚决予以清除团队,并在考核制度中实行退出机制。

2. 完善高校思政课教师表彰评优制度。当前的高校思政课教师"发声亮剑"的积极性不高、意愿不强,一定程度上与目前的激励机制中的表彰评优力度不够有一定的关联。因此,我们要通过完善思政课教师表彰评优制度,通过加大对勇于、擅于"发声亮剑"的思政课教师的荣誉奖励,促使其产生更高的荣誉感,进而以饱满的热情投身于"发声亮剑"工作中。完善高校思政课教师表彰评优制度就是要积极表彰高校思政课教师"发声亮剑"先进典型。先进典型的树立一方面可以实现对思政课教师自身的激励,另一方面还可以充分发挥榜样示范的作用,刺激其他思政课教师积极主动地参与"发声亮剑"工作。中共中央办公厅、国务院办公厅印发的

《关于深化新时代学校思想政治理论课改革创新的若干意见》中明确强调"党和国家设立的荣誉称号要注重表彰优秀思政课教师,对立场坚定、学养深厚、联系实际、成果突出的思政课教师优秀代表,加大宣传力度,发挥示范引领作用"①。高校思政课教师的"发声亮剑"工作就是坚定站在马克思主义立场、运用马克思主义理论回应当前的一些热点问题,进而捍卫马克思主义在我国主流意识形态的指导地位。因此,高校在落实上级部门有关意见表彰思政课教师时,要充分考虑到勇于"发声亮剑"的教师对国家、民族和社会的贡献,在保证公平、公正以及确保高校思政课堂教学质量的情况下,将表彰名额向"发声亮剑"的思政课教师群体予以倾斜,应当定期开展专项表彰活动,设立各级"发声亮剑"的优秀集体、优秀个人、优秀成果等奖项。

三、激发高校思政课教师"发声亮剑"能力提升的内生动力

高校思政课教师"发声亮剑"能力的提升是一个系统性的工作,不仅需要通过强化组织领导、完善激励机制等提升外在动力的措施对其进行保障,更需要激发高校思政课教师"发声亮剑"能力提升的内生动力。外在动力与内生动力不是相互割裂的关系,外在动力的保障尽管是外因,却对内生动力的激发具有重要的促进作用。内生动力是指系统内部生成的驱动力,是一种可持续发展的动力,也是高校思政课教师"发声亮剑"能力提升的关键所在,可以更好地发挥思政课教师在"发声亮剑"中的主体作用。内生动力的激发主要包括高校思政课教师要坚持用马克思主义理论武装头脑、夯实"发声亮剑"的能力基础、理论底气以及强化理想信念、使命担当和责任意识。

(一)把握高校思政课教师"发声亮剑"的立场方法

马克思主义是具有世界普遍意义的科学真理,创立170多年来,不仅深刻改变了世界,也深刻改变了中国。马克思主义是中国共产党人的"真

---

① 关于深化新时代学校思想政治理论课改革创新的若干意见[N]. 人民日报,2019-08-15(1).

经"，也是中国特色社会主义事业不断发展的参天大树之根本，更是我们兴党强国的根本指导思想。历史和现实一再证明，马克思主义是"对"的理论、"好"的理论、"行"的理论、"活"的理论。因此，我们必须毫不动摇地坚持和发展马克思主义，这是历史的结论、现实的必然，能够确保我国社会主义现代化道路始终沿着正确方向前进。习近平总书记在学校思想政治理论课座谈会上强调："党中央对教育工作高度重视，对思想政治工作、意识形态工作高度重视，始终坚持马克思主义指导地位……为思政课建设提供了根本保证。"① 上述论述鲜明指出作为肩负着立德树人根本任务的思政课也必须坚持马克思主义的指导地位不动摇。马克思主义是思政课的核心，倘若背离马克思主义，思政课终将丧失灵魂、偏离航向。"发声亮剑"工作作为高校思政课教师开展思想政治工作的"第二课堂"，势必同样要坚持以马克思主义为指导。高校思政课教师的"发声亮剑"工作，其主要目的就是维护我国主流意识形态安全、筑牢意识形态领域安全的根基，进而不断巩固全党全国人民共同奋斗的思想基础。我们党高度重视坚持马克思主义在意识形态领域的指导地位，在党的十九届四中全会明确将坚持马克思主义在意识形态领域指导地位确立为我们必须始终遵循的根本制度，在任何时候任何情况下都不能有丝毫动摇，确保我国始终沿着社会主义方向凝心聚力、阔步前进。因此，无论是从思想政治工作的角度出发还是着眼于维护我国的主流意识形态安全，高校思政课教师的"发声亮剑"工作都必须始终不渝地坚持以马克思主义为指导。只有坚持马克思主义的指导地位不动摇，高校思政课教师才能逐步从内心里接受并做到真学、真懂、真信、真用马克思主义理论和党的创新理论，不断推进"发声亮剑"工作取得新突破、跃上新台阶。具体而言，就是要求高校思政课教师要坚定马克思主义信仰，坚持马克思主义立场，深刻领会马克思主义观点，熟练运用马克思主义方法。

1. 思政课教师要具备坚定的马克思主义信仰。人有了信仰，灵魂就有归宿、精神就有寄托。坚定信仰具有不可阻挡的力量，信仰之力是推动历

---

① 习近平. 思政课是落实立德树人任务的关键课程［M］. 北京：人民出版社，2020：8.

史车轮滚滚向前的最大动力。马克思主义信仰是对马克思主义科学真理本身的信仰，是对马克思主义追求人类解放崇高目标的情感认同。百余年来，一代代中国共产党人成为马克思主义的忠诚信奉者和坚定实践者，树立起坚定的马克思主义信仰，聚合成无坚不摧的力量，不怕牺牲、披荆斩棘、奋勇向前，赢得革命的最终胜利，并在建设和改革中取得巨大成就。习近平总书记明确指出，"要让有信仰的人讲信仰"[1]，这强调了思政课教师要树立坚定的马克思主义信仰的极端重要性。具备坚定的马克思主义信仰是思政课教师最基本也是最重要的政治素养，更是其鲜明的政治底色。思政课教师只有树立坚定的马克思主义信仰才会自觉做到"学马""信马""言马""行马"，真正做到心中有信仰、脚下有力量。一方面在高校思政课教学中以科学的信仰感召学生，用科学的理论武装学生，完成铸魂育人的光荣使命，另一方面在"发声亮剑"工作中保持强大的政治定力，不被错误思潮所迷惑，不被错误言论所左右，坚决捍卫马克思主义的科学性和真理性，坚决筑牢主流意识形态安全的"防火墙"。

2. 思政课教师要坚持马克思主义立场、观点和方法。坚持马克思主义，最根本的就是要坚持马克思主义立场、观点和方法。《中共中央关于党的百年奋斗重大成就和历史经验的决议》指出，要"用马克思主义的立场、观点、方法观察时代、把握时代、引领时代"[2]。马克思主义立场、观点和方法统一和贯穿于马克思主义的科学理论体系，是马克思主义科学思想体系的精髓所在。我们党坚持运用马克思主义立场、观点和方法观察问题、分析问题和解决问题，实现了马克思主义中国化，取得了革命、建设、改革的一系列重大成就。思政课教师作为马克思主义科学理论的传授者，首先自身要切实做到坚持马克思主义立场、观点和方法。立场是人们认识、观察和处理问题的立足点。思政课教师坚持马克思主义立场就是要坚持辩证唯物主义和历史唯物主义的哲学立场、坚持为无产阶级服务的阶级立场、坚持以人民为中心的政治立场以及坚持社会主义共同理想和共产

---

[1] 习近平. 思政课是落实立德树人任务的关键课程[M]. 北京：人民出版社，2020：12.
[2] 中共中央关于党的百年奋斗重大成就和历史经验的决议[M]. 北京：人民出版社，2021：72.

主义远大理想追求的价值立场。其中，始终站在人民大众的立场是马克思主义的根本立场。观点，是人们对事物的看法。思政课教师坚持马克思主义观点就是要深刻领会指导思想一元化的观点、实事求是的观点、与时俱进的观点、理论联系实际的观点以及人民群众是历史创造者的观点等。方法，是指导我们正确认识和改造世界的根本思想方法和工作方法。马克思主义既是世界观，又是方法论。马克思主义的方法论闪耀着辩证唯物主义和历史唯物主义的光辉。思政课教师坚持马克思主义方法就是要熟练运用唯物辩证法这一马克思主义的根本方法，同时还要坚持实事求是、群众路线等方法。高校思政课教师只要坚定站稳马克思主义立场、深刻领会马克思主义观点、熟练运用马克思主义方法，就能够在"发声亮剑"工作中深入浅出地揭示不良思潮和错误言论的本质和危害，运用科学理论予以批判和抵制，进而通过引导舆论走向，引领社会主流意识形态的发展。

（二）拓宽高校思政课教师"发声亮剑"的理论视野

当前，网络空间中各种错误思潮蔓延、错误言论不时出现。尤其是历史虚无主义思潮的沉渣泛起，试图否定马克思主义在我国的指导地位、削弱主流意识形态的话语权，企图通过虚无中国共产党的执政根基来达到颠覆中国共产党的执政地位。这势必要求高校思政课教师对马克思主义要真学、真懂、真信、真用，进而具备较强的马克思主义理论功底，在"发声亮剑"中坚持以马克思主义为指导，运用马克思主义科学理论来批判、抵制和纠正"反马"的言论。针对历史虚无主义的蔓延，高校思政课教师不仅要运用辩证唯物主义和历史唯物主义来反对历史虚无主义，更要筑牢自身的历史知识理论功底。此外，互联网平台和各种媒体的融合发展极大提升了信息传播的效率。因此，高校思政课教师还应当具备一定的传播学理论功底。综上所述，增强高校思政课教师"发声亮剑"的理论底气迫在眉睫。当高校思政课教师具备多方面扎实的理论功底和深厚的理论积淀，一方面能够在网络发声中站得住、立得稳，另一方面也能够将科学理论传授给广大人民群众，而"理论一经群众掌握就会变成物质力量"①，进而形成共筑美好网上精神家园的强大合力。

1. 高校思政课教师要筑牢马克思主义理论根基。思政课教师无论是从事思政课教学、理论研究还是"发声亮剑"工作，都要求思政课教师必须筑牢马克思主义理论根基，进而科学树立马克思主义信仰、坚定站稳马克思主义立场、深刻领会马克思主义基本观点、熟练运用马克思主义基本方法。一是研读经典著作。习近平总书记强调："马克思主义经典著作是马克思主义理论的本源。"② 尽管马克思主义经典著作浩如烟海，理解起来也确实存在一定的困难，但作为思政课教师应当坚持静心研读、精读马克思主义经典著作，在日积月累中切实提升理论素养。二是精读专业书籍。与马克思主义理论相关的专业书籍都应当纳入精读的范围，例如，党和国家主要领导人著作、党和国家重要文献、党的思想理论研究成果等。其中，尤其是要深入学习贯彻习近平新时代中国特色社会主义思想，将习近平总书记的著作、重要论述等作为重要的学习书籍。三是选读重要报刊。党报党刊是舆论上的"定盘星"，在宣传党的路线、方针、政策上发挥着旗帜作用、引领作用、导向作用，例如，《求是》《人民日报》《光明日报》《人民论坛》《党建》等。思政课教师多读党报党刊可以了解党和国家大政方针、掌握理论和学术前沿。

2. 高校思政课教师要夯实历史知识理论功底。历史知识所涵盖的方面是十分广泛的，主要包括世界史、中国史、社会主义发展史、中国共产党历史、新中国史、改革开放史。思政课教师通过对历史的学习，逐步了解历史事实与真相，形成对历史的正确认知，进而构筑起正确的历史观，为其在"发声亮剑"工作中驳斥各种虚无、否定历史的言论提供强有力的理论武器。思政课教师尤其要注重对党史的学习。通过党史学习教育，力争做到"学史明理、学史增信、学史崇德、学史力行"，同时还能够深化对马克思主义理论的科学性和真理性的认识、对党的创新理论领航中国开启

---

① 中共中央马克思恩格斯列宁斯大林著作编译局．马克思恩格斯文集：第 1 卷［M］．北京：人民出版社，2009：11．

② 习近平．在纪念马克思诞辰 200 周年大会上的讲话［N］．人民日报，2018-05-05（1）．

社会主义现代化建设新征程的认识。这有利于思政课教师在思政课教学以及"发声亮剑"工作中把党史讲深、讲透,讲得有底气。

3. 高校思政课教师要具备一定的传播学理论功底。思政课教师开展思政课教学或是"发声亮剑"工作的过程,其本质上都是作为传播主体向受众传播信息的行为,属于广义上的现代传播学范畴。习近平总书记在全国教育大会上指出的教师要做好"传播知识、传播思想、传播真理"这"三传播"工作,这也印证了思政课教师作为信息"传播者"的身份。因此,思政课教师应当具备一定的传播学理论,依托现代传播学理论,掌握最新的传播学技巧,不断提升思政课教学和"发声亮剑"工作的实效性。

(三)夯实高校思政课教师"发声亮剑"的能力基础

思政课是落实立德树人根本任务的关键课程,高校思政课教师肩负着立德树人的伟大历史使命,这就意味着他们应当具备良好的学习能力、教学能力、科研能力以及语言表达能力这四种能力,同时还应具备"政治要强、情怀要深、思维要新、视野要广、自律要严、人格要正"这六种素养。但是,高校思政课教师作为思想政治工作者,不仅要守好高校思政课教学这块"责任田",更应当充分发挥自身的专业才干投身于社会其他领域开展思想政治工作。例如,高校思政课教师可以在当前的网络空间"发声亮剑",同一切错误思潮、错误言论做斗争,进而维护网络空间中我国主流意识形态安全。这势必要求高校思政课教师要在自身已具备的能力的基础上结合现实需要提升"发声亮剑"能力。高校思政课教师"发声亮剑"能力的提升是一个系统性工程,思政课教师自身具备的能力基础在这个系统性工程中起着基础性作用。因此,需要不断夯实高校思政课教师"发声亮剑"的能力基础。具体来说,就是要不断提升高校思政课教师的网络素养、网络发声技巧、网络话语表达以及掌控网络发声时机的能力。

1. 高校思政课教师要注重提升自身的网络技术素养。网络素养可以理解为适应互联网时代并且能够正确、有效、理性地使用网络的一种综合能力。这种综合能力又可以具体划分为网络信息获取能力、网络信息辨别和分析能力、网络信息的批判和解读能力、网络信息生产能力以及网络学习能力等多方面。当前的网络空间中还存在各种错误思潮和不良信息，高校思政课教师只有具备良好的网络素养才能够透过现象认清本质，及时、有效地对错误思潮和信息进行甄别和解读并予以强有力的批判和抵制，进而正确引领网络空间舆论走向，发挥出"发声亮剑"工作的最大效用，确保学生和广大网民不被错误思潮所毒害。

2. 高校思政课教师要注重提升自身的话语表达能力。高校思政课教师主要从事马克思主义理论的教学与研究工作，因而大都具备较强的主流意识形态话语表达能力。但是，思政课教师在网络空间"发声亮剑"，这个特定的网络环境就决定了在"灌输"主流意识形态时要注重话语的网络化表达，把具有强学术性、学理性的理论通过人民群众喜闻乐见的方式转化为紧贴网民日常生活的话语表达出来。具体来说，提升网络话语表达能力就是要学会将政治话语与网络话语的有机结合、学会并擅用"网言网语"以及学会运用网络空间中的多种载体形式。

3. 高校思政课教师要提升掌控网络发声时机的能力。高校思政课教师自身就有繁重的教学与科研任务，在这样的现实境遇下掌控好网络发声的时机既能够高效利用时间，又能够极大提高"发声亮剑"的针对性、时效性。掌控网络时机要求高校思政课教师密切关注社会热点事件、重大舆情事件、重要纪念日以及重大纪念活动发生前、发生时和发生后的网络舆论走向。"社会热点、重大事件既是反映社会生活和民情民意的一面镜子，又是反动势力借机污蔑攻击和抹黑栽赃我们党的一个窗口。"[1] 因此，通过思政课教师的发声来引导舆论朝向有利于维护我国主流意识形态的方向发展。高校思政课教师还要注重提升网络发声技巧。在掌握技巧的基础上善用技巧可以使"发声亮剑"工作取得事半功倍的效果。思政课教师网络发声技巧的提升既需要向优秀前辈学习"取经"，更需要自身不断在实践中摸索探寻、总结提高。概而言之，提升网络发声技巧要求思政课教师掌握互联网信息传播特征、洞悉互联网信息传播规律、把握网络舆情生成演化机理。

---

[1] 何文校. 软性历史虚无主义的实践新样态[J]. 马克思主义研究，2021（3）：128-137.

（四）强化高校思政课教师"发声亮剑"的责任担当

1. 强化思政课教师"发声亮剑"的理想信念。2019年3月18日，习近平总书记在学校思想政治理论课教师座谈会上对广大思政课教师提出六项要求，而置于首位的则是"政治要强"。思政课教师要做到"政治要强"，首先就要把坚定理想信念作为首要政治任务。坚定理想信念要求高校思政课教师坚定对马克思主义的信仰、坚定对共产主义和社会主义的信念，这是思政课教师的育人之"本"。信念因其执着而为信念，只有在理想信念这个根本问题上坚定、执着，才能理直气壮地讲好高校"小思政课"和社会"大思政课"。信念不牢，地动山摇。倘若思政课教师没有树立坚定且崇高的理想信念，就不能成为马克思主义理论的忠诚信仰者、传播者、践行者，也不能在思政课教学中承担起为党育人、为国育才的神圣使命，更不能参与"发声亮剑"工作维护主流意识形态安全。可见，坚定且崇高的理想信念只有首先在高校思政课教师心中扎下根，才能在大学生和广大人民群众心中开花结果。因此，作为新时代的思政课教师，首先要树立崇高且坚定的理想信念，其次要把理想信念转化为讲好思政课和"发声亮剑"的内生动力。

2. 强化思政课教师"发声亮剑"的使命担当。习近平总书记强调："办好思想政治理论课关键在教师。"[①] 高校思政课是落实立德树人根本任务的主渠道，而思政课教师则肩负着铸魂育人、培育时代新人的崇高使命担当。实质上，思政课教师从事的是思想政治工作，而思想政治工作就是意识形态工作的一部分。思政课教师光荣的历史使命是时代赋予的。现在，我们比任何时期都更加接近实现中华民族伟大复兴的目标，但同时也要看到我们正处于一个船到中流浪更急、人到半山路更陡的阶段。任何事物的发展都是前进性与曲折性的统一，党和国家的事业发展亦是如此，这就意味着前进道路上必然会出现各种矛盾，必须应对多重风险挑战。与此同时，世界处于百年未有之大变局，我国外部环境复杂严峻。中华民族伟

---

① 习近平. 习近平谈治国理政：第3卷[M]. 北京：外文出版社，2020：330.

大复兴战略全局与世界百年未有之大变局相互交织,我国面临许多具有新的历史特点的伟大斗争,意识形态领域的斗争就是其中之一。基于上述现实境遇,要求高校思政课教师既要通过高校思政课堂教学向学生传播我国主流意识形态,又要通过"发声亮剑"工作维护我国主流意识形态安全,进而巩固马克思主义在意识形态领域的指导地位、巩固全党全国人民团结奋斗的共同思想基础,切实肩负起时代赋予的历史使命。因此,不断强化高校思政课教师的使命担当,也是激发高校思政课教师"发声亮剑"能力提升的内生动力的重要因素。

3. 强化思政课教师"发声亮剑"的责任意识。当下,我国正在建设具有强大凝聚力和引领力的社会主义意识形态。学校是意识形态工作与宣传思想工作的重要渠道和重要阵地,网络空间也成为意识形态斗争的前沿阵地,这就要求高校思政课教师要守好意识形态"责任田"。守好意识形态"责任田",首先要强化思政课教师的责任担当意识。一是强化政治责任意识。思政课教师作为思想政治工作者,在面对各种形形色色的思想观念、错误思潮时,要时刻保持政治上清醒和定力,坚定站稳马克思主义立场,"注意区分政治原则问题、思想认识问题、学术观点问题,旗帜鲜明反对和抵制各种错误观点"[①]。二是强化社会责任意识,意识形态工作的极端重要性不仅体现在校园环境,而且凸显在社会领域的方方面面。这就要求不断强化思政课教师的社会责任感,使其既能够在高校思政课"小课堂"、更能够在社会"大课堂"中维护主流意识形态安全,巩固马克思主义在我国意识形态领域的指导地位,守好意识形态"责任田"。

---

① 习近平. 决胜全面建成小康社会 夺取新时代中国特色社会主义伟大胜利——在中国共产党第十九次全国代表大会上的报告 [M]. 北京:人民出版社,2017:42.

参考文献

一、图书著作类

[1] 马克思恩格斯文集：第1卷［M］．北京：人民出版社，2009．

[2] 马克思恩格斯文集：第2卷［M］．北京：人民出版社，2009．

[3] 马克思恩格斯文集：第3卷［M］．北京：人民出版社，2009．

[4] 马克思恩格斯文集：第4卷［M］．北京：人民出版社，2009．

[5] 毛泽东选集：第1卷［M］．北京：人民出版社，1991．

[6] 毛泽东选集：第2卷［M］．北京：人民出版社，1991．

[7] 毛泽东选集：第3卷［M］．北京：人民出版社，1991．

[8] 毛泽东选集：第4卷［M］．北京：人民出版社，1991．

[9] 习近平谈治国理政：第1卷［M］．北京：外文出版社，2018．

[10] 习近平谈治国理政：第2卷［M］．北京：外文出版社，2017．

[11] 习近平谈治国理政：第3卷［M］．北京：外文出版社，2020．

[12] 习近平谈治国理政：第4卷［M］．北京：外文出版社，2022．

[13] 习近平总书记系列重要讲话读本［M］．北京：学习出版社，人民出版社，2014．

[14] 习近平总书记重要讲话文章选编［M］．北京：中央文献出版社，党建读物出版社，2016．

[15] 习近平关于社会主义文化建设论述摘编［M］．北京：中央文献出版社，2017．

[16] 习近平新时代中国特色社会主义思想三十讲［M］．北京：学习出版社，2018．

[17] 习近平新时代中国特色社会主义思想基本问题［M］．北京：人民出版社，中共中央党校出版社，2020．

[18] 习近平论党的宣传思想工作［M］. 北京：中央文献出版社，2020.

[19] 习近平关于社会主义精神文明建设论述摘编［M］. 北京：中央文献出版社，2022.

[20] 侯惠勤. 马克思恩格斯列宁斯大林论意识形态［M］. 北京：中国社会科学出版社，2012.

[21] 侯惠勤. 马克思的意识形态批判与当代中国［M］. 北京：中国社会科学出版社，2010.

[22] 朱继东. 新时代党的意识形态思想研究［M］. 北京：人民出版社，2018.

[23] 王永贵. 马克思主义意识形态理论与当代中国实践研究［M］. 北京：人民出版社，2013.

[24] 张志丹. 意识形态功能提升新论［M］. 北京：人民出版社，2018.

[25] 陈锡喜. 意识形态：当代中国的理论和实践［M］. 北京：人民出版社，2018.

[26] 梅荣政. 用马克思主义引领社会思潮［M］. 武汉：武汉大学出版社，2008.

[27] 林泰. 问道：改革开放以来的社会思潮与青年思想政治教育研究［M］. 北京：中国社会科学出版社，2013.

[28] 卜建华. 网络民族主义思潮与当代青年政治社会化研究［M］. 南昌：江西人民出版社，2013.

[29] 刘世衡. 日常生活视域下我国主流意识形态网络传播研究［M］. 北京：中国社会科学出版社，2018.

[30]（美）保罗·沙克瑞恩等. 网络战：信息空间攻防历史、案例与未来［M］. 吴奕俊，等译. 北京：金城出版社，2016.

[31]（美）雷迅马. 作为意识形态的现代化［M］. 朱可，译. 北京：中央编译出版社，2003.

[32]（美）利昂·P. 巴拉达特. 意识形态起源和影响［M］. 张慧

芝，译．北京：世界图书出版公司北京公司，2010．

二、期刊报纸类

［1］颜晓峰．新时代如何防范化解意识形态领域重大风险［J］．思想理论教育，2021（1）．

［2］张志丹．新时代意识形态工作的战略思维［J］．江苏社会科学，2021（3）．

［3］王永贵．中国共产党意识形态战略建设的新时代创新［J］．南京师大学报，2021（5）．

［4］朱继东．中国共产党百年意识形态建设的主要经验［J］．山东社会科学，2021（7）．

［5］侯惠勤．中国共产党百年意识形态建设之道［J］．马克思主义理论学科研究，2021（7）．

［6］方世南，王海稳．高校思想政治理论教育要积极应对信息网络化的挑战［J］．思想理论教育导刊，2009（2）．

［7］王嘉，戴艳军，王智宇．大学生"网络意见领袖"研究——基于人人网［J］．中国青年研究，2012（7）．

［8］杨林香．提高思想政治理论课教学效果的着力点［J］．思想理论教育导刊，2012（8）．

［9］李冉．谁之主流 何以主流：主流意识形态的问题研判与建设愿景［J］．清华大学学报（哲学社会科学版），2014（5）．

［10］常宴会．论思想政治理论课教师在网络空间中的角色定位［J］．贵州师范大学学报（社会科学版），2015（5）．

［11］李艳艳．如何看待当前网络意识形态安全的形势［J］．红旗文稿，2015（14）．

［12］赵春丽等．思政课教师的网络发声与高校意识形态安全［J］．北京教育·德育，2016（12）．

［13］程美东．让真理和思想的光辉照亮思想政治理论课课堂——基于2017年教育部思想政治理论课大听课的一点思考［J］．思想教育研究，

2017（7）.

[14] 易鹏等. 错误社会思潮网络传播对国家意识形态安全的危害与治理 [J]. 思想理论教育导刊, 2018（2）.

[15] 杨乐强等. 马克思主义理论人才学术话语生发能力的培育 [J]. 思想理论教育, 2018（3）.

[16] 佘双好. 论新时代思想政治教育发展的新使命 [J]. 思想理论教育, 2018（5）.

[17] 金奇. 新时代高校思政课教师本领恐慌及其对策 [J]. 教育评论, 2018（10）.

[18] 吴林龙. 高校思政课教师的话语权及其提升策略 [J]. 思想理论教育, 2018（11）.

[19] 方世南等. 网络意识形态安全中意见领袖作用研究 [J]. 南京师大学报（社会科学版）, 2019（1）.

[20] 秦在东等. 错误社会思潮对我国主流意识形态安全的威胁及其治理 [J]. 思想教育研究, 2019（1）.

[21] 黄英. 高校思政课教师意识形态能力提升的路径研究 [J]. 领导科学论坛, 2019（1）.

[22] 宋佐东. 高校教师意识形态能力的构成与培养 [J]. 思想政治工作研究, 2019（1）.

[23] 王文利. 新时代维护高校意识形态安全的新路径——《社会思潮的传播与维护高校意识形态安全》评介 [J]. 山东社会科学, 2019（1）.

[24] 李嘉莉等. 高校思政课教师的网络舆论"把关人"角色刍议 [J]. 思想理论教育导刊, 2019（2）.

[25] 关锋. 近年来历史虚无主义思潮的新特点及其批判 [J]. 山东社会科学, 2019（3）.

[26] 汤素娥, 柳礼泉. 高校思想政治工作者网络素养提升路径研究 [J]. 思想教育研究, 2017（6）.

三、学位论文类

[1] 谢成宇. 当前我国社会思潮与国家意识形态安全研究 [D]. 武

汉：华中师范大学，2014.

［2］段园园. 增强高校思想政治理论课教师职业责任的路径研究［D］. 南充：西华师范大学，2017.

［3］周钰. 高校思政课教师考核评价机制建设研究［D］. 淄博：山东理工大学，2019.

［4］孙在丽. 新时代我国普通高等学校思想政治理论课教师队伍建设研究［D］. 北京：中共中央党校，2019.

后　记

习近平同志强调：“要加强对各种社会思潮的辨析和引导，不当旁观者，敢于发声亮剑，善于解疑释惑，守护这一马克思主义、中国特色社会主义的坚强前沿阵地。”批判错误社会思潮，引导学生明辨是非，是高校思政课教师的职责和使命。作为一名高校思政课教师，我一直在思考在意识形态斗争中如何提升"发声亮剑"的能力。2019年，本人有幸入选中宣部宣传思想文化青年英才，并获批设立宣传思想文化青年英才自主课题"高校思政课教师'发声亮剑'能力提升研究"。本书正是该课题的最终成果。

我指导的博士生李方明、姜益琳，硕士生李浩、张陈奇、秦颖、代玉玲、万毓明一起参与了本课题的研究，在此表示衷心的感谢。在本书的写作过程中，我们参考和借鉴了学界同仁的研究成果，有的已经在注释或参考文献列出，有的可能未能注明，在此一并致以衷心的感谢。由于我们学术悟性不够，知识储备有限，书中观点稚嫩、疏漏之处，在所难免，敬请各位同仁批评指正。

毫无疑问，随着国际局势冲突风险的加剧，意识形态领域的斗争不仅不会停止，还有可能愈演愈烈。高校思政课教师是维护国家意识形态安全的重要力量，如何提升高校思政课教师的"发声亮剑"能力也将是一个持续的话题。我们也将继续关注和深化该领域的研究。

韩桥生
2023年11月于瑶湖名达楼